中国基层社会治理

李强 安超 等 著

清华大学出版社

北京

图书在版编目（CIP）数据

中国基层社会治理 / 李强等著 .—北京：清华大学出版社，2023.3（2024.9重印）
ISBN 978-7-302-62579-7

Ⅰ . ①中… Ⅱ . ①李… Ⅲ . ①社会管理－研究－中国 Ⅳ . ① D63

中国国家版本馆 CIP 数据核字（2023）第 022864 号

责任编辑：周　菁
封面设计：常雪影
责任校对：王荣静
责任印制：杨　艳

出版发行：清华大学出版社
　　　　网　　址：https://www.tup.com.cn，https://www.wqxuetang.com
　　　　地　　址：北京清华大学学研大厦 A 座　　　邮　　编：100084
　　　　社总机：010-83470000　　　　　　　　邮　　购：010-62786544
　　　　投稿与读者服务：010-62776969，c-service@tup.tsinghua.edu.cn
　　　　质量反馈：010-62772015，zhiliang@tup.tsinghua.edu.cn
印　装　者：三河市春园印刷有限公司
经　　销：全国新华书店
开　　本：170mm×240mm　　　印　张：17.5　　　字　数：227 千字
版　　次：2023 年 3 月第 1 版　　　　　　　印　次：2024 年 9 月第 4 次印刷
定　　价：78.00 元

产品编号：096315-01

序　言

本书研究我国的基层社会治理，这是社会学学科的一个崭新的研究领域，从国际社会学界看，直接使用"社会治理"（social governance）概念的研究，确实极为少见。从文献梳理上看，直接使用社会治理概念的基本上都是新世纪以来中国大陆学者的研究成果。其实，社会学学科在中国大陆的恢复与重建的时间也不是很长，所以，笔者在此先回顾一下中国大陆社会学的复建，然后再介绍一下基层社会治理研究兴起的过程。

1979 年 3 月邓小平同志在一次重要讲话中提出"社会学要赶快补课"，由此开启了中国大陆社会学恢复与重建的进程。复建的第一个阶段，主要是一个学习的过程。由于社会学学科在中国大陆中断了二十多年，而国际上却在突飞猛进地发展，所以，当费孝通先生组织复建社会学培训班的时候，就从美国请了一些社会学家来讲课，有彼得·布劳教授、林南教授、杨庆堃教授等，也从国内各大学抽调了一批学生来学习。这一阶段主要是学习国外社会学的过程。国外社会学里根本没有"社会治理"（social governance）的概念，所以，处于初期学习阶段的中国社会学界也就没有"社会治理"概念。当年学界出版了很多介绍西方社会学的译著，学生们也如饥似渴地学习这些知识。当时社会学是社会上的热门学科，记得 20 世纪 80 年代中期，笔者在中国人民大学讲授社会学的时候，很多学生来听课，常常是在那种数百人的大教室。社会上也有很多人都想学习这门学科，所以，80 年代，费孝通先生等还领导组织过"中国社会学函授大学"，在社会上办培训班。1987 年我还参与组织撰写了《西方社会学史》，介绍西方社会学理论，也是作为"中国社会学函授大学"的教材。总之，这一个阶段中国社会学的建设以学习为主。自己不懂就学习人家的，这也是鲁迅先生主张的"拿来主义"。这是中国大陆社会学学科恢复重建后第一个阶段的特点。

第二个阶段，大体上是从 1990 年开始的，这时候，社会上很多人都认识到，我们对于中国国情的了解还比较肤浅、不深入。而社会学的"看家本事"就是社会调查，在全部社会科学（政治学、经济学、社会学、心理学等）中，社会学的社会调查方法、定量与定性研究方法是最为突出的。中国社会学从这个时期开始进行了大量的社会调查，目的就是探索、摸清中国的国情。当年，比较重要的社会调查有中国社会科学院陆学艺教授等组织的全国百县市经济社会调查，调查了全国各地 100 多个县，正式出版了 100 多卷的《中国国情丛书——百县市经济调查》。我本人在 20 世纪 90 年代和新世纪里，也组织过多次全国规模的等比率、等概率抽样（PPS）家庭入户问卷调查，获取了大量宝贵的一手数据。这对于了解中国基层社会实际情况、了解一线社会问题意义十分重大。

第三个阶段，大体上是在世纪之交，时间上与第二阶段有交叉，第三阶段的特征是开始研究中国社会真问题。通过上述一线调查，发现了很多社会问题，中国社会学者需要从理论上理解、解读中国社会问题和在实践上尝试解决这些社会问题。最为核心的问题，当然是关于什么是中国特色的现代化道路。中国是人口超巨型社会，中国所进行的是全世界一国范围内最大规模的现代化、城市化、产业化，中国内部的地区差异、城乡差异都比较大，所以，中国的现代化是不可能照搬照抄任何现成的现代化模式的，只能深入探索适合中国国情的现代化模式。

第四个阶段是新世纪以后，与第三阶段在时间上也有交叉，第四阶段可以称为中国社会学的发展创新阶段。在这一阶段我国理论界提出了很多具有明显中国特色的社会学理论。比如社会建设理论、民生理论。社会建设概念和民生概念虽然也可以翻译成英文，但是，在国际社会学界传统上并没有这样的概念，所以，笔者认为还不如直接音译，然后再注释这个概念是什么意思。此外，还有"和谐社会""不折腾"等概念也是在这一阶段提出来的。在这一阶段，我国社会学界在深入研究中国国情的基础上，在社会学理论与方法上有不少的创新。本书所研究的"社会治理"也是在第四阶段提出的新概念。最初是 2004 年，党中央的文件中提出了"社会管理"的概念，经过 9 年的实践探索，发现社会管理比较容易联想到从上到下的管控，对于发挥社会活力重视不够。2013 年，党中央在关于全面深化改革的文件中，第一次使用了"社会治理"的概念。社会治理的意思是全体人民群众都参与到社会事务的治理中来，共同建设我们的社会，共同处理社会中发生的问题，共同享受社会治理的成果。本书就是对于我国基层社会治理的研究与探索。

基层社会治理研究必然会联系到社会学的"社区研究"。社会学在定义社区的时候突出了三点：人群、地域、社会关系。而基层社会治理的研究也是围绕着这三方面。中国社会学界（包括中华人民共和国成立以前的老一代社会学家）对于基层社区、基层治理的研究有较长久的历史。例如，20 世纪二三十年代的一些基层治理研究与实践，包括学者梁漱溟、晏阳初等人的乡村建设研究与实践。当然，后来由于日军侵华，这些研究和实践都被迫中断。

改革开放以来，中国社会学界的基层社区研究有了突飞猛进的发展，取得了很多基层治理的研究成果，也推动了我国基层治理的实践。基层社区研究与基层治理研究关系极其密切，讲的基本上是同一件事情。如果一定要对于两者进行区分的话，那么，基层社区研究更具有社会学的学术特征，基层治理研究更具有政策实践色彩。

笔者以为，改革开放以来中国基层社区和基层治理研究有以下三个特征。

第一个特征是，复建以后的中国社会学界从一开始就非常重视农村基层社区研究。社会学学科恢复以后，20 世纪 80 年代初，由费老提出的"小城镇研究"就是从农村研究开始，探索农村发展的新出路，提出了小城镇是联结农村与城市的中间环节，对于农村发展和实现乡村现代化异常重要。这一时期，很多中国社会学者和研究生都在农村做调研，很多论文、学术著作都是以农村为案例写成的。当然，20 世纪 90 年代中期以后，改革重点转向城市，基层社区、基层治理研究重点开始向城市扩展。

基层社区研究的第二个特征是与中国的改革事业、社会变迁紧密相连。中国基层社区的变化速度太快了，改革开放四十多年以来，我国城乡新建设的房屋数量极其惊人。人们居住房屋的变化、居住地的迁移成为常态，绝大多数人都有过搬家的经历，数以亿计的农民工迁徙到城市务工、经商。通常情况下，在一个变化不大的稳定的社会里，人们的居住地也是比较稳定的，不会出现经常搬家的状况。而改革开放之后，我国大力推进就业、住房等体制改革，住房体制改革以后，商品房一下子涌现出来，现在商品房小区在城市里占据了高比例，绝大多数城市市民成为房屋的所有者。城市基层社区组织也发生了变化，传统单位制社区逐渐消失，涌现出多种类型的新型社区。所以，城乡社区之变迁成为我国社会学的一个重要研究领域。农村基层社区的变迁也很巨大，现在通常使用"乡村振兴"或"建设新农村"概念，其实乡村振兴与本书的基层社会治理密切相关。乡村生活变迁巨大，不少农村居民也能够享受到类似城市的文明生活，农村基层社区的生产关系、生活关系、农民的权利权益以及生活方式都朝向现代化的方向转变。一般来说，在多数国家里社会变迁速度不会这么快，是中国的改革开放带来了短时期内基层社区生活的巨变。

第三个特征是非常重视对基层组织体系、基层治理体系的研究。中国的基层社区与国家组织管理体系密切关联，农村社区的村民委员会与乡镇的国家政权密切关联，农村的村党支部隶属于乡镇党的组织。在城市里，社区居民委员会也是与城市的街道党政机构密切关联的（居委会成员的工资也是由街道发放的），社区居委会党支部当然也是由街道党工委领导的。这样一种特殊的组织体系，在世界上并不多见。因此，这种特殊的组织体系就决定了，中国的基层社区研究必然与基层治理研究密切地结合在一起。笔者在基层社区治理和基层社会治理方面组织了"新清河实验"，就是在清华大学北边的清河地区建立基层社会治理的实验点，与当地党政合作进行基层社会治理实验。目前团队开展了五个方面的实验：基层组织实验、社区空间规划实验、改善基层社区民生实验、社区社会组织实验和社区物业管理实验。

总之，基层社区研究与基层治理研究两者密切关联，无论在中国社会学学科建设方面，还是在社会建设、社会治理的政策方面，都发挥着举足轻重的作用。基层社会治理研究已成为我国社会学界学者从事多方面研究的重要基础和载体，成为中国社会学学者参与社会治理决策的重要领域。中国社会学界应该在社区治理的理论、实践和方法上探索、总结、创新，为推进我国的社会治理现代化贡献绵薄之力。

本书是一批社会学研究者集体劳动的成果。本书框架由笔者拟定，全书经李强、安超修订。各章的写作情况如下（以撰写各章先后为序）：

第一章　李强、卢尧选、王莹

第二章　李强、安超、郑路

第三章　李强、安超

第四章　李强、安超、郑路

第五章　李强、葛天任、王莹、赵丽鹏

第六章　姜涛、卢尧选、王艺璇、安超

第七章　李敏、王艺璇、安超

第八章　肖林、李强、王拓涵、卢尧选

第九章　何晓斌、安超

第十章　安超、李强、王艺璇

李强

2022 年 9 月

于清华大学熊知行楼

目　　录

第一章　推进中国特色的基层社会治理研究

改革开放 40 多年来，中国的现代化建设取得了举世瞩目的成就。中国正在推进着人类历史上一国之内最大规模的现代化、城镇化、产业化进程，在这一进程中，我国理论界和社会学界根据中国国情不断探索中国现代化建设中的社会建设之路，进行了一系列具有中国特色的社会学研究，做出了社会学理论与方法的创新，其中很重要的一个创新就是关于社会治理和基层社会治理的研究。本书尝试从社会学角度，分析新时期我国的现代化发展和社会治理面临的挑战和问题，以及党领导下的中国特色社会治理体系在新时期如何进一步创新和完善。

第一节　现代化发展与社会治理创新

中国的现代化建设和城镇化发展已经进入了新时代，中国的国情、中国社会的主要矛盾发生了重大变化。与此同时，国内外经济社会形势几经起伏，危机与机遇并存，我国社会治理体系如何应对"百年未有之大变局"，如何顺应社会主要矛盾变化带来的新特征、新要求，如何克服错综复杂的国际环境和生态风险带来的新矛盾、新挑战，如何在这样的环境背景中恢复社会经济并寻求中国社会的现代化之路，是摆在中国面前的一项重大议题。

首先，中国的国情发生了变化，走向了全面建设社会主义现代化国家的新时代，社会治理体系亟须转向"高质量发展阶段"。

《中共中央关于制定国民经济和社会发展第十四个五年规划和二〇三五年远景目标的建议》中提出，"要开启全面建设社会主义现代化国家新征程"，"我国已转向高质量发展阶段"，"推进国家治理体系和治理能力现代化"。社会治理事关党和国家大政方针贯彻落实，事关人民群众的切身利益，事关城乡基层的和谐稳定。社会领域的建设与经济领域的建设有很大区别，经济领域的建设面对的是经济全球化的压力，可以参考国际上发达经济体的体制机制，企业运营也要参照国际上的先进经验建立新的企业制度。而社会建设、社会治理、社会体制机制则比较特殊，它是在各个国家特定的历史文化土壤中形成的，它更多的是要适应本地文化习俗、适应社区居民的生活方式，很难将其他国家的社区生活模式移植到另一个国家的社区生活之中。社会治理虽然不排斥学习其他国家社区治理的一些成功经验，但是，这种参照系的情况极其复杂，很多基础性要素都不一样，根本不可能简单模仿。①

其二，中国社会的主要矛盾发生了变化，中国在相当长一段时间内将继续面临资源不平衡、不充分、不匹配的难题，加上新冠肺炎疫情带来的深远影响，社会治理面临新的问题。党的十九大报告提出："我国社会主要矛盾已经转化为人民日益增长的美好生活需要和不平衡不充分的发展之间的矛盾。""十四五"规划指出，"我国现阶段发展不平衡不充分问题仍然突出，城乡区域发展和收入分配差距较大，生态环保任重道远，民生保障存在短板，社会治理还有弱项"。在中国城市化的进程中，比较突出的还是"不平衡"与"不充分"的问题，前者包括地区间发展不平衡、区域发展不平衡、新城与老城发展不平衡的问题，后者表现为地方政府债务和收入不充分、城市发展不充分的问题。随着工业化、城镇化、信息化加速推进，城乡发展不平衡、区域发展不协调问题较为突出，贫富分化导致社会

---

① 李强、卢尧选：《疫情防控与我国基层社会治理创新》，载《江苏社会科学》，2020（4），24~31 页。

结构和利益格局发生深刻变化。

其三，国家在快速城市化的过程中，形成了一些人口高度聚集的大城市和特大城市，但是，大城市持续巨型化的趋势往往导致"大城市病"，给城市的发展和治理、人民生活的幸福安定带来了负面影响，也给党和政府的领导、执政、治理能力带来了巨大的挑战。快速城市化进程中所形成的很多大城市，由于创新人才云集、要素资源丰富，经济增长迅速、就业市场巨大、文化活力旺盛等诸多优势，而吸引了大量异质性、流动性人口的聚集，但持续巨型化的大城市往往引发人口无序聚集、生态环境恶化、能源资源紧张、交通拥堵严重、安全形势严峻以及贫富分化严重等"超大城市病"。段进军认为，"摊大饼"般的城市化扩张，是典型的"中心—外围"空间形态，城市空间结构是刚性的不是柔性的；空间集聚所带来的经济社会集聚效应是巨大的，但是导致公共卫生突发事件爆发的概率和传播速度也明显增大；高密度的人口聚集，使得人与人之间的空间距离缩短；高频率的商务活动、大范围的人口流动，使得全社会工作生活节奏显著加快，一旦遇到疫情等突发事件会促使其极快传播。[①]

其四，中国基层社会已经发生巨大变化，但传统治理体系明显滞后。改革开放以来，当代中国基层社会发生了巨大变迁，中国城乡人口状况和城乡管理体制机制也发生了巨大变迁。中国城乡有一整套依托党政行政体制和单位体制的传统治理方式，这套体制曾经是非常有效的，但迄今既有的社会治理体制机制已不适应新形势、新局面的要求，所以只能结合中国具体国情、结合每个社区的具体情况进行创新。[②] 伴随着未来可预见的大规模人口流动，社会治理所面临的复杂性风险加大，政府"大包大揽"促发展的治理模式难以为继。社区发展治理存在缺乏顶层设计、统筹协调的问题，缺乏

① 段进军：《"后疫情"时代城市发展与治理应实现四个突破》，载《国家治理》（Z4），40~43 页。
② 李强、卢尧选：《疫情防控与我国基层社会治理创新》，载《江苏社会科学》，2020（4），24~31 页。

一个统筹社区、激发活力、高效整合多方资源的体制机制，社会治理的创新已成为当务之急。

根据世界各国现代化的经验，当城镇化率处于 50% 上下的时候，是现代化转型最为艰巨的时期。2021 年末，我国常住人口城镇化率为 64.72%，户籍人口城镇化率为 46.7%。社会治理的困难之处在于我国正处于现代化转型任务比较艰巨的时期，因此，我国社会学者的一大任务就是探索一条使我国社会既充满活力，又保持秩序的现代化转型之路。①

第二节　具有中国特色的社会学概念

1979 年恢复重建的中国社会学，在建设初期曾主要是向国外学习，引进了很多国外的社会学理论，最初并没有突出的理论创新。随着中国现代化进程的深入，社会学界开始根据国情提出具有中国特色的社会学理论。传统的社会学理论并没有"社会治理"概念。"社会治理"确实是我国思想界、理论界在新世纪以来研究中国社会的过程中提出的社会科学理论概念，是具有理论创新意义的。

一、凸显了社会学的学科视角

改革开放 40 多年来，中国社会学界逐步形成了具有鲜明学科特征的观察角度，在深入考察基于国情的社会问题时，体现了社会学学科的理论特色和中国本土视野。社会治理研究秉承了这种学科视角，主要表现为三个方面：保障公平正义的视角，激发社会活力的视角，维护社会秩序的视角。

---

① 李强：《中国特色社会学的形成与发展》，载中国社会科学网，2019-05-20，http://ex.cssn.cn/dzyx/dzyx_llsj/201905/t20190520_4898386_1.shtml。

（一）保障公平正义的视角

社会公平正义的视角是从全社会、全体人民群众的角度思考实现公平正义，综合社会多方面的利益、考虑社会多元因素处理社会问题，实现社会效益最大化，让全体人民群众获益最大化。改革开放以来，社会学界对于究竟什么是公平正义有了更为深刻的认识。社会学常常将公平正义分为两类，一类是机会公平，另一类是结果公平。改革开放以前，我们比较注重结果公平，试图追求社会资源配置结果上的一致性、相似性，一度采用了票证制度、分配房屋机制等，使得社会成员在分配结果上差异不大，既失去了经济效益也失去了社会效益。改革开放以后，社会对于公平的理解发生重大变化，更突出地强调了机会公平。党的十八大报告使用的概念是"权利公平、机会公平、规则公平"，党的十九大报告使用了"竞争公平有序""公平竞争"的概念。党的二十大报告使用了"促进机会公平"的概念。改革开放以来要实现的公平是提供给每一个人公平的参与机会，每一个劳动者都具有平等的权利，竞争规则是公平的，在法律和规则面前人人平等。我国当前在公平正义问题上遇到的难题是，社会不同群体的利益不一致怎么办？前述的社会学强调的"社会效益最大化"是解决问题的一个基本思路，即实现"最大多数人的最大利益"。这就需要统筹社会力量、平衡社会利益、协调社会关系，找到一个综合平衡点，社会学将之称作"帕累托最优"。在公平正义问题上，社会学思考比较多的是如何实现最大多数人的最大利益。①

（二）激发社会活力的视角

中国的突出特点是超巨型人口社会，人口众多既可能成为优势也可能成为负担，取决于能否最大程度激发社会活力，挖掘人口红利。

---

① 李强：《改革开放 40 年与中国社会学的本土化、发展及创新》，载《社会科学战线》，2018（06），19 页。

改革开放以前，中国经济发展水平低下，物质财富总量较小，人口众多就更多地成为一种负担。改革开放以来，我们成功地激发了社会活力，人口众多又成为巨大优势，高比例的青壮年劳动力对中国经济发展做出了突出贡献。改革初期，"家庭联产承包责任制"或"大包干"的体制成功调动了广大农民参与劳动的积极性，农作物和粮食总量激增，在很短的时间里就解决了曾长期困扰中国的"吃饭问题"。1992 年邓小平南方谈话以后，有效调动了城市居民参与市场经济的积极性，带来了中国经济的持续高增长。今天我们遇到的仍然是如何激发社会活力的问题。当前，中国深化改革难度增大，重要原因是激发社会动力的难度加大。而且，进一步推进市场体制需要社会体制的配合，社会发展和市场发展同样重要，如果没有社会的发展，市场也不可能真正发展起来。

中国社会孕育着极大的活力和潜力，社会学界就是要研究怎样才能使广大人民群众的社会活力真正发挥出来。社会的活力如果真正发挥出来，中国就有无限的发展生机。从社会学角度看，中国经济与社会发展的动力，很大程度上来自于广大人民群众的"成就动机"，市场经济体制极大地激发了广大劳动者的成就动机，中国经济与社会发展仍然蕴藏着巨大潜力。①

（三）维护社会秩序的视角

强调社会活力，就要考虑社会秩序。自古以来，中国人对于社会秩序就予以高度重视，对于社会有序运行的范例，中国人称之为"大治"，对于社会无序运行的案例则称之为"大乱"。中国社会治乱兴衰的历史一再提醒我们，保持良好的社会秩序是超巨型人口社会得以顺利发展的极其重要的前提条件。改革开放之前，"文化大革命"的动乱，对中国社会造成了极大伤害。所以，复建的中国社会

---

① 李强：《改革开放 40 年与中国社会学的本土化、发展及创新》，载《社会科学战线》，2018（06），1~9 页。

学从一开始就着手于医治"文化大革命"造成的社会创伤，对于纠正偏离行为、越轨行为进行了大量研究。如何构建良好的社会秩序，是社会学关心的核心话题之一。中国社会学者从社会行为、社会规范、社会关系、社会结构、社会价值观、社会意识形态等角度进行了大量研究，提出了价值观共识、职业共同体、橄榄型社会等诸多理论。

中国社会学界一直致力于探讨激发社会活力与维持社会稳定的关系，提出了社会运行、依法治国、科学发展观、和谐社会等诸多国家治理和社会治理理论概念。改革开放以来，社会决策的基本视角就是"放"的时候要随时关注不能出现乱局，政策收紧的时候要特别小心，不要伤害社会活力。关键是在激发社会活力与保持社会稳定之间找到一个均衡点。这个均衡点绝非一劳永逸的，需要随时根据形势做出调整。①

二、社会治理概念的理论创新

为什么说社会治理概念的提出是一种理论创新呢？在以往的文献中，治理（Governance）概念以及善治（Good Governance）的概念是有的，但是将社会和治理连用，即称作"社会治理"（Social Governance）在过去的文献极为少见。即使有个别使用的，其含义与今天我们所说的"社会治理"讲的也完全不是一回事。②

（一）治理

有学者对谷歌扫描的 3000 万本英文书进行了检索，发现有关"治理"的研究在 20 世纪 70 年代后才开始慢慢增长，到 1990 年后

---

① 李强：《改革开放 40 年与中国社会学的本土化、发展及创新》，载《社会科学战线》，2018（06），1~9 页。
② 李强、卢尧选：《疫情防控与我国基层社会治理创新》，载《江苏社会科学》，2020（4），24~31 页。

突然呈现爆炸性增长。① 这种增长与福利国家的危机，以及公共管理和政治学等领域学者对福利国家的治理及新自由主义的反思有极大的关系，企图"以治理机制对付市场和国家协调的失败"②。中国在90年代末引入了治理概念。俞可平教授较早向中国学术界引介此概念③，他将治理定义为"主体可以是公共机构，也可以是私人机构，还可以是公共机构和私人机构的合作。治理是一个上下互动的管理过程，它主要通过合作、协商、伙伴关系、确立认同和共同的目标等方式实施对公共事务的管理。其实质在于建立在市场原则、公共利益和认同之上的合作。"④ 后来，俞可平将这个概念精简定义为"政府组织和（或）民间组织在一个既定范围内运用公共权威管理社会政治事务，维护社会公共秩序，满足公众需要"⑤。

俞可平还比较了"统治"与"治理"（governance）的区别，两者在统治主体、权威性质、权威来源、权力运行的向度方面均有不同：其一，统治的主体是单一的，是政府或其他国家公共权力；治理的主体则是多元的，除了政府以外，还包括企业组织、社会组织和居民自治组织等。其二，权威的性质不同。统治是强制性的；治理可以是强制性的，但更多是协商性的。其三，权威的来源不同。统治的权威来源就是强制性的国家法律；治理的权威来源除了法律以外，还包括各种非国家强制的契约。其四，权力运行的向度不同。统治的权力运行是自上而下的；治理的权力可以是自上而下的，但更多的是平行的。其五，两者的作用范围不同。统治所及的范围以政府权力所及领域为边界；治理所及的范围则以公共领域为边界，后者

① 王绍光：《治理研究：正本清源》，载《开放时代》，2018（2），153~176页。
② 鲍勃·杰索普，漆燕：《治理的兴起及其失败的风险：以经济发展为例的论述》，载《国际社会科学杂志（中文版）》，2019（3），52~67页。
③ 俞可平：《治理和善治引论》，载《马克思主义与现实》，1999（5），37~41页。
④ 俞可平：《治理与善治》，6页，北京，社会科学文献出版社，2000。
⑤ 俞可平：《中国的治理改革（1978—2018）》，载《武汉大学学报（哲学社会科学版）》，2018（3），48~59页。

比前者要宽广得多。①

笔者认为，"治理"概念凸显了除中央政府外的地方政府企业和社会组织在公共事务中的作用，具体表现有三个特点，一是治理对象的广泛性，即一些传统行政规则不涉及或不擅长的领域；二是强调多主体参与，包括政府市场社会多主体的共同治理；三是规则的多元性，多主体在同一场域的决策。与统治不同，治理不强调规则的唯一性，甚至可以是市场规则、社会规则和行政规则的混合。②

（二）社会治理

我们从社会学的角度对社会治理概念下个定义。社会治理也就是治理社会，在中国的背景下，社会治理就是在党和政府的主导下，多方面的社会力量共同参与，以激发社会活力和法治保障为手段，以保障改善民生和追求社会和谐为目的，以社会共同体（社区）为载体的治理社会的活动。③

Social Governance（社会治理）在过去的西方文献中不常出现，其含义与现在我们所说的"社会治理"大有不同。第一类"Social Governance"常与其他概念连用表达具体领域的社会政策或社会管理方式，比如"Global Social Governance"，指国际组织在国际范围内实施的诸如扶贫和减少收入差距的社会福利政策；或是"Market-Based Social Governance"，指与市场相关的营商环境。第二类概念与中文"社会治理"有一定交叉度，如"Social-self Governance"，指将传统的公共事务完全转交非政府部门来处理，强调政府不在场

---

① 俞可平：《中国的治理改革（1978—2018）》，载《武汉大学学报（哲学社会科学版）》，2018（3），48~59页。

② 李强、郑路：《应用社会学》，188页，北京，中国人民大学出版社，2020。

③ 李强、郑路：《应用社会学》，188页，北京，中国人民大学出版社，2020。

的社会自我管理①，不同于我国党政领导下的社会治理。②

从我国文献的理论溯源看，理论界初期曾经使用过"社会管理"概念。到 2013 年以后开始用"社会治理"概念取代"社会管理"。具体的理论探索进程是这样的：2004 年，党的十六届四中全会提出了"社会管理创新"，并首次提出了"社会建设"的概念，这个提法的优点就是能与"经济建设"区分，缺点就是这个概念无所不包。为了避免其被泛化，中央文件往往用"以改善民生为重点的社会建设"来限定社会建设的内容。③ 党的十七大报告和党的十八大报告都延续了"社会管理"的提法，提出了要加强基层社会管理和服务体系建设。2013 年11 月，党的十八届三中全会"关于全面深化改革若干重大问题的决定"，首次使用"社会治理"概念取代了"社会管理"概念。④ 党的二十大报告继续使用了"社会治理"的概念。

为什么要用社会治理取代社会管理呢？自 2004 年以后，我们明显地强化了社会建设，在社会建设中，特别重视对于各类突发事件、群体事件、社会冲突、社会矛盾的处理，在政法系统成立了"综治办""应急办""信访办"等众多机构，来处理这些矛盾和冲突。从2004 年到 2013 年，通过 9 年的实践探索，国家深刻地认识到在处理突发事件、群体事件、社会矛盾、社会冲突过程中，仅仅靠管理部门的严控，无法解决无比复杂的社会问题。由此，党中央在文件上提出一个新的思路，即社会治理的思路。⑤

2017 年是国家对社区治理的决策部署极为重要的一年。这年

① 参见：Deacon, Bob. Global Social Policy & Governance. London: Sage，2007；Kim, Taekyoon. Contradictions of Global Accountability: The World Bank, Development NGOs, and Global Social Governance. Journal of International and Area Studies. 2011,18（2），23~47；Bekkers, V. Governance and the Democratic Deficit: Assessing the Democratic Legitimacy of Governance Practices. Burlington,VT:Ashgate, 2016.26.

② 李强、郑路：《应用社会学》，188 页，北京，中国人民大学出版社，2020。

③ 李强：《创新社会治理需要激发社会活力》，载《人民日报》，2016-02-02。

④ 李强：《从社会学角度看现代化的中国道路》，载《社会学研究》，2017（6），18~26 页。

⑤ 李强、卢尧选：《疫情防控与我国基层社会治理创新》，载《江苏社会科学》，2020（4），24~31 页。

4月，中共中央、国务院出台了《关于加强和完善社区治理的意见〔2017〕13号》，是中华人民共和国历史上第一个以党中央、国务院名义出台的关于城乡社区治理的纲领性文件，对于加强和完善社区治理、实现国家治理现代化具有十分重大的意义。文件提出，实现城乡社区治理现代化的总体目标要分两步走：第一步是到2020年基本形成基层党组织领导、基层政府主导的多方参与、共同治理的城乡社区治理体系，城乡社区治理体制更加完善，城乡社区治理能力显著提升，城乡社区公共服务、公共管理、公共安全得到有效保障；第二步是再过5到10年，城乡社区治理体制更加成熟定型，城乡社区治理能力更为精准全面，为夯实党的执政根基、巩固基层政权提供有力支撑，为推进国家治理体系和治理能力现代化奠定坚实基础。按照现代社会发展要求，根据我国国情实际，现代化的城乡社区治理应当是具有较高的法治化、科学化、精细化水平和组织化程度，由基层党组织领导、基层政府主导，以民为本、服务居民的多方参与、共同治理的社区治理。①

同年7月，中央组织部在上海召开全国城市基层党建工作经验交流座谈会，对全国各地城市基层党建工作提出要求，指出要充分发挥街道社区党组织领导核心作用、积极探索党建引领基层治理的有效路径。同年10月，党的十九大召开，十九大报告中强调"基层治理"是社会治理的重点，进一步提出了"治理重心下移"的指导思想。报告指出："加强社区治理体系建设，推动社会治理重心向基层下移，发挥社会组织作用，实现政府治理和社会调节、居民自治良性互动，打造共建共治共享的社会治理格局，提高社会治理社会化、法治化、智能化、专业化水平。"

2022年，党的二十大召开，二十大报告强调："完善社会治理体系，健全共建共治共享的社会治理制度，提升社会治理效能，畅

---

① 李强：《提升城乡社区治理现代化水平》，载人民网，2017-07-18，http://theory.people.com.cn/n1/2017/0718/c40531-29412787.html。

通和规范群众诉求表达、利益协调、权益保障通道，建设人人有责、人人尽责、人人享有的社会治理共同体。"① "社会治理"与"社会管理"虽然只是一字之差，但是，治理确实体现了一种理论的创新。管理体现的是管理者与被管理者的对立，体现了管理者用管控的方式处理问题，被管理者完全是被动的。而社会治理，体现了一种全新的多方参与的思路，尽可能动员多方的社会力量，来处理新形势下的新问题。在社会治理中，党与政府当然处于领导和主导位置上，但是，问题的处理和解决却是动员了多方面的社会力量、最大限度地激发了多方面的社会活力，正如党的十八届三中全会文件指出的："实现政府治理和社会自我调节、居民自治良性互动"，试想，具有14亿人口的中国，如果广大老百姓、广大居民都能够参与到社会治理中来，那将是一种多么巨大的社会力量。②

社会管理和社会治理体现了理念、手段、主体和治理效果的不同：（1）理念不同。社会治理实际上体现了一种"民本位"的理念，而社会管理则体现为"官本位"的理念，官本位的维稳思路难以解决复杂的社会矛盾。（2）主体不同。社会治理更加强调多主体的增能赋权，党和政府、社区、居委会、社会组织、企业、居民对加强社会治理体系的建设都至关重要。（3）手段不同。社会治理的手段具有"多元性""双向互动""协商合作"等特点，而在社会管理中，管理方发出"具有行政性的单向指令"，被管理者接受指令并执行，强调管理和被管理的关系。（4）效果不同。政府对社会事物的大包大揽容易滋生群众的依赖心理，一方面进行基层动员的效率高了，但是另一方面政府也承担了无限的责任。社会治理强调社会责任的"公共性"，从片面强调政府的单方责任向政府、市场、社会共同承担责任转变。③ 可以说，社会治理体现了一种全新的视角，是一种战

---

① 习近平：《高举中国特色社会主义伟大旗帜　为全面建设社会主义现代化国家而团结奋斗——在中国共产党第二十次全国代表大会上的报告》，54 页，北京，人民出版社，2022。

② 李强、卢尧选：《疫情防控与我国基层社会治理创新》，载《江苏社会科学》，2020（4），24~31 页。

③ 李强、郑路：《应用社会学》，189 页，北京，中国人民大学出版社，2020。

略方针的转变，是国家对社会建设中的诸多经验教训的吸取和总结，体现了现代国家治理理念。

三、社会治理的基本特征

第一，我国社会治理是在具有中国特色的社会结构与组织机制下形成的。中华人民共和国成立以后，建立了非常严密的组织管理体系，层层组织直到最基层的村庄、社区，中国的社会治理正是以这样的组织体系为基础的。中国共产党和政府在社会动员、资源调配、社会整合方面的能力极为突出。当然，社会治理更强调的是聚焦于基层社会治理能力的提升，创造激发基层社会和居民活力的制度政策环境，这就是下面的共建共治共享特征。

第二，社会治理的突出特色就是共建共治共享。党的十九大报告提出："打造共建共治共享的社会治理格局"，党的二十大报告强调"健全共建共治共享的社会治理制度"，均表述了社会治理多主体共同参与的特征。社会治理的参与者是广大老百姓，治理的成果也为广大人民群众所享有，享受了治理的成果就更激发了参与的积极性。社会治理强调多元社会力量和多元社会主体共同参与，包括社区组织、社区居民、企业行业、市场的力量、群众团体等等，当然最重要的社会治理主体还是广大人民群众自己。

第三，社会治理重心下移到基层，基层是社会治理最为核心的环节。党的十九大报告提出："推动社会治理重心向基层下移"，越是在基层就越接近人民群众，就可以更为有效地激发广大居民参与公共事务治理的积极性，这样就可以将很多社会矛盾解决在萌芽状态。基层社区既是国家体系的一部分，同时也是广大人民群众学习、工作、就业、日常生活得以进行的场域和基础，社会治理落实到了基层社区上才能够真正发挥功能。

第四，保障改善民生与追求社会和谐是社会治理的目的。理解社会治理的民生特征有三点比较重要：一是社会治理的边界、内容、重点和工作方式都是由民生所决定的。民生需要解决什么问题，社会治理就应该朝向这方面努力。我国经济社会发展最终目标是要提高民生水平，而当前，人民群众在就业、医疗、养老、居住和安全等方面的需求还存在不少短板，民生保障的水平在城乡之间、不同城市之间、城市不同属性的社区之间、群体之间也还存在很大的不平衡。因此社会治理必须着重从这些短板入手，充分挖掘各种资源，想尽一切办法保障和改善民生。二是保障和改善民生。民生实现的好与坏是评价和检验社会治理水平的根本标准。在社会治理发展过程中增进人民的福祉是社会治理的根本目的。基层的资源和财力毕竟是有限的，更应该将有限的财力、物力、精力聚焦于保障和改善民生方面的工作。三是在社会治理中，保障改善民生与构建和谐社会的目标是一致的。所谓和谐社会，就是人民群众的基本生活需求得到满足，构建了比较完善的公共服务保障体系，提升了广大人民群众的幸福感和获得感，实现了全社会的公平正义感。和谐社会的实现就从源头上防止、阻止和减少了社会矛盾、社会冲突的发生。所以保障改善民生与追求社会和谐是一致的，都是社会治理的最终目标。[①] 经过多年的理论与实践探索，社会学梳理出了民生的九大领域：教育、就业、收入分配、医疗、住房、养老、社会福利与社会保障、扶助贫困、社会治理，由此社会治理就有了具体抓手。[②]

第五，社区是社会治理的载体。社会学常常通过社区研究来透视社会，对于政府与社会关系的研究都将社区作为实施研究的落脚点，从社会学的角度看，社区这个场域就是最典型的社会治理的发生空间，社区是社会治理得以实施和应用的基础，失去了社区，社会治理就成了空中楼阁。社区治理不可能单纯运用政府的治理逻辑。在最基层的社区，政府治理是通过社会治理来与居民联络的，市场

---

① 李强、卢尧选：《疫情防控与我国基层社会治理创新》，载《江苏社会科学》，2020（4），24~31 页。
② 李强：《中国社会学学科建设的回顾与反思》，载《广州大学学报（社会科学版）》，2019（5），20~29 页。

也通过它的平台来与社区居民交往。社会治理只有落实到社区、下沉到社区，才有了坚实的基础。在此意义上，社会学就是通过研究基层社会治理、基层社区治理来推进理论创新的。社会治理切忌浮在上面，社会治理的重心必须下移。这样，社会学将社会治理与基层社区治理相结合，这也正是下面一点要强调的：基层社会治理与社区研究的密切关系。

第三节　社区治理作为基层社会治理的落脚点

社会学历来擅长于社区研究，基于中国的国情，将社会治理与社区研究相结合是顺理成章的事情。社会学将基层社会治理与基层社区研究相结合，做出了创新，提出了具有中国特色的基层社会治理和社区理论。另外，"社会治理"是一个宏观概念，实践中需要具体化，这样在具体操作中就转化为基层社会治理。而社区是基层社会的基本单元，既是行政管理体系在城乡社会的基础，也是居民日常生活所处的共同地域与空间，它承载着培养认同、表达利益、提供服务、实现管理等基本功能。因此，社区治理对促进基层社会的和谐稳定具有重大意义。[1]

社区是最为传统的社会学概念。所谓社区是指人们的地域社会生活共同体。社区是进行一定的社会活动，具有某种互动关系和共同文化维系力的人类群体及其活动领域。"社区"是从英文community翻译过来的，汉语中原本没有"社区"这个词。根据费孝通先生回忆，1933年帕克到燕京大学讲学时，讲课中使用了community的概念，最初译成"地方社会"。后来费孝通等燕京大学的同学一起讨论，认为还是不够准确，于是由费孝通先生首先提出，产生了汉语的"社区"概念。[2]费孝通先生在谈到"社区"概念时亦

---

① 李强、王莹：《社会治理与基层社区治理论纲》，载《新视野》，2015（6），26~31页。
② 费孝通：《费孝通文集》，530页，北京，群言出版社，1999。

指出社区和社会是不同的概念，社会是人际关系的综合，每一个社区都是一个社会，但社会却不是社区。① 社区一词于是被引入中国，意指聚居在一定地域范围内的人们所组成的社会生活共同体。它既是一个空间地域概念，也是一个"人群聚集"的社会群体概念。②

"社区"概念被广泛使用，与中国积极推进社区建设密切相关。1986 年，民政部最早提出了"社区建设"。当时，为推进城市社会福利工作改革，争取社会力量参与兴办社会福利事业，并将后者区别于民政部门代表国家办的社会福利，民政部在社区概念的基础上提出了"社区服务"。1991 年，时任民政部部长崔乃夫在中国社会工作者协会成立大会上致词时提出了在街道办事处、居委会系统开展社区建设工作的号召和要求，得到了许多城市的积极响应，并开始了社区建设工作的实践。1998 年，国务院的政府体制改革方案确定民政部在原基层政权建设司的基础上设立基层政权和社区建设司，意在全国范围内进一步推动社区建设的发展。整个 90 年代，社区建设受到了来自官方和学界的普遍关注，并得到了中央及地方政府、基层政权组织，以及居民的广泛实践和参与。2000 年，中共中央办公厅、国务院办公厅转发了民政部《关于在全国推进城市社区建设的意见》（中办发〔2000〕23 号），从此以后，社区概念在全国迅速普及开来。之后，城市基层自治组织"居民委员会"也正式更名为"社区居民委员会"。2017 年 6 月中共中央、国务院发布了《关于加强和完善城乡社区治理的意见》，在文件中将城市和农村都称为"社区"。社区的概念在今天也更为普及。③

在此时期，中国社会学界在社区研究领域有很多的理论创造，并且很大程度上是依据我国社区所发生的巨大变化而提出来的。改革开放以后，农村人民公社退出历史舞台，建立了农民家庭联产责

---

① 费孝通：《费孝通文集》，530 页，北京，群言出版社，1999。
② 李强、郑路：《应用社会学》，188 页，北京，中国人民大学出版社，2020。
③ 李强、郑路：《应用社会学》，142 页，北京，中国人民大学出版社，2020。

任制，土地承包给农民，后来又经过一系列的演变，目前中国农村的社区类型极其复杂，很多农村社区历经了城镇化发展，从景观上看与城市并没有什么区别，只是居民的户籍类型还是农村。城市社区也发生了巨大变化，从改革开放以前的那种街道居委会、家委会和单位制社区，演变为今天非常复杂的、多类型的城市生产和居住社区，包括：新型商品房社区、传统老社区（后单位制社区）、传统单位大院、新型经济开发区、多种类型的企业社区、旧城风貌文化保护区、高档别墅社区、居民回迁社区、城中村社区、城市中的纯农村社区等等。正是因为社区类型的不同，基层社会治理也出现了多类型的分化。

以往社区研究是比较偏学术取向的，有了基层社会治理研究，社会学找到了实践上的用武之地。全国各地很多基层，进行了基层社会治理实验，创新了基层治理模式。我们在探索城市社区治理比较成功的案例中，发现了四种类型：第一种是突出政府功能的模式，即党和政府有强大的资源调配能力，有效地推进了高水平的社区治理；第二种是突出市场功能的模式，即那些奉公守法有较高声望的房地产机构和物业公司，在市场机制下高水平地实现了有效的社区治理；第三种是社会自治模式，虽然案例非常少见，但也有成功案例；第四种是专家参与模式，比如清华大学社会学系研究团队与地方政府合作开创了"新清河实验"，采取了社会学学术研究与社区干预相结合的方式。[①]

农村社区治理创新的案例近年来也比比皆是，比如在经济方面采用股份化的方式处理农村集体经济分配，在生产运营方面采用公司加农户模式、采用新型的以家庭为基础的农业合作社模式，在社会治理机制上创造了新型城乡统筹、城乡融合体制，创造出新型土地管理机制、新型社区管理机制、住房管理机制以及城乡融合的养

---

① 李强：《中国社会学学科建设的回顾与反思》，载《广州大学学报（社会科学版）》，2019（5），20~29 页。

老保障体制等。[①]

中国社会学界巧妙地将基层社会治理与社区研究结合起来，形成了具有中国特色的基层社会治理研究。社区治理与社区建设是中国理论界、社会学界在近些年来的研究和实践中提出的重要概念，所以，可以视为是具有中国特色的社会学概念。社会学的基层社区治理研究、基层社区治理实验、基层社区治理创新的意义十分重大。俗话说，"基础不牢地动山摇"，如果我国的基层社区都能够有效实现社会治理，基层社区都能够良性运行，那么，不管国际风云如何变幻，我国的现代化进程都会建立在非常牢固的社区治理基础之上。

---

① 李强：《中国社会学学科建设的回顾与反思》，载《广州大学学报（社会科学版）》，2019（5），20~29 页。

第二章 西方社区研究的理论传统

从社会学理论上看，社区治理研究是社区研究的发展与创新，为阐释清楚这种创新的含义，笔者先从社会学的社区研究谈起。西方的社区研究与实践是伴随着工业化进程而兴起的，距今已有百余年历史，并一直在发展和完善的过程中。

第一节 西方社区研究的发展脉络

一、古典社会学与社区研究的发端

社区研究对于从事社会学研究的人来说，似乎是颇为熟悉的事情，然而其深厚的学科基础往往被很多人忽略。从学科诞生的历史背景和社会情境看，社会学的诞生直接源于对西方工业化和城市化的回应。18世纪西方工业革命带来了城市化的起步和加速发展，如刘易斯·芒福德（Lewis Mumford）所言："现代工业发明使人类在很大程度上克服了时间与空间的限制，进而促进了工业生产规模的扩大和效率的提高，并使得工业集中在城市成为可能"[①]。工业化及其所导致的人口大量聚集所带来的城市化进程，打破了几千年来欧洲社会传统的社会关系和生活方式。面对这种崭新的社会形态及其对人类社会生活秩序甚至人性可能产生的影响，古典社会学大师们纷纷著书立说，或缅怀昔日温情脉脉田园社会里的美好，或为构建新的社会秩序而出谋划策。前者有如德国社会学家滕尼斯，而后者

---

① 芒福德：《城市发展史：起源、演变和前景》，倪文彦、宋峻岭译，16页，北京，中国建筑工业出版社，1989。

则如孔德（Comte）、涂尔干（Durkheim）、齐美尔（Simmel）、马克斯·韦伯（M. Weber）等。虽然方案不尽相同，但古典社会学大家们所共同探讨的一个问题就是：在高度分工的现代工业社会及高度分化的城市社会里，人类共同体何以可能？社会学家最终将人类共同体的具体研究落实到了社区中来。①

也就是在这个背景下，德国学者斐迪南·滕尼斯（Ferdinand Tönnies，1855—1936）于 1881 年在基尔大学哲学系工作时撰写了《共同体与社会》这本书。该书于 1887 年第一次印刷，1912 年再版，至 1935 年重印达八次之多。② 在这本书中，滕尼斯提出了"社区"概念，对社区与社会进行了二元区分。社会学界普遍认为这在西方语言中首次使用了这个概念。

滕尼斯的"共同体"（Gemeinschaf）概念是指由"本质（自然）意志"（表现为本能、习惯和记忆）推动的，以统一和团结为特征的社会联系和组织方式；"社会"（Gesellschaf）则是由"选择（理性）意志"（表现为深思熟虑、决定和概念）所推动的，有明确目的并以利益和契约为基础的社会联系和组织方式。在他看来，随着社会的城市化和现代化，自然形成的（共同体/社区）不可避免会被人为设计的（社会）所取代。③

滕尼斯认为，共同体发源于血缘关系，由家族式的血缘共同体作为聚合的基础，扩展为以对土地、耕地的占有为基础的地缘共同体（领地、村社或公社），再扩展为以信仰为纽带而建立的精神共同体，这就是共同体的三种基本类型、渐进形态。共同体成员通过共同生活而具有的相互一致的信念，是一个共同体特有的意志，滕尼斯称之为"共同领会"，这种意志的三个根源就是血缘的亲密结合、空间

---

① 李强、王拓涵：《社会学、人居环境与社区研究》，载《北京规划建设》，2015（6），9~12 页。
② 蒋永康：《滕尼斯的生平和社会学思想》，载《社会》，1983（5），55~56 页。
③ 肖林：《"'社区'研究"与"社区研究"——近年来我国城市社区研究述评》，载《社会学研究》，2011（4），185~208 页。

内的接近和精神的亲近。然而，随着以人口增长、技术发展、大宗贸易和大规模战争与大企业的出现和大城市的崛起，一个"新时代"到来了，共同体逐渐演进为社会，一种普遍服从法律、法制、契约的统一聚合体。新时代逐渐发展到一切成年人拥有个人自由或者自决的权利，一种个体解放的社会。不过，尽管"新时代"以社会为主要元素，但他预言在新的社会生活中，共同体的元素会继续发挥作用，形成重新把人联合起来的国家的社会主义。[1]

表2-1　共同体与社会的区别（滕尼斯）

交 流 形 式	共 同 体	社 会
生活范围	家庭、乡村、城镇	都市、国家、世界
意志类型	本质意志-情感动机型	选择意志-目的动机型
意志取向	整体意志	个人意志
监督手段	和睦感情、伦理、宗教	常规、法律、公众舆论
互动形式	本土网络，呈密集型	超本土网络，呈复合型
结合基础	有机的	机械的

资料来源：郑也夫、李强主编：《西方社会学史》，32页，北京，能源出版社，1987。

　　其实滕尼斯主要是作了理论探索，并没有真正从事实证的社区研究。真正具有开拓意义的，最早对基层社区生活进行比较全面的实地研究的是大思想家托克维尔（C. A. Tocqueville，1805—1859），他于1831—1832年对于美国基层社区生活的调查，体现了一种全面综合的社会考察视角。他深入分析了美国人的基层社区、基层组织、基层政治、基层生活，后来他的一系列发表震撼了欧洲社会，使得人们看到了一种不同于欧洲的美国社区生活的体制、机制。[2] 最能体现其社区意识的当属托克维尔在《论美国的民主》一书中对美国社会"乡镇精神"的考察。在这本书中，托克维尔把他观察和认识到的那种生机勃勃的民主形式建构在一个具有无限生机和活力的美国乡镇社区上。而这种乡镇社区中最核心的在于美国的乡镇精神，集

---

[1]　斐迪南·滕尼斯：《共同体与社会》，张巍卓译，北京，商务印书馆，2019。
[2]　李强：《社区治理研究在我国社会学学科建设上的创新意义》，载《社会发展研究》，2021（4），4~12页。

中体现在新英格兰。

英格兰的居民依恋他们的乡镇，因为乡镇是强大的和独立的；他们关心自己的乡镇，因为他们参加乡镇的管理；他们热爱自己的乡镇，因为他们不能不珍惜自己的命运。他们把自己的抱负和未来都投到乡镇上了，并使乡镇发生的每一件事情与自己联系起来。他们在力所能及的有限范围内，试着去管理社会，使自己习惯于自由赖以实现的组织形式……他们体会到这种组织形式的好处，产生了遵守秩序的志趣，理解了权力和谐的优点，并对他们的义务的性质和权利范围终于形成明确的和切合实际的概念。①

托克维尔指出了乡镇精神产生的三大原因：乡镇的强大和独立，居民参与并关心乡镇的管理，居民珍视自己和乡镇的命运。作为政治学家的托克维尔以其敏锐的视角来研究社区进而研究社会，注重运用社区的要素去分析问题，正是这种严谨和科学的态度使他在比较美国南北迥然不同的社区形态时，成功地预言了美国内战爆发和北方必定赢得战争。托克维尔的社区思想具有高度的科学预见性、现代社区精神以及市民社会等特征，对当代中国政治文明建设和社区建设具有重要的借鉴意义。②

恩格斯对于英国基层社区的研究也不容忽视。恩格斯于 1842 年11 月至 1844 年 8 月在英国居住期间，花费了 21 个月的时间考察了英国新兴工业城市，并在此基础上撰写了《英国工人阶级状况》一书。这本书详细描述了工人阶级的疾苦，揭示了英国无产阶级贫困的根源，集中反映了英国工人阶级劳动和生活状况，也多角度涉及了城市化问题，包括城市人口、住房、环境、犯罪、失业等多方面。③ 恩

---

① 托克维尔：《论美国的民主》，74 页，北京，商务印书馆，1989。
② 李秀铎、刘言颜：《托克维尔民主政治理论中的社区思想视角》，载《齐齐哈尔大学学报（哲学社会科学版）》，2010（2），13~16 页。
③ 王加利：《重读〈英国工人阶级状况〉：英国城市化问题的当代意义》，载《城市学刊》，2019（4），103~108 页。

格斯在《英国工人阶级状况》一书中这样写道：

> 真正令人发指的，是现代社会对待大批穷人的方法。他们被引诱到大城市来，在这里，他们呼吸着比他们的故乡——农村坏得多的空气。他们被赶到城市的这样一些地方去，在那里，由于建筑得杂乱无章，通风情形比其余一切部分都要坏。一切用来保持清洁的东西都被剥夺了，水也被剥夺了，因为自来水管只有出钱才能安装，而河水又弄得很脏，根本不能用来洗东西。他们被迫把所有的废弃物和垃圾、把所有的脏水，甚至还常常把最令人作呕的脏东西倒在街上，因为他们没有任何别的办法扔掉所有这些东西。他们就这样不得不弄脏了自己所居住的地区。但是还不止于此。各种各样的灾害都落到穷人头上。城市人口本来就够稠密的了，而穷人还被迫更加拥挤地住在一起。①

恩格斯辛辣地指出了城市化带来的贫富两极分化以及城市居住结构的阶级对立状况，即富人区总是在城市环境最好、最雅致的地区，穷人区则是最拥挤、环境也最糟糕的地区；当时曼彻斯特城的区位结构为市中心是广阔的商业区，其周围环绕着带状的工人居住区，带状地区之外较近的区域住着中等的资产阶级，较远的郊外则住着高等资产阶级。② 他从资本主义工业化下资本和人口集聚的现实出发，描述了资本主义工业城市愈是扩张，城市内部二元化结构愈是强烈，无产者劳动空间和生活空间愈是匮乏悲惨的事实，饱含对广大劳动人民是否享有空间权益的深切关怀，蕴含诸多现代城市社区治理的理论闪光点。③

---

① 恩格斯：《英国工人阶级状况》，141 页，北京，人民出版社，1957。
② 转引自夏建中：《城市社会学》，44 页，北京，中国人民大学出版社，2010。
③ 刘云杉：《〈英国工人阶级状况〉的空间批判思想及其当代价值》，载《哈尔滨师范大学社会科学学报》，2019（1），4~6 页。

二、早期规划界的社区实验研究

对于早期规划界的社区研究，我国社会学界也重视不够。在世界第一个城市化国家英国，从欧文（Robert Owen，1771—1858）的"协和新村"到霍华德（Ebenezer Howard，1850—1928）的"田园城市"，都是早期社会治理思想的萌芽和实践。

欧文出生于英国北威尔士牛顿城，是著名的实业家、慈善家和社会实验家。当时英国工业革命及城市化带来的一系列问题引发了欧文的关注和思考。1800 年，欧文来到苏格兰的 New Lanark 担任纺纱工厂厂长改善环境和工人生活条件，创建托儿所、幼儿园、游戏场，创造儿童发展的良好环境、条件。1816 年在 New Lanark 创办"性格形成新学院"，进行环境教育实验。1825 年他赴美国的印第安纳州购地实验其新村计划，建设"新和谐村"（New Harmony），进行城市建设的亲身实践。"新和谐村"居住人口 500~1500 人，有公用厨房及幼儿园；住房附近有用机器生产的作坊，村外有耕地及牧场。为了做到自给自足，必需品由本村生产，集中于公共仓库，统一分配。他宣传的这些设想，遭到了当时政府的拒绝。随后还有不少欧文的追随者建立了多个新和谐村形式的公社。[1]

欧文的"新和谐村"实际上是扩大化了和理想化了的新拉纳克纺纱厂。从规模上看，人数在 1000~2000 左右，其规划的城市单元，他称之为"方形村"，占地区 1000~1500 英亩左右。欧文的城市模式是从中央到外围，即由公共设施—住宅—菜园区—工厂区—农村构成的环带状格局。[2] 虽以失败告终，但新和谐公社对城市规划史、社会治理及人类社会的进步和发展产生了深远的影响，这里诞生了很多美国的"第一"——第一所幼儿园、第一家商贸学校、第一次免

① 吴志强、李德华：《城市规划原理》（第四版），27 页，北京，中国建筑工业出版社，2010。
② 陆伟芳、余大庆：《欧文与霍华德的城镇思想述评》，载《中共南宁市委党校学报》，2001（4），3~5 页。

费教育制度的尝试、第一家免费图书馆、第一家市民戏剧俱乐部、第一家有组织的妇女俱乐部……。同新拉纳克村一样，经过保护和修复，美国的新和谐公社现在成为了游客络绎不绝的景点。

欧文的"新和谐村"失败了，但霍华德的"田园城市"却在英国生根开花，结出了硕果。英国著名城市学家埃比尼泽·霍华德，于 1898 年发表《明日的田园城市》一书，对于基层社区生活的体制、机制和空间布局做出了具有开创意义的探索。霍华德分析了城市和乡村的优缺点，首次提出了城乡一体融合发展"田园城市"模式，称其为一种"愉快的结合将迸发出新的希望、新的生活、新的文明"，"一个融生动活泼的城市生活和美丽、愉悦的乡村环境为一体的'磁体'"。

霍华德规划的田园城市的空间结构和布局思想是这样的：首先，这种设计的要旨在于便捷地与自然景观接触。其次，城市控制在一定的规模内，限制城市扩张，保持小城市的规模，当人口过多时，就在乡村地带以外的不远处，建设另一座单元城市，并拥有自己的乡村地带，几个这样的单元城市围绕一个中心城市，形成城市组群，他称之为社会城市。再次，设计合理的居住、工作的基础设施布局，并用绿带和敞地将相对独立的居住区隔开。最后，各功能区之间建筑良好的快速交通系统。"田园城市"的本质特征不在于花园，而在于城乡一体，旨在寻求有工业而无污染、城市和乡村的优点相结合的"亦城亦乡"的新型城市——既具有城市的物质文明，又有乡村新鲜的空气和开阔的田野；既有农业存在又有工业位置的人居空间。[①]《明日的田园城市》的译者金经元教授认为，田园城市并不是霍华德的奋斗目标，而只是实现他所追求的目标——社会城市——的一个局部实验和示范；霍华德尝试创造的不同于现代城市或是农村任何一种的组织方式，而是具有二者共同优势的"城市—乡村"模式；

---

① 陆伟芳、余大庆：《欧文与霍华德的城镇思想述评》，载《中共南宁市委党校学报》，2001（4），3~5 页。

倡导的是一种社会改革思想，用城乡一体的新社会结构形态来取代城乡分离的旧社会结构形态。①

欧文与霍华德的城市设计思想和实验为后人留下了丰富的精神遗产和实践经验。这些理论和实践对城市和社区规划在认识和行动上都实现了突破，将物质规划与社会改造结合在一起，反映了城市发展过程中出现的各类社会矛盾仅仅依靠空间规划是无法解决的，必须结合社会改革的手段进行综合治理。虽然他们从来没有使用过社区治理的概念，但毫无疑问属于早期的社区治理实验。

三、芝加哥学派的兴起

与上述研究相比，社会学界比较推崇的是芝加哥学派的社区研究。芝加哥学派的社区研究在社会学界的影响力也很大。1892 年美国社会学家 A.W. 斯莫尔在芝加哥大学建立了世界上第一个社会学系，开设了第一个社会学研究生班，并于 1895 年创立了美国第一个社会学刊物《美国社会学杂志》。社会学系创立后，斯莫尔先后聘用了文森特、W.I. 托马斯、R.E. 帕克、E.W. 伯吉斯等人，形成了强大的师资阵容。到 19 世纪 20 年代，在帕克等人的努力下，芝加哥社会学系以所在城市为实验基地，对新兴的芝加哥城市社会问题开展了一系列实证研究，由此而形成了享誉世界的城市社会学"芝加哥学派"。②

芝加哥大学在创立之时正是芝加哥城加速发展、城市问题层出不穷之时。19 世纪 40 年代芝加哥还是只有数千人口的小镇，到 19 世纪 90 年代人口猛增到 110 万，到 20 世纪 30 年代更进一步增长到 350 多万，成为美国的工业重镇和第二大城市。芝加哥一半以上的人口是外来移民，其中大部分是世界各国尤其是欧洲的移民，这为芝加哥带来了许多城市问题，同时也为芝加哥学派提供了得天独

---

① 埃比尼泽·霍华德：《明日的田园城市》，6 页，金经元译，北京，商务印书馆，2010。
② 李强、王拓涵：《社会学、人居环境与社区研究》，载《北京规划建设》，2015（6），9~12 页。

厚的研究范本。[①] 威廉姆·托马斯（William Thomas）和弗洛里安·兹纳涅茨基（Florian Znaniecki）合著的《身处欧美的波兰农民》就是在这个背景下写就的，运用书信和报刊等实物资料研究了波兰农民在移民美洲后的文化适应问题。詹姆斯·凯瑞（James T. Carey）在其关于"社会学的芝加哥学派"的研究专著中指出，《身处欧美的波兰农民》的重要贡献之一，也是它被称作经典的主要原因，在于它提出了社会解体范式（social disorganization paradigm）。[②] 此后，这一范式被芝加哥学派用以阐释一系列美国的都市社会问题，且沿用至今。

罗伯特·帕克（Robert E. Park）（1864—1944）作为芝加哥学派的代表性人物，和他的同仁们用自己的实践开创了城市社会学的两个传统研究领域——城市生态学（城市空间结构理论）和城市文化学（城市文化适应理论）。在1921—1931年期间，帕克指导学生进行了15项有关城市生活和城市社会问题的研究，其对象包括非法团伙、流浪汉、职业舞女、妓女、吸毒、青少年犯罪以及犹太移民等等。1932年，帕克从芝加哥社会学系退休的前一年，来中国燕京大学访问时，还带着年轻时期的费孝通"这批小伙子到北京的天桥去参观'下层社会'"，学生能够从人们的实际生活中学习社会学。[③]

帕克于1915年发表的城市研究的著作——《城市：有关城市环境中人类行为研究的建议》，概括了芝加哥学派之后20年间城市研究的基本问题。1925年，帕克和伯吉斯、麦肯齐联合出版了《论城市》。1926年伯吉斯又出版了《都市社区》，标志着城市生态学的诞生。在《论城市》这本200多页的小册子中，帕克等人旗帜鲜明地提出，城市绝不是一种与人类无关的外在物，也不只是住宅区的组合；

---

① 白友涛：《芝加哥学派及其学术遗产》，载《社会》，2003（3），24~27页。
② 查德·艾伦·戈德堡，於红梅：《身处欧美的波兰农民：一项市民融合及国族建设的研究》，载《国际新闻界》，2019（6）:104~121页。
③ 周晓虹：《芝加哥社会学派的贡献与局限》，载《社会科学研究》，2004（6），94~98页。

相反，它是一种心理状态，是各种礼俗和传统构成的整体。正是在这本著作中，麦肯齐提出了后来流传盛广的"同心圆说"，将一个现代都市划分为中心商业区、过渡区（帕克和伯吉斯都认为，这是各种社会问题的集中地）、工人住宅区、中产阶级住宅区和郊区或往返带（commuters' zone）。也是这本著作连同这些作者的其他文献，确立了城市社会学的最初地位。①

帕克指出，社区的本质特征是：（1）有一个以地域组织起来的人口；（2）这里的人口或多或少扎根于它所占用的土地上；（3）这里的人口的各个分子生活于相互依存的关系之中。帕克关于社区本质特征的论述对社区研究产生了非常大的影响。此外，他还指出在研究一个地区内的社会力量时，应当把社区设想为三种主要的决定性影响因素的合成运动。这三种主要因素，第一是生态学力量；第二是文化力量；第三是政治力量。②

生态学力量是指那些与竞争过程有关联的力量，以及因居住和职业而形成的人口分布和分隔现象而言。城市的每一个邻里，都变成了更大范围内社区的一个不可缺少的组成部分，并将自身的命运以这种联系同大社区系结在一起。如果可以说地价最高处标志着社区中心的所在，那么地价最低处则常常是社区的边缘地带。但是，如果两条商业街道相交的地带同时又是商业中心，那么这两条街道便会将社区分割成不同的邻里。从长远看，任何社区的生活都不完全由其内部的力（forces），而主要由城市生活的整体进程所决定。正是地理条件和竞争确立了这些不同地区各自的边界与中心。脱离城市环境孤立地分析邻里或社区，就忽视了邻里关系本身的最大实际。③

文化力量，作为一个群体的社会遗产，指该群体内在所固有的某

---

① 周晓虹：《芝加哥社会学派的贡献与局限》，载《社会科学研究》，2004（6），94~98页。
② 罗伯特·E.帕克：《城市：有关城市环境中人类行为研究的建议》，杭苏红译，16页，北京，商务印书馆，2016。
③ 罗伯特·E.帕克：《城市社会学：芝加哥学派城市研究》，宋峻岭、郑也夫译，144~145页，北京，商务印书馆，2012。

种本土性（locality），也指某种稳定的、不易变化的社会情境。帕克研究发现，体现社区文化的城市年轻人的休闲活动正在发生分化和分组。研究者对跳舞厅的主顾们按其居住地点绘制了一张地图，结果表明原先一些小型的公共跳舞厅从社区邻里中消失了，而一些大型的舞厅却在"光明"地区集中起来。这一趋向就更意味深长，它表明了文化上的混杂现象。所谓混杂，是说首属的、亲密的行为方式转移到次级接触的基础之上。在农村的邻里内，人们互相熟识，年轻人之间的社会关系受到团体舆论首属控制的保护。而在公共跳舞厅内，青年人来自城市的各个角落，这种旧式的首属控制自然失去作用。[①]

政治力量则与较为正式的公众舆论控制和法律有关。邻里工作中，凡当人们想实行社会行动时，则常常同政治力量产生关联。[②] 如果政府机构政治功能匮乏，社会机构福利功能疲软，那么社区的犯罪活动就有可能猖獗。[③]

晚年的帕克回归到黑人运动，1934 年帕克彻底离开芝加哥大学，担任了费斯克黑人大学的教职，直到 1944 年去世。帕克离开芝加哥大学后，芝加哥城市生态学的大旗传给了其学生路易斯·沃斯（Louis Wirth）。1938 年沃斯发表了他著名的论文"作为生活方式的城市性"，分析了城市的生态和人口结构，研究了城市生活的心理和行为结果，第一次明确提出城市性就是社会生活方式的变革过程。他认为城市的本质就是异质性，城市就是由异质性的个人组成的、较大规模的、较高密度的永久性聚落。城市环境中不断增长的尺度、高密度人群和异质性直接导致了城市社会结构的各种变化。这些变化中最重要的是城市中次级群体重要性和维持社会秩序的正式社会控制作用的增长。早期芝加哥学派的主要关注焦点——社会解组，就被沃斯看

① 罗伯特·E.帕克：《城市社会学：芝加哥学派城市研究》，宋峻岭、郑也夫译，147~148 页，北京，商务印书馆，2012。

② 罗伯特·E.帕克：《城市社会学：芝加哥学派城市研究》，宋峻岭、郑也夫译，150 页，北京，商务印书馆，2012。

③ 祝晓光：《芝加哥学派对犯罪空间分布理论的贡献》，载《国外人文地理》，1988（2），71~75 页。

作是三个生态变量——尺度、密度和异质性——变化的自然结果。[①]

总的来说，芝加哥学派的城市研究和社区研究在理论与方法上都有很多创新，其对城市社会生态、社区结构、社区关系、种族、犯罪、贫民窟等问题的研究，堪称都市社会学研究和社区研究的范例，给后世的社会学留下了丰富的精神遗产。

四、社区综合研究的繁荣

较早按照典型的社会学调查方法对同一个社区进行长期追踪研究的，当首推林德夫妇（Robert Lynd & Helen Lynd）的《中镇》[②]（1929）以及后来的《变迁中的中镇》（1937）。该研究展示了比较标准的社会学社区研究，提出了社区生活的基本框架，就业、家庭、教育、闲暇、信仰以及社区交往等，对后来的社区研究有深远影响，同时也开创了美国的社会分层研究。沃特伯格这样评价《中镇》："它描绘了所谓'典型'美国社区的全身肖像：它的公民不仅思考宗教，而且考虑家庭、性、政治、收入和犯罪。这个国家当时正值滚动的高潮，在核心地带，林德夫妇发现了一种普遍向上的社区精神"。[③]

林德夫妇在中镇住了一年半，进行以定性分析为目标的实地调查和参与观察。他们访问了镇内所有的关键人物和许多普通人，阅读了大量报纸、日记和地方志。他们还参加了居民的团体活动，从俱乐部和午餐会、到教堂举行的集体仪式都可见到他们的身影。正是这种细致入微的观察，加上研究者细腻的笔触，才使《中镇》成为学术著作史上的经典。[④]

林德夫妇发现，中镇社区内居民大体上有 400 种谋生方式，包

---

① 白友涛：《芝加哥学派及其学术遗产》，载《社会》，2003（03），24~27 页。

② Robert S. Lynd, Helen Merrell Lynd:Middletown: A Study in Modern American Culture, NY, Harcourt Brace & Company,1929.

③ 转引自夏学銮：《中镇和江村：中外社区研究比较——费孝通社区研究探微》，载《学习与实践》，2008（7），128~132 页。

④ 沈关宝：《〈中镇〉——社区研究的"金字塔"》，载《社会》,1996（7），27 页。

括艺术家、会计师、银行职员、书店职员、装卸工、染匠、电工电气工程师、昆虫学家、排字工、机械师、装配工等等。林德夫妇将所有这些活动梳理区分为两类，提出一种两个阶级的社会分层模式。一个阶级是"生产阶级"，从事"以物'为对象的谋生活动，他们使用物质工具来制造产品和提供服务。另一个阶级是"经营阶级"，从事"以人"为对象的谋生活动，他们销售或推广产品、服务和出主意，提供多种非物质的、制度的活动。在该社区的全部就业者中，生产阶级人数是经营阶级的 2.5 倍，即生产阶级占 71%，经营阶级占 29%。林德夫妇研究了上述两个阶级在所有六类活动中的重大差异。他们的结论是，两个阶级之间有着明显差异。①

于是，《中镇》的中心内容在于揭示"工人阶级"和"商业阶级"这两大群体的成因以及它们活动差别的缘由。在林德夫妇看来，除了人口增加外，工业化过程中的机器生产和金钱作用的日趋重要是两大群体的职业模式发生变化的根本原因。到 1924 年，中镇已经确立起以金钱作为成功和社会声望主要标志的社会生活模式。正是由于有了《中镇》的导引和奠基，才发生随后著名的美国扬基城研究和"蓝领—白领"理论的提出。同时，林德夫妇在发表《中镇》数年后又重返该镇进行追踪调查，并以《转变中的中镇》一书诱发了社区权力研究。②

1970 年代，一个由社会学家西奥多·卡普洛（Theodor Caplow）、霍华德·巴尔（Howard Bahr）和布鲁斯·查德威克（Bruce Chadwick）领导的小组来到中镇，重复和扩展最初的研究，该项研究被称为"中镇Ⅲ"。他们出版了《中镇家庭》和《虔诚的人们》两本书，并发表了大量文章。20 世纪 90 年代末期，卡普洛和巴尔重返中镇，还有社会学家路易斯（Louis Hicks），开展了"中镇Ⅳ"研究。1979 年电影人彼得·戴维斯（Peter Davis）来到小城，着手拍

---

① 李强：《社会分层十讲》（第二版），158 页，北京，社会科学文献出版社，2011。
② 沈关宝：《〈中镇〉——社区研究的"金字塔"》，载《社会》，1996（7），27 页。

摄一个大受评论界称赞的纪录片系列。在这几项大的研究计划间穿插着几十个小的学术和新闻记者式的调查，所有这些研究验证了一个历久不变的观点，中镇研究告诉我们的远远不仅是一个社区的事情。①

类似这样的社区综合研究还有美国社会学家威廉·富特·怀特（William Foote Whyte）的《街角社会》（1943）。1936年怀特从斯沃思莫尔大学毕业时，得到了哈佛大学研究员学会颁发的研究员基金，资助他从事任何一项为期3年的社会研究工作。从1936年到1940年，他对波士顿北区的一个意大利人贫民区进行了实地调查，以不完全参与观察的方式，研究了有关非正式组织的内部结构、活动方式以及与周围社会的关系，从而引证出关于该社区的社会结构及其相互作用方式的重要结论。怀特的科纳维尔实地调查凝聚着宝贵的社区研究方法。他认为，只有在摸清了社区的社会结构和它的行动模式以后，才能回答具体的问题。基于这样的认识，他把研究的重点放在观察、描述和分析那些随着时间的推移而发生变化的特定的个人和特定的群体上。从"小人物"入手去观察"大人物"，研究小人物与小人物之间、大人物与小人物之间以及大人物与大人物之间的关系，在把握科纳维尔的社会组织和社会结构的基础上解释人们的忠诚，以及政治和非法团伙活动的重要意义。他的研究否定了中产阶级把科纳维尔视为一团糟、一种社会混乱状态的观点，也否定了一些学者提出的"社会解组"概念，从而发现它是一个有高度组织状态的、完整的社会结构的社区，这也是《街角社会》在社区研究方面的重要贡献。②

这一时期的社区理论研究著作如雨后春笋般涌现出来。如贝尔（Colin Bell）的《社区研究：基层社区社会学导论》（1972），波普林（Denis E. Poplin）的《社区：研究的理论与方法》（1972）等等，不

---

① 吉姆斯·J. 康诺利、佟春霞:《〈中镇〉的遗产》，载《世界民族》，2015（6），44~50页。
② 赵铁:《〈街角社会〉的社区研究方法》，载《学术论坛》，1999（4），112~114页。

胜枚举。值得一提的还有达尔（Robert A. Dahl）的《谁统治：一个美国城市的民主与权力》（1961），以及在新世纪里，帕特南（Robert D. Putnam）的《独自打保龄球：美国社区的衰落与复兴》（2000）等，他们的社区研究视角、理论与方法都很值得关注。

五、社区权力研究的发展

社区研究的发展必然会涉及权力结构问题。社区权力结构是指社区的决策网络。美国社会学家亨特（Floyd Hunter）是第一个将社区权力结构作为一个研究主题，也是第一个使用社区权力结构这个词的学者，对美国社区权力结构研究的贡献很大。他于1953年出版了《社区权力结构》以及在1980年出版的《社区权力的连续》，在学术界引起了很大的反响。[1]

为了评价社区中的政治生活质量，亨特在《社区权力结构》一书中对于亚特兰大社区的研究创立了声望量表测量社会地位，用以了解谁是社区中真正的掌职人物。这种方法别具一格：一是通过社区内各个重要组织搜集掌权人物的名单，包括市民领袖、政府官、商界大亨和社会贤达等158位社区领导人。二是专家判断，这是声望调查法的核心。亨特在社区内挑选了14位专家，他们都以消息灵通、熟悉亚特兰大的政治、社会情况而著称。亨特要求他们以前述名单为基础，选出上述四个方面最有影响的领导人。亨特按照声望得分排列，找出了每个方面声望最高的前10人，从而得到一份该社区最有影响的40位领导人的名单。三是访谈与验证。对这些领导人进行深入访谈，着重了解三方面的情况——谁是居于前10名的最有影响的人，社区领导人相互之间的关系网络，以及近年来亚特兰大的一些重要决定由谁提出来、又由谁完成的。亨特最终研究发现：商业领袖发挥重要影响，他们是政策制定者；有关社区重大问题的

---

[1] 李亚宏：《亨特与他的社区权力结构研究》，载《社会》，1989（4），9~11页。

政策制定过程很少向公众公开，政策制定者通常以非正式的形式聚会。亨特在亚特兰大调查所获得的结论震惊了当时的美国学术界。因为亨特所涉及的问题，是美国人一向引为自豪的民主问题。历来以民主多元为标榜的美国社会，实际上却为极少一部分富翁所控制。因而许多学者愤然而起，针锋相对进行社区权力结构的调查研究，对亨特的研究方法与结论进行了诘难与批评。①

20 世纪 70 年代末期，亨特重返亚特兰大进行了一次追踪调查，并在 1980 年出版了《社区权力的连续》一书。亨特看到亚特兰大随着社会与技术变迁，权力结构也发生了某些变化，年轻一代已经接替了老一代，黑人在社区事务中的发言权越来越大，但亚特兰大的权力结构仍然偏爱经济界人士，最重要的决策者依然是商界大亨。各大公司通过控制佐治亚州各主要政党的一些关键职位，控制了州的事务。在这次研究中，亨特将社区的权力结构与州的乃至全国的权力结构联系起来加以研究，显示了他的权力结构研究有了新的发展。亨特的社区权力结构研究对美国政治社会学的发展产生了很大的影响，同时，也标志着社区权力结构研究的精英学派的形成。②

在社区社会声望地位测量方法方面影响力较大的、比较有创见的，以及提出了一整套社区社会地位理论与方法的，当属美国的沃纳学派（Warner School）。沃纳（W. Lloyd Warner）作为学术带头人，带领其研究团队对美国新英格兰州一个只有 17000 人的 Newbur Port 小镇进行了长期追踪研究。沃纳团队的调查方法与林德夫妇的相似，也是选择一个典型社区，应用社会调查、参与观察等方法，研究一个完整社区的社会分层。出于学术保密原则，在发表学术成果时，他们将研究的小镇称为"扬基城"（Yankee City）。后来这个团队共

---

① 李亚宏：《亨特与他的社区权力结构研究》，载《社会》，1989（4），9~11 页。
② 李亚宏：《亨特与他的社区权力结构研究》，载《社会》，1989（4），9~11 页。

同完成了一套丛书，丛书名就叫《扬基城》[1]。这套丛书从社会生活身份体系、声望分层、种族群体等角度探讨了社区内部的社会分层、社会不平等与社会流动，对后世的社会分层研究影响很大。[2]

第二节　西方社区研究的理论视角

从上面的论述可以看出，社区研究的经典范例很多，那社会学家在将社会学理论与方法应用于社区研究时，究竟有哪些典型的理论视角或范式呢？美国学者桑德斯（Irwin T. Sanders）在《社区论》（1975）一书中从社会体系、社会冲突、社会行动场域三大视角展现了社区研究的三大模式——社会体系模式、社会冲突模式、社会场域模式。随着社区研究的蓬勃发展，各种新的理论视角也不断出现。笔者在桑德斯提出的社区研究三大模式的基础上，归纳了六种较为典型的理论视角：社会结构功能的视角、社会体系的视角、社会冲突的视角、社会互动的视角、社会空间视角、社会治理或社区干预的视角。

一、社会结构功能视角

结构功能主义始于孔德，起源于有机体的类比思想，历经斯宾塞、涂尔干、韦伯、马林诺夫斯基、帕森斯、默顿、布朗等几代人，发展成了理论和方法驳杂的众多流派和体系。就社区研究而言，社区首先表现为一种结构，社区是诸多要素紧密联系构成的一种稳定的社会关系。在考察社区的时候，结构功能视角关注的要点不是社区中的个人，而是人与人关系的结构，是社区的体制、机制，这样，

---

[1]　William Lloyd Warner、Paul S. Lunt：The Status System of a Modern Community（Yankee City Series），Greenwood Press Reprint，1974.

[2]　李强：《社会分层十讲》（第二版），159 页，北京，社会科学文献出版社，2011.

在改善和改进社区运行的时候，主要是通过调整社区人际关系结构、调整社区体制机制来实现其目标。

按照结构功能的视角，任何一个社区要想维持良好的运转、构建和谐社区，就必须具备一些基本条件、具备合理的结构。这些条件包括：（1）社区与物质环境相适应。任何社区都需要物质环境的支撑，包括所有支撑运转的物质要素，如自然环境的、经济的、市场的、政治的、社会的等物质要素。（2）适当的社区人口再生产与"适度人口"。人是社区的核心，社区运转首要因素就是人。人的数量和质量都很重要。（3）社区基本社会角色的适当配置。人们在社区生活中承担着不同的社会角色，在一个完整的社区，不同职业分工、不同年龄、不同性别的群体需要有合理的比例。（4）社区成员之间信息的沟通。良好运行的社区需要成员之间构建良好的社会关系，最起码成员之间要保持通畅的信息沟通。（5）社区成员的文化认同。良好运行的社区，其成员需要具备文化认同的条件，即对于社区和社会中的基本事物有一致的认识，否则社区中就会矛盾重重。（6）对社区成员的社会化（Socialization）或者说教化训练。在同一个社区里生活，要遵守同一个社区的各种规矩、规范，比如传统农村社区延续着长久形成的民风民俗，城市社区的规矩则往往有管理的文本存档，有些还有契约、约定等。所有这些规范的实施，都需要对社区成员教育或教化。（7）社区生活中对于越轨行为的控制。社区总会有不遵守规范，甚至严重违反规范的现象发生。在内在约束失效的局面下，为了保持社区的良性运行，任何社区都需要建立外在的约束和惩罚机制，才能有效保障社区的和谐与良性运行。①

采用结构功能的视角观察社区生活、社区活动，就是试图从上述诸多方面入手调整结构，在结构合理的条件下发挥其良性运行的功能。

---

① 李强、郑路：《应用社会学》，148~150页，北京，中国人民大学出版社，2020。

二、社会体系视角

社会体系模式是社会结构功能主义日趋成熟后的延续。社会学突出的学科特征就是综合性，就是试图从综合性的角度、从尽量囊括多方面的社会影响要素的角度，探讨社会问题。社区就是一个小的社会，要理解这个小的社会，就需要全面了解影响该社区的多方面要素。社会或社区是有其内在构成体系的，这种整体视角也往往是沿着社区构成的体系进行探索。

沃伦（Roland L. Warren）的《美国的社区》（1963），对社区体系做出了比较全面的阐释。沃伦分析了社区的5种功能，即经济（生产、分配、消费）、社会化、社会控制、社会参与以及互相支持的功能。①

就完整的社区而言，这五个体系——社区的经济体系，社区的政治体系或组织、管理体系，社区的教育或教化体系，社区的文化体系和精神体系，社区的互助和福利保障体系，是不可或缺的。（1）社区的经济体系。物质的和非物质的经济条件是社区得以正常运行的基础，完整的社区，比如一个村庄或乡镇，生产、产业、市场的支撑是社区居民能够工作生活的基础。（2）社区的政治体系或组织管理体系。社区中的人们要想和谐相处，就必须形成一套社区管理规范，人们要遵守社区秩序，而秩序的维持需要有权力管理体系。（3）社区的教育或教化体系，社会学的术语是社会化（socialization）体系。此处的教育是大教育概念。小孩子在社区中受到的教化最早是从家庭开始的，孩子大了要进到社区的学校教育体系中来，所以，幼儿园、小学、中学等教育体系的配置就成为社区家长们最为关注的核心要素。（4）社区的文化体系和精神体系。文化体系、精神体系的建设是今日中国社区面临的最为重大的任务。（5）社区的互助和福利保障体系。我国社区的这个体系一方面，与社区政治体系密

① 李强：《社会分层十讲》（第二版），146、147 页，北京，社会科学文献出版社，2011。

不可分，上级的党和政府组织规定和推进着社区的福利保障体系建设，比如，农村的新合作医疗制度、城市社区的"城市居民最低生活保障"制度；另一方面，也与社区最基层组织密切相关，由最基层的组织具体实施福利保障的规定。社区是居民相互为邻、守望相助的共同体，完善的社区应具有比较突出的社会互助体系。社会学对于社区的整体研究，可以从五个体系的角度发现社区中存在的问题并探索解决问题的办法，当然，在一个具体的社区中，这五个体系也是融为一体、相互影响的。①

20世纪60年代，美国社会变迁在广度与深度上较之以往都有了更大的发展，作为社会缩影的社区发展也是如此。由于社会体系探究法已经不能解答社区发展中涌现出的种种冲突与问题，社会冲突模式便顺应了时代发展的要求，成为社区研究的另一种崭新的视角。②

三、社会冲突视角

19世纪50年代中叶，结构功能主义的怀疑者、批判者纷纷出现，冲突派学者逐渐兴起。冲突学派的建立是由美籍德裔学者科塞（Lewis Coser）、本迪克斯（Reinhard Bendix），英国学者洛克伍德（David Lockwood）、雷克斯（John Rex），以及德国学者达伦多夫（Ralf Dahrendorf）共同参与的③。冲突派学者的核心观点是，社会均衡或者整合机制不一定奏效，由于权力的分化、资源的紧缺、社会成员价值观的差异，社会冲突不可避免。

冲突视角的社区假设是：社区是一些人聚集在一起以追求各自利益的地方；冲突不仅是固有的，同时还是社区发展中有用的部分；冲突是社会中现有的不平等产生的必然结果；冲突还是剧烈的社会

---

① 李强、郑路：《应用社会学》，146~148页，北京，中国人民大学出版社，2020。
② 范会芳：《社区理论研究：桑德斯的三种模式》，载《社会》，2001（10），22~23页。
③ 汉斯·约阿斯、沃尔夫冈·克诺伯：《社会理论二十讲》，郑作彧译，上海，上海人民出版社，2021。

变迁的前奏。最早运用社会冲突理论来研究社区的是美国学者 J.S.科尔曼。他在 1957 年出版《社区冲突》一书中提出，社区冲突的根源有三个方面：经济争端、政治争端、价值观的冲突。继科尔曼之后，美国学者 W. A. 葛木森于 20 世纪 60 年代研究了新英格兰 18 个社区的 54 起争端，他将这些冲突逐一区分为积怨的冲突和常规的冲突。积怨的冲突的特点是不择手段，常规的冲突则使用的是公认的政治表达手段。他发现，积怨冲突与政治上的不稳定密切相关，积怨社区里的社区整合程度低（即对立者之间认识程度低）。桑德斯在《社区论》中提出，任何一个社区的冲突包括以下 3 个要素：对立的关系、不同的权力分配以及社区居民的某种激烈的情绪，社区冲突则因对立关系类型的不同而有所不同。他还把社区变迁与社区冲突联系一起来，提出要了解社区变迁就须了解社区冲突。[①]

　　笔者将社会冲突的理论视角分为阶级冲突视角、权力冲突视角、群体冲突视角、观念 / 价值冲突视角，并指出我国处于社会矛盾和冲突最容易激化的重大历史变迁时期，从社会冲突的视角考察社区治理显得异常重要。[②]

（一）阶级冲突的视角

　　不同社区或同一社区中生活的人们有可能有很大的阶级地位差异，也可以说是地位不平等，这种不平等往往涉及了根本的经济利益和经济地位的差异。不是任何一种经济利益差别都可以归类为阶级差异的，只有那些具有明显属性不同的经济利益群体才可以归类为阶级。阶级与冲突之间的关系也比较复杂，阶级利益差异不一定会引发冲突，冲突的发生有其自身演变发展的规律[①]。所以，在采用阶级冲突分析视角的时候，要十分谨慎，特别要接受历史上的经验

① 范会芳：《社区理论研究：桑德斯的三种模式》，载《社会》，2001（10），22~23 页。
② 李强：《社会分层十讲》（第二版），146、150 页，北京，社会科学文献出版社，2011。
① 李强：《社会分层十讲》（第二版），58~64 页，北京，社会科学文献出版社，2011。

教训。在改革开放前的一段时间里，我国发生了阶级斗争扩大化的错误，那时候动辄就说是阶级斗争，甚至提出以阶级斗争为纲，其结果是给我国经济社会发展造成极大伤害。所以，今天的社区研究中要慎用阶级分析范式。目前，我国学界在多数情况下使用"阶层"概念，大多数人采用上中下群体或阶层的分析范式，使用高收入层、中等收入层和低收入层的分析范式，这种缓解社会矛盾的做法值得借鉴。[②]

在地位差异群体的研究中，再一种常用的范式就是职业地位差异的分析范式。该范式具有很多优点。职业是现代社会中人们的首要社会地位，职业差异表现的是社会分工的不同，而分工意味着相互依赖、互不可分，分工中的每一种职业都具有不可缺少的特征。在职业分工的意义上，每一种职业的劳动都是值得尊重的，社会学在研究矛盾或冲突的时候，要充分考虑到造成矛盾或冲突的多方面复杂原因，包括体制原因、制度原因、利益驱动原因、多种社会要素影响的原因等等，通常要采取缓解矛盾的对策，切忌简单化处理。[③]

（二）权力冲突的视角

我国是巨型人口社会，目前总人口超过 14 亿人，所以，行政管理体制必须是多层级的，从中央到各省、自治区、直辖市，再到各地级市、县级市、县区，再到各街道、乡镇等，再到最为基层的城市社区居民委员会和农村的行政村、自然村，在这样多层级的管理中，一个十分突出的问题就是上下之间信息如何能够准确传达与沟通，如果信息在传递过程中出现变形、失真，就往往会造成层级管理中的很多矛盾、问题甚至冲突。

在我国政治制度的设计上，我们历来强调基层社区采取居民自治的方式，也就是说，最为基层的城市社区居民委员会和农村村民

---

② 李强、郑路：《应用社会学》，148~150 页，北京，中国人民大学出版社，2020。

③ 李强、郑路：《应用社会学》，148~150 页，北京，中国人民大学出版社，2020。

委员会是采取自治的方式。然而，在我国城镇化产业化迅速推进、现代化转型加速、社区急剧变迁的今天，社区基层自治遇到很多新的难题。这些难题包括，在农村如何进一步完善村民选举制度，如何在农村基层治理中处理好家庭亲友关系、家族等社会势力的问题，在城市社区如何解决居委会成员大部分都是外聘工作人员问题、如何真正实现本社区居民自治问题，如何处理社区居民、居委会、业主委员会、物业公司相互之间的关系，如何处理本地户籍居民与外来常住居民的关系等等，都是今天社区治理中必须予以高度重视的问题。

在关于社区权力视角的研究中，社会学也特别重视社区精英的研究。精英（elite）是社会分层研究的一个基本概念，指社会上最有影响力、最有能力的一些人。所谓"社区精英"就是在社区工作或生活中最有决策权、最有影响力、最有能力的一些人。精英是个很小的群体，有时候就是一个人。社区精英也可以分为不同类型，经济精英是经济方面最有影响力的人，可能是企业家，政治精英是社区管理体系、权力体系中最有影响力的人，比如非常有能力的管理干部，知识精英是社区中重要的知识分子、技术英才。在现实生活中，不同类别也可能相互交织，比如一个人有可能既是政治精英也是知识精英。对于我国农村社区中的精英，也常被称作："能人""带头人"。很多农村社区的发展与这些能人、带头人有着密切的关系。比如"华西村"（江苏）、"刘庄"（河南）、"蔡家洼"（北京）的经济社会发展，都与社区精英的带领密不可分。所以，对于农村社区精英的研究是探讨农村经济社会发展的重要内容。

我国城市社区精英的情况在改革开放以后发生了很大变化。随着单位制度的瓦解，改革开放以后，原来单位社区的房屋在"房改"后大多卖给了职工，单位不再为社区输送资源，甚至有些单位也破产了或不复存在了。这样的"后单位制社区"，很多出现了"精英缺失"或一盘散沙的局面。近些年，城市里的商品房社区发展迅速，但社区居民的精英地位主要是显示在工作单位中，往往与所居住的社区没什么关联，也出现了社区精英缺失的局面。对于城市中不同类型社区的权力结构和社区精英的研究，也是今日中国城市社区治理研究的重要课题。①

（三）群体冲突的视角

"群体"是社会学研究使用最频繁的概念之一，群体差异是最常见的社会差异现象。社会学研究最基本的方法就是做群体的分类。比如，按照收入可以分为不同收入水平的群体，按照教育可以分为不同受教育水平的群体，按照年龄可以分为不同年龄群体、性别差异群体以及消费差异群体等等。在社区生活中，人们的生活习惯、生活方式会有差异，也可以区分为不同的群体，比如养宠物的居民与不养宠物的居民，他们的生活方式不同，处理不好也会发生矛盾和冲突。

群体之间的差异是可能产生矛盾的，有的时候，矛盾也可能演变为冲突。对于群体的差异和冲突，社会学研究一直是比较关注的。W.G. 萨姆纳最早使用了内群体与外群体的概念，他发现同一团队的人、关系亲近的人、有同样利益的人容易形成内群体，而将非本团队的人、不熟悉的人、利益差异的人视为外群体。内群体的人容易团结、亲近、相互忠诚，心理上产生认同，而对于外群体的成员往往采取怀疑、厌恶甚至敌视、仇视的态度。这样，内群体与外群体往往处于对立状态，很容易演变为冲突。② 社会学家 G. 齐美尔很早就注意到关于"陌生人""外来人""外乡人"的研究，齐美尔所谓的外乡人不是指今天来明天就走的流动者，而是指在社区中长期定居的外乡人。在历史上，商人常常是外乡人，齐美尔说："外乡人在

---

① 李强、郑路：《应用社会学》，151~155 页，北京，中国人民大学出版社，2020。
② Sumner, William G. Folkways—A Study of The Sociological Importance of Usages, Manners, Customs, Mores and Morals. Printed in the United States of America,1906.

某种程度上作为一个多余的人，挤进到一个原来经济岗位都已经被占据的圈子里"。① 从内群体、外群体的角度看，外乡人很容易与本地人处于对立状态，如果外乡人在利益上与本地人发生矛盾，就很容易演变为社会冲突。

我国长期以来形成的户籍制度，逐渐形成了本地人口与外来人口两个巨大的群体。在不少大城市里，有很多附着在户籍上的社会福利差别，这样本地人口与外来人口在教育、医疗、社会保障方面就常常存在很多差异，这些都容易引发社会矛盾。这些都需要通过深化改革来解决，体制改革的总趋势是要逐渐淡化、剥离附着在户籍上的社会福利、社会保障利益，但是，这种改革是一个逐步的过程，在改革的过程中，处理好本地人与外来人的关系会是一个比较长期的任务。当前，中国处于现代化快速转型的时期，城市化、产业化发展比较迅速，转型和体制变迁很容易发生群体矛盾、群体冲突。我们可以看到，一些地方的群体事件频繁发生。导致群体事件的原因异常复杂，在社区生活中，最为常见的导致群体事件的原因有征地拆迁、环境问题、新建社区的房屋质量问题、民间债务问题等等。所以，对于群体冲突的研究是社会学社区应用研究中的重大课题。②

（四）价值冲突的视角

社区成员意见不一致是常见的。处理不好也会发生冲突。社区成员常常会因为观点不一样发生观念不合、意见不合，这本身很正常。当然，不是说社区中任何两个人的意见不合就会形成观念冲突、价值冲突。社会学家 J. 科尔曼认为：只有当这种意见不合影响到了多数社区居民的生活、需要社区居民讨论决定举措的时候，才可以

---

① 盖奥尔格·西美尔：《社会学：关于社会化形式的研究》，512~514 页，北京，华夏出版社，2002。
② 李强、郑路：《应用社会学》，153~155 页，北京，中国人民大学出版社，2020。

称作是社区的观念冲突或价值冲突[①]。

人们的观念、价值观都是在长期社会生活中逐渐形成的，生活经历不同的人观念、价值观就可能产生很大差异，这样在同一社区生活的人，对于社区生活品质的看法就会有很大差异。比如，喜欢热闹活动的就会在社区里组织"广场舞"，认为这是社区生活不可缺少的；喜欢安静而不喜欢热闹的就认为这是社区噪音、破坏了社区安宁的品质。观念和价值观的差异也与上文讲的群体差异密切相关，社区生活中不同人的生活习惯、生活方式会有很大差异，这样会影响到整个社区的生活秩序，比如，吸烟的与不吸烟的，在吸烟问题上对于社区生活秩序的看法就会发生对立。最常见的还有：养狗的人与不养狗的人，在社区养狗问题上发生对立。可以说，社区生活中因意见不合而发生的矛盾是无时不在的，矛盾并不可怕，社区生活中需要建立解决矛盾和化解矛盾的机制。[②]

总而言之，社区环境是冲突性的，尤其是在现代社会，这种情况不应被视作不正常的、不健康的，恰恰相反，这是人类生活的常态，正如齐美尔所说，没有冲突的群体和社会是没有生命的，不可能变革和发展。堵不如疏，与其压制它、否定它，不如让它以一定的形式表现出来，并在解决冲突的过程中建立新的社会互动模式。

四、社会互动视角

所谓社会互动，就是社会上人与人、群体与群体的交往活动。社会学研究一般将人们在社区中的交往活动大体分为三大类：第一类是因管理需要而出现的交往。如基层政府或居委会的管理活动，包括人民代表的选举、居委会的选举、业委会的选举，以及户籍登记、人口普查等等。第二类是因物质生活、经济生活、居住服务、

[①] Coleman, James S. Community Conflict. New York: The Free Press a Division of the MacMillan Company, 1957.

[②] 李强、郑路：《应用社会学》，153~155页，北京，中国人民大学出版社，2020。

日常生活的需要而进行的市场交往、商业交往，包括物业公司的服务、社区超市的服务等。第三类是所有其他类型的社会交往，比如社区居民相互之间的日常交往，主要是礼节性的、互助的、互惠的、非政治的、非营利的。

社区成员的互动当然是多方面的，上文已述，包括社区的商业互动、社会管理的互动也都是互动的重要内容，当前最值得关注的还是社区居民相互之间的日常交往。社区成员之间的密切交往与互助是社区活力的最重要的来源。在这个方面，美国社区所经历的历史变迁值得深思。早年托克维尔研究美国生活的时候，发现美国基层社区的活力很强大，其社区活力来自社区居民的社会互动，老百姓积极参与社区事务，参与公共事务。帕特南（Robert D. Putnam）在其著作《独自打保龄球：美国社区的衰落与复兴》（2000）中指出，美国社区在 20 世纪后期以来发生了很大的变化，当初托克维尔所描述的美国社区生活正在逐渐衰落，社区居民参与公共事务热情降低，投票率大大下降，社区居民之间的互动明显减少，今天的美国人，宁愿一个人在家看电视或独自去打保龄球，而不愿与其他社区居民交往。帕特南对于美国社区互动的衰落和弱化表示了深深的忧虑。[1] 造成社区衰落的原因很复杂，但社区居民公共参与和互动的减少，无疑是重要的因素。

五、社会空间视角

20 世纪 60 年代以来，西方社会学出现了一波空间研究的热潮。以法国新马克思主义者列斐伏尔（Henri Lefebvre）为代表的一些社会学家，对空间变迁、空间矛盾、空间权利、空间治理和空间秩序等围绕空间的主体开展社会学研究。列斐伏尔提出，理解城市需要

---

[1]　罗伯特·帕特南：《独自打保龄：美国社区的衰落与复兴》，刘波等译，北京，北京大学出版社，2011。

理解三个关键概念——空间、日常生活和资本主义社会关系的再生产。城市是空间展开的背景，资本主义生产关系通过空间在日常生活中得以再生产。资本主义空间具有四种功能：作为一种生产资料；作为一种消费对象；作为国家阶级统治的工具；介入了阶级斗争。①列斐伏尔研究发现，都市改造侵占和剥夺了底层社会成员的城市权利、引发了城市空间的矛盾冲突；城市日常生活的运行隐藏着产生不平等社会关系的力量，要求获得更多社会力量和资源的斗争就是要求收回更多的"城市权利"。

空间社会学为我们重新理解和思考中国社会及其治理提供了重要的借鉴，考察和总结改革开放的伟大实践所引起的空间创造、空间发展和空间不平衡，是中国社会学不可回避的时代课题。②随着中国经济社会的快速发展，社区发生了极大的社会变迁。单位制度解体后，各种社区类型都同时存在，比如新型商品房社区、传统老社区（后单位制社区）、传统单位大院、旧城古都风貌保护区、高档别墅社区、居民回迁社区、城中村社区、城市中的纯农村社区等等。③王艺璇指出，社区已成为城市居民最主要的居住空间形态，不同类型的社区具有不同的社会化和资本化特征，从而导致社区居民不同的空间认知和空间实践，形成了基于空间资本差异的居住秩序和空间区隔。④

社区类型的多元化以及社区发展的不平衡，也意味着社区空间产品供给和发展的不平衡，同时还存在社区公共空间供给与需求不匹配、社区空间分异与碎片化，以及社区居民的空间选择权利不对

① Henri Lefebvre：" Space: Social Product and Use Value"，in Freiberg, J. W.（ed），Critical Sociology: European Perspective, New York: John Wiley & Sons Inc,1979.285-295.

② 刘少杰：《从物理学到现象学：空间社会学的知识基础转移》，载《社会科学战线》，2019（9），225~235 页。

③ 李强、郑路：《应用社会学》，153~155 页，北京，中国人民大学出版社，2020。

④ 王艺璇：《空间资本差异视角下的城市居住秩序和空间区隔》，载《城市问题》，2020（3），13~19 页。

称等问题。城市社区治理中的大部分问题其实都和空间有关，而老旧小区中的各种治理问题更加集中和突出的表现为空间问题，诸如停车问题、社区居民交往问题、社区抗争问题等背后都指向城市社区空间，唯有真正解决了上述问题背后的空间症结才能够实现对这些问题的有效治理。[①] 因此，以扩大社区空间产品供给、解决社区空间配置不均衡为基础而进行的社区营造受到了政府和社区的欢迎。

社区营造超越了传统学科界限，它通过将个体的生命历程嵌入社区空间之中，以新的时空观来理解社区并重塑空间与生活。以日本为例，20 世纪 70 年代，日本开始反思"二战"后的大规模城市建设对生态自然景观、传统文化、邻里关系等带来的负面影响，开始了自上而下的城市规划与自下而上的民众参与结合的"社区魅力再造运动"。该运动通过恢复历史景观与自然生态环境，还原邻里熟悉的街区，最终在复苏的"有魅力"的社区空间里凝聚成新的社区生活共同体。如今以日本为代表的社区复兴运动在全球兴起，学界对社区的理解也开始转向融合空间与居民的整体视角。[②]

蔡静诚等将社区具象空间分为社区社会空间、文化空间、生态空间、柔质空间、经济空间，并针对各类具象空间形成"人""文""地""景""产"五大议题。其中，社会空间指社区的生活空间、关系空间，对应社区"人"的营造；文化空间是社区文化的容器，承载着社区物质与非物质文化的呈现与活化，对应社区文化的营造；生态空间指社区自然生态环境，对应"地"的营造；柔质空间主要是指社区中为人们提供休憩娱乐活动的广场、花园和绿道等公共生活的区域，对应社区景观的营造；经济空间是社区经济活动的空间，对应社区经济以"产"为主的营造。对社区空间的类

① 钱坤：《空间重构：老旧小区社区营造的治理逻辑》，载《长白学刊》，2021（3），137~142 页。
② 蔡静诚、熊琳：《"营造"社会治理共同体——空间视角下的社区营造研究》，载《社会主义研究》，2020（4），103~110 页。

型化及社区营造的议题化，能更精准地针对不同类型的空间再造解决不同社区问题，并再造不同面向的社会关系，从而全面促进社区发展。①

六、社会治理视角

国家与社会的关系是社区治理研究绕不过的核心问题。吴晓林指出，国内学者们以社区治理为切口，形成了"国家中心论"与"社会中心论"的争论。前者认为社区是"国家构建出来的政治—社会空间"，国家正努力把社区转化为国家政治建设和政治发展的积极资源；后者则认为社区建设和社区治理是要在分离国家的基础上，将社区建设视为"打造中国城市公民社会的先导"，"公民社会发育的过程"。②肖林认为，社区研究从一开始在实践上就存在着是培育民主自治还是加强行政管理的张力；在理论上存在着究竟是公民社会崭露头角还是国家威权得以维续再造的争议。③

吴晓林认为中国的社区和社会治理非常特殊，既不是"社会偏好"，也不是"国家偏好"。他指出，中国社区的特殊性在于，其不但是居住场所，也是中国最基层的建制单位。社区生活的方式，既是家庭选择的结果，也是社会制度的结构安排。社区兼具自发秩序与政治秩序，前者与生活需求紧密相连，后者则与国家根基的政治要求紧害相连。社区实际上是中国国家组织体系的神经末梢，社区治理的转型深刻反映国家组织体系的逻辑。在中国，社区既非单纯的行政单元，也非社会学意义上的共同体，它受政党政权建设与社会建构合一的意志支配，借由层级序列的组织权力与选择性激励的

---

① 蔡静诚、熊琳：《"营造"社会治理共同体——空间视角下的社区营造研究》，载《社会主义研究》，2020（4），103~110 页。

② 吴晓林、邢羿飞：《社区治理研究方法百年：议题变化下的理论主轴与实证增进》，载《甘肃行政学院学报》，2021（1），80~92 页。

③ 肖林：《"'社区'研究"与"社区研究"——近年来我国城市社区研究述评》，载《社会学研究》，2011（4），185~208 页。

资源配置方式，形成了区别于乌托邦式"社会共同体"的"政社复合体"（poli-community），他用"社区复合体"这一概念概括之。①

肖林也批判了"国家—社会二分法"把两者看作是此消彼长的对立关系，既忽视了两者彼此渗透、互相影响和塑造的关系，也忽视了"国家"和"社会"两者内部都发生了分化而且其边界在基层社区中都变得模糊不清的现状。他提出了"国家与社会的二元性"的视角，认为两种力量彼此交织、或矛盾或合作，甚至可能同时体现在具体行动者身上。只不过国家对于社区的作用方式发生了改变，国家始终在影响着邻里共同体的发育和社会资本的生成；而社会本身也在不断地对国家角色提出新的挑战，而在转型时期的中国，社区治理是基层社会不断地呈现"国家化"（国家基层政权建设）、"市场化"（建立契约关系）和"社区化"（围绕日常生活的社会整合）三者共同交织的场域和过程。② 在此基础上，肖林总结了国内社区治理研究的五大理论主题——国家—社会与行动者、社区参与、社会资本与社会网络、日常生活与阶层、社区的分化与分化的社区。③

第一，国家—社会与行动者分析。随着改革深化和利益多元化，"国家"被多元行动者逐渐解构；同样，"社会"也不是一个明确的实体，相反它是通过具体事件中不同社会行动者反映出来的。社区居民作为有着不同利益与目标的多元行动者，不能被简单视作"国家"或"社会"的当然"代表"。社区是成为各种行动者相互博弈的"角力场"，社区居民之间形成了对立与冲突、合作与妥协的复杂关系，要更多

---

① 吴晓林：《理解中国社区治理：国家、社会与家庭的关联》，35、42 页，北京，中国社会科学出版社，2020。

② 肖林：《现代城市社区的双重二元性及其发展的中国路径》，载《南京社会科学》，2012（9），55~61 页。

③ 吴晓林、邢羿飞：《社区治理研究方法百年：议题变化下的理论主轴与实证增进》，载《甘肃行政学院学报》，2021（1），80~92 页。

地考虑理性计算、策略选择、文化情感、社会网络等因素。①

第二，社区参与分析。社区居民对公共事务的参与构成了社区治理的重要方面，社区参与是"共同体"意识的表现，也是推动社区自治的关键所在。对此，研究者主要关注的是社区参与的主体、类型和形式、程度及其影响因素等问题，即谁在参与、为何参与、如何参与、效果如何。②

第三，社区社会资本分析。社会资本具有互惠、信任和网络等特点，因而能够促进社会合作和改善地方治理。另一方面，随着社区从地域局限中"解放"出来，成为"脱域的共同体"（disembedded community），或曰"网络社区"（network community），也促使社区研究转向对社会网络的研究，或者试图在地域性社区和网络性社区之间寻找一种妥协。此外，社会资本和社会网络研究在测量方法上比较成熟，这也为社区研究注入了新的活力。对于社区社会资本的研究，可以包括但不限于以下问题：社区社会资本有哪些不同的具体形态、分别发挥了怎样的作用？符合人们期待的社区社会资本是怎样产生的？不同性质的社会资本之间在何种条件下会发生转换？③

第四，社区日常生活和交往的分析。有的是通过社区日常生活／生计来"透视"其背后更为宏观的理论问题（如阶级形成、身份建构）；有的则是考察基于空间因素的社区日常生活与社区运动的关系；还有的是将网络空间纳入社会运动或社区形成中来研究。"阶层"有时是一个显性要素，有时则或明或暗地体现在研究对象之中。④

第五，"分化的社区"和"社区的分化"分析。随着市场转型的

① 肖林：《"'社区'研究"与"社区研究"——近年来我国城市社区研究述评》，载《社会学研究》，2011（4），185~208 页。
② 肖林：《"'社区'研究"与"社区研究"——近年来我国城市社区研究述评》，载《社会学研究》，2011（4），185~208 页。
③ 肖林：《"'社区'研究"与"社区研究"——近年来我国城市社区研究述评》，载《社会学研究》，2011（4），185~208 页。
④ 肖林：《"'社区'研究"与"社区研究"——近年来我国城市社区研究述评》，载《社会学研究》，2011（4），185~208 页。

不断深入，社会分化趋势也日益明显。"分化的社区"主要表现在社区类型的多样化上，表现在复杂多样的社区类型、不同社会阶层在城市居住空间上的分化及相应的生活方式和阶层内部认同的形成。"社区的分化"则表现为同一（行政）社区内部不同社会群体的分化甚至同一小区群体内部的分化。①

还有学者对城市社区治理的模式进行了讨论，将1949年以来的中国基层治理划分为"单位制""街居制"和"社区制"3个阶段，指出中国的城市社区正在由行政型社区（政府主导）向合作型社区（政府推动与社区自治的合作）和自治型社区（社区主导与政府支持）发展。②

葛天任总结了改革开放以来各地社区治理创新模式背后的三种治理逻辑——行政统合、政社合作与多元参与：（1）行政统合的治理逻辑，也就是政府统管社区公共服务，社区公共服务供给的主体是行政力量。这种模式在社区公共安全、应对城市大事件的基础动员方面具有极强效率，但在社区日常事务处理、社区公共服务提供方面则缺乏弹性和效率，在养老、教育、妇女儿童帮扶、社会救济救助、社区文化建设等方面，难以有效回应个性化的具体诉求和提供专业化的服务。（2）政府与社会组织合作的治理逻辑，即通过培育社会组织、鼓励其参与社区公共服务供给。其实践案例大多来自具有"强政府"和"强市场"色彩的长三角地区。这是一种服务型治理，虽然具有行政主导色彩，但可通过引入社会力量提供专业化的社区服务，扭转行政化服务供给的不足，其缺点是治理成本激增，第三方评估很容易流于形式，缺乏对激活社区、基层民主等长期可持续治理目标的考虑。（3）多元参与的治理逻辑。在市场改革较早、经

① 肖林：《"'社区'研究"与"社区研究"——近年来我国城市社区研究述评》，载《社会学研究》，2011（4），185~208页。
② 吴晓林、邢羿飞：《社区治理研究方法百年：议题变化下的理论主轴与实证增进》，载《甘肃行政学院学报》，2021（1），80~92页。

济较为发达、邻港澳的珠三角地区,政府主导下的多元参与治理逻辑,能够很好地反映中国市场经济最为发达地区的社区治理特征。多元参与模式结合了市场和社会机制,并通过基层民主建设、制度建设引导社区居民有序参与进来,从而达到提高社区公共服务和激活社区治理的双重目的,相对来说是一种相对低成本的、可持续的社区治理机制。①

第三节　从孤存到解放：社区存亡的理论设想

对于社区概念及社区实体在历史发展中的变迁,不同学者持不同的理论立场。夏建中总结了当代西方社会学有关社区研究的主要理论立场:第一是社区邻里关系与社会网络研究,包括"社区失落论""社区继存论"和"社区解放论";第二是社区权力的研究,包括"社会精英论"和"多元政治论"。② 吴晓林等则提出,西方世界对社区的认知经历了从"社区孤存论、社区消失论、社区继存论、社区适应论到社区解放论"的变迁。③

一、社区孤存论

19世纪末至20世纪初,社区孤存论已在西方学界出现。滕尼斯是典型的社区孤存论者。滕尼斯视共同体为一种生机勃勃的有机体,是一种持久的和真正的共同生活,而社会为一种机械的聚合和人工制品,是一种暂时的和表面的共同生活。④ 与滕尼斯处于同一时

---

① 葛天任:《建国以来社区治理的三种逻辑及理论综合》,载《社会政策研究》,2019(1),49~59页。
② 夏建中:《现代西方城市社区研究的主要理论与方法》,载《燕山大学学报》,2000(5),1~6页。
③ 吴晓林、覃雯:《走出"滕尼斯迷思":百年来西方社区概念的建构与理论证成》,载《复旦学报(社会科学版)》,2022(1),134~147页。
④ 斐迪南·滕尼斯:《共同体与社会》,张巍卓译,北京,商务印书馆,2019。

期的其他古典社会学家也强调社区的独立性，认为社区有权力独立
管理自己内部的公共事务。在孤存论者看来，社区相当于一个封闭
的社会空间，遗世独立于社会而存在。虽然滕尼斯在科学研究中坚
持奉行价值中立的原则，反对掺入伦理情感，但从他的理论中，我
们还是能看到他对"共同体"类型的偏爱和美化。这使得文化浪漫派、
复古主义思潮都能在他的理论中寻找依据①，并影响了后世很多批判
现代性的学者。

　　吴晓林认为，面对工业社会带来的冲击，"社区孤存论"选择了
"鸵鸟式的躲避"，以保卫"共同体"之传统形态，族群、邻里群体、
旧的宗教团体的姿态出现。② 社区孤存论者往往是传统文化、传统情
感和传统价值观的怀旧者，这种怀旧建基于对现代性后果的担忧和
批判，论调看似消极，但并非现代化发展路上的观念障碍，而是一
种警醒、一种反思。

二、社区消失论

　　社区消失论是社区孤存论在工业化时期的进一步发展。这种担
忧其实从滕尼斯那里已经开始了，他认为工业革命会导致社区这种
关系亲密、守望相助、富有人情味的社会团体的瓦解③。20 世纪初至
20 世纪 40 年代，随着传统社区渐趋凋敝，社区消失论者的声音越
来越高。他们认为，工业化、城市化严重削弱了居民和社区的情感
联系，个人更加依赖于正式组织来维持生计，以血缘为纽带的社区
因"现代化"而发生转变、丧失甚至死亡④。

　　这种理论的代表人物是格奥尔格·齐美尔（Georg Simmel）和

① 　郑也夫、李强主编：《西方社会学史》，34 页，北京，能源出版社，1987。
② 　吴晓林、覃雯：《走出"滕尼斯迷思"：百年来西方社区概念的建构与理论证成》，载《复旦学
报（社会科学版）》，2022（1），134~147 页。
③ 　丁元竹：《社区的基本理论与方法》，63 页，北京，北京师范大学出版社，2009。
④ 　吴晓林、覃雯：《走出"滕尼斯迷思"：百年来西方社区概念的建构与理论证成》，载《复旦学
报（社会科学版）》，2022（1），134~147 页。

路易斯·沃思（Louis Wirth）。1903 年，齐美尔发表了论文《大城市与精神生活》，指出农村与城市给予人的影响是不同的，农村的生活节奏和感官刺激都比较稳定和平缓，相比之下，城市则是一种强刺激环境，给居民带来过度的心理负荷，为了适应这种环境，城市人不得不改变他们的心理与人格，不得不理智地对待纷至沓来的各种人和各种事，不得不工于心计以区别那些重要与不重要的刺激，对不重要或不涉及个人利害关系的刺激不予以关注，而集中精力对付那些重要的人或与个人利益有关的刺激，整个城市社会也就变成重理智、重效率的社会。①

1938 年，沃思发表了著名论文《作为一种生活方式的社区城市性》②。沃思是帕克的学生，而后者是著名社会学家齐美尔的学生。沃思的理论灵感来自于齐美尔 35 年前发表的一篇经典论文《都市与精神生活》，齐美尔在书中提到的很多主题，如城市作为孤独、割裂的个人的居住场所，城市缺乏强有力的社会联系纽带等，都在沃思的文章中有所体现。

沃思给城市下的定义是"为了社会学的目的，一个城市可以阐释为大量异质性居民聚居的永久性居民点"。他把城市特有的生活方式叫做城市性（Urbanism），指的是"在城市中与生活相关的，与人们的价值观、传统习俗、习惯、行为方面的变化相联系的生活模式和行为，是人们对生活在某个特定地方的社会与行为反映。城市性这种生活模式和行为的特征包括竞争、追求成就、专业化、肤浅、匿名、独立、易变的关系"③。

沃思指出了城市具有三种生态学上的特质，即人口众多、高密度、异质性。这三种特质不可避免地使城市形成不同于农村的生活方式，即城市性，并带来了许多社会问题，如社会解组、越轨行为

---

① 夏建中：《现代西方城市社区研究的主要理论与方法》，载《燕山大学学报》，2000（5），1~6 页。
② L.Wirth:Urbanism as a Way of Life,American Journal of Sociology, 1938（1）:1~24.
③ 夏建中：《现代西方城市社区研究的主要理论与方法》，载《燕山大学学报》，2000（5），1~6 页。

和精神疾病。众多的人口必然会出现大量的潜在差别，特别是文化上的差异和职业上的专业化明显扩大，促进了"社会裂化"的过程，城市人通常是作为高度分化的角色相遇的，他们之间的接触多是肤浅的、短暂的、支离破碎的、非人格的，城市人是以次级关系而不是初级关系为特征，大量人口本身还必然造成分散与混乱。人口密度高使人们易产生厌烦的心理，促使人们丧失了人情味，变得麻木不仁甚至冷漠无情；高密度使得居民在身体方面接近，同时又扩大了彼此的社会距离，还会引起反社会行为的增加。异质性的后果是容易带来人际冲突的增加，人与人之间猜疑多于信任，彼此不再是互助互赖，更多的是猜忌与利用，是金钱计算的关系。在沃思看来，滕尼斯所讲的社区在城市中已不复存在，故称之为"社区失落／消失"（community lost）。[1]

吴晓林认为，社区消失论仍是以"社区是自然共同体"为评判依据。一方面，他们批判"将社区局限为'小团体''血缘联系'是对工业化前保守的社会哲学传统的拥护，缺少以积极的态度来拥抱现代社会"的观念；另一方面，又通过"社区消失"表达对人群间紧密的联系减弱的失落感以及对原始社区的渴望。在这种对原始共同体的怀旧和对新社会的期待的矛盾中，社区概念仍延续了"原始共同体"的特征，邻里社区、教会等仍是社区消失论者内心的社区模本。[2]

社区消失论者用一种悲观的论调，最终表达的是对于滕尼斯意义上的共同体的怀念，对于渐趋消失的传统和稳定秩序的留恋；但另一种意义上，这也是对现实世界之外的想象，正如齐格蒙特·鲍曼所说，共同体所意味的"并不是一种我们可以获得和享受的世界，而是一种我们将热切希望栖息，希望重新拥有的世界"。[3]

---

① 夏建中：《现代西方城市社区研究的主要理论与方法》，载《燕山大学学报》，2000（5），1~6页。

② 吴晓林、覃雯：《走出"滕尼斯迷思"：百年来西方社区概念的建构与理论证成》，载《复旦学报（社会科学版）》，2022（1），134~147页。

③ 齐格蒙特·鲍曼：《共同体》，4页，南京，江苏人民出版社，2007。

三、社区继存论

20 世纪 30 年代至 60 年代，社区继存论是以"社区消失论"的对立面存在的。社区继存论者认为，社区并没有消失，原始共同体的形式、结构及人群联系整体移植入工业化社会系统，亲缘联系及社区意识仍存在于城市中。[①] 其代表人物是奥斯卡·刘罗斯（Oscar Lewis）和赫伯特·甘斯（Herber Gans）。

奥斯卡·刘易斯是与雷德菲尔德共同创建伊利诺伊大学人类学系的著名人类学家。1952 年，他发表《未崩溃的城市化》一文，指出墨西哥村民移居到墨西哥市后，生活方式并无显著的变化，人际关系也无解体的情况，社会合作与人情味仍然相当强大，城市的众多人口、高密度和异质性对这些村民的影响很小。后来，他进一步提出，许多居住于大城市的人，仍保留着自己小圈子内的活动，在这些圈子内，人与人之间仍保留着亲密与互助互信的关系；圈外的陌生人似乎与他们毫无关系，对他们的生活、行为方式和人际关系以及精神心理并无多少影响。如"小意大利"、唐人街、日本城、犹太人区等都是这方面的例子。甘斯反对将生活方式与地域联系起来，认为生活方式不是物理空间决定的，而是由居民特性、即居民的社会阶层或者他们生命的不同阶段决定的。[②]

1962 年，赫伯特·甘斯出版了城市社区研究名著《城市村民》，描述了波士顿西区意大利移民的生活，指出当地人际关系和社区生活状态与刘易斯的观察十分相像。1968 年，他又发表了《作为生活方式的城市性和郊区性》，将城市划分为内城、外城与郊区；就生活方式而言，内城与外城和郊区不同，后两者表现出来的生活方式与沃斯的城市性很少相同。即使在内城，他也发现其存在五种不同的

① 吴晓林、覃雯：《走出"滕尼斯迷思"：百年来西方社区概念的建构与理论证成》，载《复旦学报（社会科学版）》，2022（1），134~147 页。

② 夏建中：《现代西方城市社区研究的主要理论与方法》，载《燕山大学学报》，2000（5），1~6 页。

居民：（1）"四海为家者"（cosmopolitan），主要包括知识分子、艺术家、作家、大学教授、律师、政治家等，他们选择能更好地满足其文化心理需要与物质生活的地方居住。（2）"单身者或无子女家庭"（unmarried or childless），主要指大学毕业生和刚结婚未有子女者，他们通常选择靠近工作地点与娱乐场所的地方居住。（3）"少数民族村民"（ethnic villagers），主要指少数民族住宅区，如唐人街、犹太人区等，他们自成一小社会，初级群体关系紧密，社会生活丰富；但是与周围社区的人不大来往，并存有戒心。（4）"受剥夺者"（deprived），主要指醉汉、妓女、精神不正常者、家庭不健全者以及非白人少数民族中的一些人，他们居住在最差的房屋中。（5）"被困或社会地位下降者"（trapped and downwardly），主要指那些生活在日益恶化的环境中但无力搬走的人，如失业者、老人、城市贫民等。①

在甘斯看来，第一、第二种人基本无经济问题但是有孤独、自私、自我中心主义的倾向。第三种人无孤独感和自我中心主义，居民整合度高，群体凝聚力强，保留着传统价值观和情感，但是易产生"种族冲突"。第四、第五种人，由于人际关系的不稳定性，在某一群体中角色的短暂性、无常性从而具有沃思描述的孤独失望、冷漠自私、疏离感严重的特征，常有反社会或反规范的行为。但是，甘斯认为此种现象并不是城市中的众多人口、高密度和异质性造成的，而是贫穷与受歧视的结果。根据甘斯的结论，所谓的城市性并非城市的生态环境造成的，而是人口构成这个主要原因导致的。无论是在城市中心还是城市郊区，不同人口组合而成的社区会出现不同的结果。由于他们侧重分析城市中居民人口的构成，故又被称为"人口组合学派"。②

也有一些学者持相同观点。斯滕兰（Stensland）认为，在大城市里依然可以找到关于社区的遗留物和记忆。以查吉特（Chatterjee）为代表的学者发现，比想象中更多的初级群体存在于大都市中心。

① 夏建中：《现代西方城市社区研究的主要理论与方法》，载《燕山大学学报》，2000（5），1~6页。
② 夏建中：《现代西方城市社区研究的主要理论与方法》，载《燕山大学学报》，2000（5），1~6页。

实际上，"社区继存论"体现了人们对社区的两个层次认知：其一，对人群间紧密关系的维护；其二，保持社区原有结构有助于在城市中抵御生存风险。①

四、社区适应论

20 世纪 40 年代至今，社区适应论在西方社区研究领域影响较大。社区适应论者主张，社区正在改变自身的组织结构和功能以适应城市的发展，成为整个社会分化过程的一部分。伯吉斯认为，地方社区正与整个城市结构交织在一起，发挥着新的且重要的作用。沃伦等认为，旧有社区通过改变人群结构来融入城市，是城市的一个补充部分。甘农（Gannon）解释了社区适应城市的方式，即城市的社区不是自我生成的"自然社区"，而是由居住范围、互动频率和交通方式等因素共同作用的产物。从社区适应论中可窥见，在西方社会科学领域，基本的社区理论足以应付一个农村的、以初级群体为导向的前工业社会，但不足以适应正在改变的社会性质。面对旧有社区概念与现代社会"脱节"的境况，学界通过"改变"和"适应"两个要素来寻求社区的"新生"。人们对社区的认知已经不限于初级社群，而是逐渐接纳城市化产生的新的人群集合。城镇社区、社会团体、工业共同体、职业群体、工作单位等等，都是"社区适应论"对应的社区范畴。②

五、社区解放论

"社区解放论"的基本观点就是将社区从地域局限中"解放"出来，成为"脱域的共同体"（disembedded community），或曰"个体

---

① 吴晓林、覃雯：《走出"滕尼斯迷思"：百年来西方社区概念的建构与理论证成》，载《复旦学报（社会科学版）》，2022（1），134~147 页。
② 吴晓林、覃雯：《走出"滕尼斯迷思"：百年来西方社区概念的建构与理论证成》，载《复旦学报（社会科学版）》，2022（1），134~147 页。

社区"（personal community）和"网络社区"（network community）。这在一定程度上促使社区研究转向对社会网络的研究，或者试图在地域性社区和网络性社区之间寻找一种妥协。①

社区解放论是 20 世纪 70 年代由费舍尔（Claude Fischer）、韦尔曼（B. Wellman）和雷顿（B. Leighton）提出来的。1975 年，费舍尔发表了《走向城市性的亚文化理论》一文，他认为，非生态学观点认为的生活方式与生态因素无关，而是与生命周期、阶层或者种族有关的观点存在缺陷。1977 年，费舍尔出版了《社会网络与场所：城市环境中的社会关系》一书，阐述了社会网络在城市居民生活中的作用，指出居住在非邻近地域的居民通过特定关系（如共同兴趣或爱好、共同价值观等）组成一个群体，从而形成自己的社会网络。②

在费舍尔的影响下，韦尔曼和雷顿于 1979 年发表了《社会网络、邻里关系和社区》一文，指出直到 20 世纪 70 年代，社区生活和人际关系的研究一直局限在同一地域的邻里关系之间，邻里之间因物理或空间上的接近而形成的群体关系纽带成为社区讨论的唯一基础；这种研究视角将会导致社会学忽视人们其他重要的日常活动和社会交往领域，而社区的概念也会缠绕在对场所和居住的强调之中。韦尔曼和雷顿提出应打破对邻里关系的强调，主张社区居民应从地域和场所的局限中解放出来，接触和结交更广泛范围的朋友，建立超出邻里关系甚或根本与邻里关系无关的初级群体关系。这就是说"社区解放"，即从社区地域边界中解放出来。韦尔曼、雷顿与费舍尔都强调，个人可自由地同时参加多种社会关系，一些人可能将自己的社会关系主要局限在邻里之间，但更多的人则应与居住地之外的各种关系保持社会交往。为了描述和研究这种跨社区人际交

① 肖林：《"'社区'研究"与"社区研究"——近年来我国城市社区研究述评》，载《社会学研究》，2011（4），185~208 页。
② 夏建中：《现代西方城市社区研究的主要理论与方法》，载《燕山大学学报》，2000（5），1~6 页。

往，费舍尔和韦尔曼、雷顿继承了社会人类学有关网络研究的理论，把"社会网络"（social network）①作为研究城市居民社会生活的分析工具。②

社区解放论放弃了社区必定具有某个特定地域范围的限定前提，把社区考察的关注点放在个人和组织的关系联结形态上。他们的研究表明，城市化改变了社区和个人关系的形态，它不再是紧密的、团结的和在空间上固定、重叠的，而是在空间上扩散的、关系的节点少、关系的强度较弱和多元化的，但是它对都市人来说仍然是社会化、获得社会支持和社会资源的重要来源。③

历史的看，西方世界围绕"人群、地域和网络"三要素先后产生了"社区孤存论、社区消失论、社区继存论、社区适应论、社区解放论"五种理论。吴晓林认为，社区概念的变化，体现出人们在变化社会中寻求个人自主和新社会纽带方式的多维努力。社区已不仅是亲缘关系、邻里关系的容器，个体也不再局限于一种社群身份，可以同时从属于多个社区，拥有多重社区身份。④

从孤存到解放，人们对社区的理论认识越来越深刻，在实践上越来越扩展，同时也说明，共同体与社区虽然在概念层面上二分，但在实践中不一定对立存在。在社会转型时期，或者说从传统向现代的过渡发展中，共同体的很多要素可以在现代社会中保留，传统与现代并不必然对立，这为社区治理的现代化提供了新的实践思路。

---

① 社会网络，按照第一个界定这个概念的英国社会人类学家 J.A. 巴内思（J.A.Barnes）的看法，就是每一个人都生活在各种群体、组织、朋友和亲属关系中，在这种人际关系中，个人可被看成点，个人与个人的关系可用线来表示，这种点与线的结构和动态变化就是社会网络。
② 夏建中：《现代西方城市社区研究的主要理论与方法》，载《燕山大学学报》，2000（5），1~6 页。
③ 黎熙元、陈福平：《社区论辩：转型期中国城市社区的形态转变》，载《社会学研究》，2008（2），192~217 页。
④ 吴晓林、覃雯：《走出"滕尼斯迷思"：百年来西方社区概念的建构与理论证成》，载《复旦学报（社会科学版）》，2022（1），134~147 页。

第三章　中国社区研究的发展历程

社会学本来就有深厚的社区研究学科基础，这些知识可以在社区治理研究中发挥巨大作用。我国社区研究的发展过程可以概括为五个阶段：（1）社会调查与社区研究初兴阶段。20世纪二三十年代，早期的社区研究学者在旧中国关注农村、调查农村和变革农村的浪潮中，借助田野民族志等社会调查方式来分析、解决社会问题尤其是农村问题，李景汉主编的《定县社会概况调查》是这一时期集大成的代表作。（2）社会学调查与社区研究的蓬勃发展阶段。20世纪30年代中期以后，以燕京大学社会学系主任吴文藻为首的中国社会学者，成为中国社会学调查和社区研究的重要力量，费孝通的《江村经济》是这一时期社区研究的代表作。（3）社区研究的缓慢发展阶段。1952年高等院校进行院系调整，社会学被取消，自此直至改革开放恢复社会学以前，社区研究处于缓慢发展状态，民族学意义的社区研究有所发展。（4）小城镇研究与社区研究的再兴阶段。改革开放以来，中国农村的城镇化步伐加快。由费孝通指导的"江苏小城镇研究"课题取得了一系列的成果，带动了社区研究在中国的再次兴盛。（5）社会转型期的社区治理研究阶段。20世纪90年代后，社区研究不仅引起了理论界的广泛重视，而且成为中国各级政府关注的焦点问题。另外，改革开放以来的社区建设和社区服务逐渐兴起，直接带动了社区研究热。

第一节　社会调查与社区概念的引入

在中国社会学界，早期的社区研究贡献者为社会学界所熟知，如吴文藻先生关于社区的诸多论著，李景汉先生的《定县社会概况调查》，费孝通先生的《江村经济》，林耀华先生的《金翼》，等等。
不能忽视的是在社区调查方面，毛泽东同志早年的一系列调研报告，
如《寻乌调查》《兴国调查》《长冈乡调查》《才溪乡调查》，以及《湖
南农民运动考察报告》等也是颇具特色的社区研究。当年，中国的
一些学者还开创了社区研究与社区治理的实验，探索社会改造的途
径，被学界称为"乡村建设运动"。比较有名的如晏阳初先生1926年
起在河北定县开展的与平民教育相结合的乡村改造实验，后来又在
衡山县、新都县等多地推广；梁漱溟先生自1931年起在河北邹平县
开展的乡村建设；杨开道、许仕廉先生自1930年前后开展的清河实
验等。这些都可以视为我国社会学界早期的社区治理研究与实践。①

　　20世纪二三十年代，在中国农村社会经济衰败、政治斗争日益
激烈和各种新文化启蒙思潮兴起的刺激下，中国社会各界掀起了一
股关注农村、调查农村和变革农村的浪潮。这些调查和研究不仅推
动了当时的农村建设，也促进了中国学术尤其是社会学、经济学学
科的发展。② 正如这一时期的代表人物李景汉教授所说："若要透彻
的了解中国问题症结之所在，亟宜从事调查研究全国各地土地的真
相，而这种调查研究又必须是有系统的、科学的与普遍的，方可避
免片面与误引的结论，而能得到完备正确的材料，否则种种改革计划，
缺乏事实之根据，难免发生药不对症，效未生而弊已见的危险。"③
早期的社区研究学者正是借助田野民族志等方式，通过长时间的参
与者观察、访谈、人物传记、家谱研读等方式来分析社会问题，并
以此为基础认识乡土社会④。

　　社会学家韩明谟先生将这段早期的社会调查研究活动名之为中
国社会调查研究的第一个里程，并总结了在这期间有代表意义的社会

① 李强：《社区治理研究在我国社会学学科建设上的创新意义》，载《社会发展研究》，2021（4），
4~12页。

② 李金铮：《定县调查：中国农村社会调查的里程碑》，载《社会学研究》，2008（2），165~191页。

③ 李金铮：《定县调查：中国农村社会调查的里程碑》，载《社会学研究》，2008（2），165~191页。

④ 吴晓林、邢羿飞：《社区治理研究方法百年：议题变化下的理论主轴与实证增进》，载《甘肃
行政学院学报》，2021（1），80~92页。

调查研究活动与研究成果:(1)北平社会调查所的调查研究活动。这个所的前身是中华教育文化基金董事会的社会调查部。它在 1926 年 2 月接受美国纽约社会宗教研究院捐助的专款,供作社会调查费用,由陶孟和、李景汉主持。1929 年 6 月,改名为北平社会调查所,做了不少调查研究工作,组织了解放前众多的专业性社会调查,先后出版了 20 余种书籍。(2)中央研究院社会科学研究所的社会调查活动。30 年代南京中央研究院成立社会科学研究所,由留美博士、曾任北大教授的陈翰笙任所长。陈翰笙是中国共产党党员,在艰难的条件下与解放区毛泽东领导下的农村调查相呼应,在国民党统治区领导进行农村调查。在陈翰笙、王寅生主持下,1929—1930 年先后在江苏无锡、河北保定进行农村调查;薛暮桥等在广西农村及上海宝山、河南、陕西等地进行调查。这些调查以阶级分析为视角,重点调查农村的经济基础和生产关系,揭露阶级矛盾、阶级剥削的情况。(3)中华平民教育促进会的社会调查活动。以平民教育家晏阳初为干事长的中华平民教育促进会定县实验区,以文艺、生计、卫生、公民教育为内容进行农村建设。为此,首先工作就是进行社会调查,以便进一步制订教育方案。定县调查从 1926 年实验区筹备就开始,1928 年始由社会学家李景汉接任继续进行。[①] 此外,还有梁漱溟先生自 1931 年起在河北邹平县开展的乡村建设;杨开道、许仕廉先生自 1930 年前后开展的清河实验等。这些都可以视为我国社会学界早期的社区治理研究与实践。后来由于日本侵华,这些实验也都中断了。

可以说,农村社会调查在 20 世纪 30 年代和 40 年代是认识中国农村的最活跃的学术活动。粗略统计,当时有一批这样的调查和研究:吴志铎的《北通县第一区平民借贷状况之研究》、张培刚的《冀北察东三十三县农村概况调查》、卜凯的《河北盐山县一百五十农家之经济及社会调查》、冯紫岗的《嘉兴县农村调查》、顾倬等的《江

---

① 韩明谟:《中国社会学调查研究方法和方法论发展的三个里程碑》,载《北京大学学报(哲学社会科学版)》,1997(4),6~16 页。

苏无锡县农村经济调查第一集（第四区）》、农业推广部编的《南昌全县农村经济调查》、李景汉的《定县土地调查》等等。①

在早期的社会调查研究里，具有里程碑意义的代表作是李景汉主编的《定县社会概况调查》。这本书是中国首次以县为单位的系统的实地调查研究著作。全书83万言，分为17章，包括地理、历史、县政府以及其他地方团体、人口、教育、健康与卫生、农民生活费、乡村娱乐、乡村风俗与习惯、信仰、赋税、县财政、农业、工商业、农村借贷、灾荒、兵灾，是一部大型调查报告。②郑杭生曾对定县社会调查做过这样的评价："20世纪30年代的定县调查及其同时代的一批调查结果，对于中国相当长一个历史时期的'农民''农业'以及'农村'的理论与政策的建立和检验提供了重要的依据。那些实证资料对我国社会变革、社会管理和社会研究的贡献是巨大的。"③

第二节　社会学调查与社区研究的发展

20世纪30年代中期，中国社会调查研究有了新的突破，就是"社会学调查"或"现代社区研究"。吴文藻认为，在现代社区研究中，社会学调查与社会调查具有不同的性质，社会调查只是社会生活见闻的收集，而社会学调查是通过对社会事实的考察来验证社会学理论的基本假设；社会调查的目的是解决社会实际问题，是社会服务家为改良社会而作的调查，而社会学调查的目的却是要发现社会、认识社会和解释社会。"社会学调查"是"社会调查"在理论和操作上的深入和发展。吴文藻培养了大批具有国外教育背景又扎根

---

① 郑杭生、吴力子：《"农民"理论与政策体系急需重构——定县再调查告诉我们什么？》，载《中国人民大学学报》，2004（5），46~58页。
② 韩明谟：《中国社会学调查研究方法和方法论发展的三个里程碑》，载《北京大学学报（哲学社会科学版）》，1997（4），6~16页。
③ 郑杭生、吴力子：《"农民"理论与政策体系急需重构——定县再调查告诉我们什么？》，载《中国人民大学学报》，2004（5），46~58页。

于中国国情的学术人才，如林耀华、费孝通、李安宅、瞿同祖等[①]，其所领导的学术团队被马林诺夫斯基等人类学家称为"社会学的中国学派"。[②]

吴文藻在美国哥伦比亚大学获博士学位后，于 1929 年初回燕大任教，提出了社会学"中国化"的主张：第一，寻找一种有效的理论构想；第二，用这种理论来指导对中国国情的研究；第三，培养出用这种理论研究中国国情的独立科学人才。他反复比较了西方许多社会学、人类学派之后，选择了美国芝加哥学派的人文区位理论和英国功能学派的理论。1933 年燕大邀请了芝加哥大学教授帕克来校讲学，讲解社区研究的理论和方法。[③]当时尚在燕京社会学读本科的费孝通先生，不仅留下了关于帕克在北平讲座的详细笔记，也记下了他对帕克所讲的社区研究的基本感受，尽管费先生对帕克关于中国城乡分野的研究设想颇有质疑，但他进入研究生后的第一个田野工作，即对广西花篮瑶的研究，却明确显示了他学习芝加哥式的社区研究的痕迹。在中国近代史上最动荡不安的年代，芝加哥学派间接催生了早期中国社会学最重要的一些实践。[④]

吴文藻先生在着手组织对中国国情的研究时，提出了开展社区研究的方案。所谓社区研究，就是大家用同一区位或文化的观点和方法，来分头进行各种地域不同的社区研究。吴先生一连写了数篇文章介绍什么是社区研究，其中主要有《现代社区研究的意义和功用》《西方社区研究的近今趋势》《中国社区研究的西洋影响与国内近状》《社区的意义与社区研究的近今趋势》《中国社区研究计划的商榷》等。此时，吴先生已担任了燕大社会学系主任。为了使社区研究得以实现，他从系里先后派出了一些研究生和助教到国内一些地区进

① 李培林：《20 世纪上半叶社会学的"中国学派"》，载《社会科学战线》，2008（12），203~210 页。
② 李培林：《20 世纪上半叶社会学的"中国学派"》，载《社会科学战线》，2008（12），203~210 页。
③ 韩明谟：《中国社会学调查研究方法和方法论发展的三个里程碑》，载《北京大学学报（哲学社会科学版）》，1997（4），6~16 页。
④ 田耕：《人文、生态与社区——重温帕克〈城市〉》，载《社会发展研究》，2016（3），220~231 页。

行实地调查，使社区研究蔚然成风。如派徐雍舜到北平附近的都县调查乡村领袖冲突问题，派林耀华到福州附近的义序调查宗族组织问题，派费孝通考察江苏省江村的农村经济问题，派黄华节到定县调查礼俗和社会组织问题，派黄迪到清河调查村镇结构问题，派郑安仑到福建调查侨民问题，派李有义到山西徐沟调查社会组织等等。[①]在吴文藻先生的号召之下，燕大学子们纷纷出发去各地调查，费孝通的《花篮瑶社会组织》、林耀华的《福建的一个民族村》等皆是社区调查实践的成果，为当时中国的社会学开创出一个"社会学调查"的新境界。[②]

在社会学调查方法的指导下，除了在 1935—1936 年进行的一些调查外，抗日战争爆发后，在大后方主要由云南大学社会学研究室进行的农村和工厂调查，华西大学进行的边疆地区少数民族的研究。但较有代表意义的还是云南大学社会学研究室的工作。这个研究室是以吴文藻倡导的"社区研究"为中心而开展调查研究工作的。参加工作的先后有田汝康、张之毅、史国衡、谷苞、李有义、胡庆钧等 10 余人。他们通过对云南农村和工厂的调查研究，先后有费孝通的《禄村农田》、蒋旨昂的《战时的乡村社区政治》、张之毅的《易村手工业》、史国衡的《昆厂劳工》等著作出版问世。[③]

在这一时期，从中国社会学方法和方法论发展的角度来看，费孝通的《江村经济》是另一部具有里程碑意义的社区研究的代表作。在马林诺夫斯基教授的指导下，费孝通撰写了题为《江村经济：中国农民的生活》的博士论文，后由 Routledge 书局在 1939 年出版。马林诺夫斯基为书作序并评价说："我敢于预言费孝通博士的《中国农民的生活》一书将被认为是人类学实地调查和理论工作发展中的一个里程碑。此书有一些杰出的优点，每一点都标志着一个新的发展。

① 林耀华、陈永龄、王庆仁：《吴文藻传略》，载《民族教育研究》，1994（2），77~83 页。
② 韩明谟：《中国社会学调查研究方法和方法论发展的三个里程碑》，载《北京大学学报（哲学社会科学版）》，1997（4），6~16 页。
③ 田耕：《人文、生态与社区——重温帕克〈城市〉》，载《社会发展研究》，2016（3），220~231 页。

本书让我们注意的并不是一个小小的微不足道的部落，而是世界上一个最伟大的国家。作者并不是一个外来人，在异国的土地上猎奇而写作的；本书的内容包含着一个公民对自己的人民进行观察的结果。这是一个土生土长的人在本乡人民中间进行工作的成果。"①

经过对帕克人文区位学和马林诺斯基人类学及史禄国等人理论与方法的学习和批判，经过瑶山、江村的实地研究，到20世纪30年代中期，费先生社会研究方法的特色已经基本上形成。② 1937年，费先生明确地提出了社区研究应当是"一个综合的、实地的、对于中国的文化现象的认识"③，并提倡以研究实际问题为目的、亲自与事实接触并获得第一手资料的研究方法——一种"与凭空捏造的、抄袭的、不足考实的、雇佣'劳工'间接搜集资料相反"④的实地研究。

在社会实地研究领域中，费孝通先生创立了以典型来把握类型，进而达到对整体性的复杂社会进行认识的方法，试图"根据个别性的现象来发现它所代表一种型式的共相"⑤。在费先生看来，"江村"具有三种类型学上的意义：第一，开弦弓是中国国内蚕丝业的重要中心之一，可以作为中国工业变迁过程中有代表性的例子。第二，开弦弓一带的土地占有制度比较特殊，为研究中国土地问题提供一个很好实地调查的场所。第三，开弦弓能够通过典型来研究依靠水上运输的集镇系统。费先生是根据生产方式、土地制度和交易关系进行分类的。"江村"被当作分类的具有代表性的例子或典型。⑥

---

① 费孝通：《江村经济：中国农民的生活》，北京，商务印书馆，2005。

② 丁元竹：《费孝通社区研究方法的特色》，载《北京大学学报（哲学社会科学版）》，1992（4），45~52页。

③ 费孝通：《关于〈变动中的中国农村教育通讯〉》，载《天津益世报》，1937-02-10；转引自：丁元竹：《费孝通社区研究方法的特色》，载《北京大学学报（哲学社会科学版）》，1992（4），45~52页。

④ 费孝通：《关于〈变动中的中国农村教育通讯〉》，载《天津益世报》，1937-02-10；转引自：丁元竹：《费孝通社区研究方法的特色》，载《北京大学学报（哲学社会科学版）》，1992（4），45~52页。

⑤ 费孝通：《江村经济》，19页，南京，江苏人民出版社，1987。转引自：丁元竹：《费孝通社区研究方法的特色》，载《北京大学学报（哲学社会科学版）》，1992（4），45~52页。

⑥ 丁元竹：《费孝通社区研究方法的特色》，载《北京大学学报（哲学社会科学版）》，1992（4），45~52页。

模式理论是类型理论的进一步发展。费先生认为，"科学的社区研究应当从几个模式入手，通过分析比较来不断发展人的认识"，"在比较研究中，先得确立若干可以比较的类型，那就是依不同结构的原则分别确定它所形成的格式"。在对各类型社区的比较中，他将问题深入到土地制度、农村的金融关系，进而得出更深刻的结论——中国农村问题的解决取决于都市工业、乡村工业和都乡关系的状况。[①]

费孝通先生讲："布朗教授在燕京大学演讲时已说，社会调查只是某一人群社会生活的闻见的搜集；而社会学调查或研究乃是要依某一部分事实的考察，来验证一套社会学理论或试用的假设的。"[②]中国学者在此之前所进行的社会调查，以专题调查和描述性调查为多，真正对一个小型社区进行比较全面、系统和带有理论分析色彩的社区研究则很少。《江村经济》可以说是我国最早开展的严谨、系统的"社区调查"之一，虽然费老自己谦虚地认为《江村经济》是个人从社会调查到社会学调查或社区研究的过渡作品，而韩明谟教授则把这部著作看作为中国社会学发展中第二个里程（社会学调查或社区研究）中的代表作。[③]

第三节 社区研究的缓慢推进

中华人民共和国成立以后，1952 年高等院校进行院系调整，社会学被取消，所以，自此直至改革开放恢复社会学以前，国内在社会学学科意义上的社区研究也就中断了，当然，在非社会学学科意义上的社区治理实践还是有很多创新的。一些社会学家如潘光旦先

---

① 丁元竹：《费孝通社区研究方法的特色》，载《北京大学学报（哲学社会科学版）》，1992（4），45~52 页。
② 费孝通：《云南三村》，12 页，天津，天津人民出版社，1990；转引自马戎：《社区调查与中国社会学的"本土化"——纪念费孝通教授逝世 7 周年》，载《青海民族研究》，2012（3），1~7 页。
③ 马戎：《社区调查与中国社会学的"本土化"——纪念费孝通教授逝世 7 周年》，载《青海民族研究》，2012（3），1~7 页。

生、费孝通先生等，仍然推进了一些民族学意义上的社区研究。这期间，有学者在海外发表了一些中国大陆基层社区研究的著作，如杨庆堃教授的《共产主义过渡初期的中国村落》（1959）、《过渡期的中国农村》（1961）等。

杨庆堃一生致力于对中国社会的研究：1930年代对华北地方集市系统的调查，可谓集市系统理论的雏形；1940—1950年代对乡村社区和家庭的研究，承袭了燕京学派的功能理论和社区研究方法，以民族志的方式见证了转型时期的中国乡土社会，诠释了共产主义革命对传统家庭制度的冲击和影响；1960年代对宗教现代功能及其历史因素的研究，被视为宗教社会学的传世之作。[①]

《共产主义过渡初期的中国村落》是杨先生在岭南大学任教期间根据对近郊乡村社区调查完成的代表作。杨庆堃的村落调查基地是广州近郊的"鹭江村"，他于1947—1950年主持了"鹭江村"的调查，后来用调查材料撰写了此书，该书被译成多国文字出版，鹭江村也由此成为在海内外颇具影响的学术名村。[②]这部著作全面而细致地记录了这个城市边缘乡村社区的文化形貌，内容涉及人口结构、土地利用、生产消费、亲属制度、权力结构、阶级的稳定性和流动性以及新政权的建立、土地改革、乡村经济与文化娱乐的变迁、《婚姻法》为乡村社会带来的"家庭革命"等诸多方面。杨著的重要价值在于，描述了共产主义运动前一个中国村庄的生活模式和之后变革中的乡村生活，再现了共产党执政前后历史性的变迁过程。时至今日，这一著作仍然是从村落的微观视角，展示社会剧变的一部精彩的民族志报告。在与中国大陆断绝联系长达三十年的西方世界里，一直是学者们研究中国社会的重要文献。[③]

---

① 孙庆忠：《社会学与中国社会研究——杨庆堃先生的学术人生》，载《学术界》,2012（12），184~190页。
② 李培林：《20世纪上半叶社会学的"中国学派"》，载《社会科学战线》,2008（12），203~210页。
③ 孙庆忠：《杨庆堃的社会学研究及对中国社会学发展的贡献》，载《河北学刊》,2012（06），111~116页。

1979 年，费孝通先生授命重建中断近 30 年的中国社会学。此时，学科建设的首要任务是培养新一代的社会学者。在教师和教材匮乏的困境之下，杨先生"为造就一群社会学专业人力，为中国的需要服务"而努力奔走：在美国积极筹措，调动资金和师资；积极参与中大社会学系的重建，亲自为第一批研究生系统地讲授"社区研究"课程，指导学生学位论文，参加他们的论文答辩；促成了岭南基金从资助中山大学的款项中，每年指定一定数额的专款供社会学系教学、科研和人才培养之用，等等，为中国社会学的重建做出了重要贡献。①

第四节　小城镇研究与社区研究的再兴

20 世纪 70 年代末，中国重建了社会学学科，社区研究得以恢复。20 世纪 80 年代，中国农村的城镇化步伐加快。由费孝通指导的"江苏小城镇研究"课题取得了一系列的成果，带动了社区研究在中国的再次兴盛。从 80 年代初期，费老组织人力从江苏吴江县开始进行小城镇研究。1982—1984 年，在小城镇的研究中，先是苏南，后是苏北、苏中。1984 年后，组织人马一路经浙江到福建、两广；一路经东北、内蒙古进入西北地区，到达甘肃、青海。此外还组织了中国中部地区的河南、湖南和陕西的调查研究。这项以小城镇为中心的研究，目前已扩展为城乡发展和边区少数民族地区发展的研究，并已形成十余个省市区的调查研究网络。②

费老大力推进"小城镇研究"，在总结地域传统文化特色和现实调查的基础上，先后完成了《苏南农村社队工业问题》《谈小城镇建

---

① 孙庆忠：《社会学与中国社会研究——杨庆堃先生的学术人生》，载《学术界》，2012（12），184~190 页。

② 韩明谟：《中国社会学调查研究方法和方法论发展的三个里程碑》，载《北京大学学报（哲学社会科学版）》，1997（4），6~16 页。

设》《小城镇大问题》《小城镇再探索》和《小城镇新开拓》等报告、论文和论著。① 费老提出,中国城市化应走小城镇模式;小城镇的发展是乡村工业带动的结果;"离土不离乡"和"离乡不背井"是解决我国人口问题的具体途径,同时,他还提出了"苏南模式"、"温州模式"与"珠江模式"等区域经济发展模式,以及以香港为中心的华南经济区、以上海为龙头的长江经济区等经济区域的建设思路。②

从小城镇研究而起,费老从两个方向推进:一是横向扩展,即江苏省本身的深入研究进一步发展到全国性的比较研究;二是纵深发展,即从农村—小城镇—中等城市—大城市,以至于整个城乡关系的综合研究。③ 小城镇研究不仅开创了建立一门具有中国特色的社会主义社会学的新领域,而且为按照中国实际情况促进农业现代化和农村发展方面解开了一个难题。④

费孝通先生指导的"小城镇研究"取得了一系列的成果,带动了社区研究在中国的兴盛。据不完全统计,当时较大的社区研究项目还有:1983年10月,天津市社会科学院社会学研究所与天津市人民政府合作进行了"天津市千户居民户卷调查",内容涉及城市居民生活的各个方面以及居民对于政府工作的评价。1986年,中国社会科学院社会学研究所开始了对中国东、中、西部不同类型城市的研究。北京大学社会学研究所暨中国社会与发展研究中心与江苏、河南、陕西、甘肃、黑龙江、北京等省市联合进行了"新型城乡关系研究"。国务院农村发展研究中心对无锡、保定农村进行了追踪研究。北京市社会科学院社会学研究所对房山区进行了社会结构研究。此

---

① 赵定东、杨政:《社区理论的研究理路与"中国局限"》,载《江海学刊》,2010(2),132~136页。
② 宋林飞:《费孝通小城镇研究的方法与理论》,载《南京大学学报(哲学·人文科学·社会科学版)》,2000(5),11~18页。
③ 宋林飞:《费孝通小城镇研究的方法与理论》,载《南京大学学报(哲学·人文科学·社会科学版)》,2000(5),11~18页。
④ 韩明谟:《中国社会学调查研究方法和方法论发展的三个里程碑》,载《北京大学学报(哲学社会科学版)》,1997(4),6~16页。

间，复旦大学社会学工作者与上海大学文学院社会学系开展了对开弦弓村的追踪研究。①1988年，由中国社科院牵头，陆学艺教授组织了全国百县市经济社会调查,调查了100个县来认识、了解中国社会,历时7年左右完成了100多卷的《中国国情丛书》，是改革开放后最大规模的国情调研。

1989年以来的社区研究有：中国社会科学院社会学研究所主持的"中国县经济、社会发展与对策研究"；北京大学社会学研究所主持的"边区开发"研究,该研究系国家哲学社会科学"七五"规划项目；1988—1990年，北京大学社会学人类学研究所与美国纽约市立大学社会学系合作的呼伦贝尔人文生态研究；北京大学社会学系主持的沈阳市街区经济研究；农业部农村发展研究中心主持的农村改革综合实验区研究，等等。

这些研究都为探索中国实际情况、实事求是地促进现代化发展提供了重要的研究参考。

第五节　社会转型与社区治理研究的热潮

进入20世纪90年代后，社区研究不仅引起了理论界的广泛重视，而且成为中国各级政府关注的焦点问题。另外，改革开放以来的社区建设和社区服务逐渐兴起，直接带动了社区研究热。30多年来，中国出版了一大批有关社区研究的著述，如方明、王颖的《观察社会的视角——社区新论》(1991)，丁元竹的《社区研究的理论与方法》(1995年)，徐中振、卢汉龙等主编的《社区发展与现代文明：上海城市社区发展研究报告》(1996)，黎熙元、何肇发主编的《现代社区概论》(1998)，侯玉兰等的《城市社区发展国际比较研究》(1998)，唐忠新的《中国城市社区建设概论》(2000)，雷洁琼主编的

---

① 丁元竹：《社区的基本理论与方法》，225页，北京，北京师范大学出版社，2009。

《转型中的城市基层社区组织》（2001），徐永祥的《社区发展论》
（2001），叶南客的《都市社会的微观再造：中外城市社区比较新论》
（2003），韩子荣、连玉明主编 的《中国社区发展模式》（2005），陈
福平、黎熙元的《当代社区的两种空间：地域与社会网络》（2008）
等。这些著述，绝大多数侧重于探讨社区建设、社会发展中的实际
问题，也有的着力于探寻社区理论的系统化、体系化之路。进入
21 世纪后，社区研究的理论视野已日渐宽宏，其理论成果也日渐丰
厚。社区研究已经成为一个多学科交叉研究的学术领域。[1]

　　关于社区调查研究的著述，挂一漏万地说，有阎云翔教授关于
农村社区社会关系的研究《礼物的流动：一个中国村庄中的互惠原
则与社会网络》（1999）、《私人生活的变革：一个中国村庄里的爱情，
家庭与亲密关系》（2006）；有边燕杰教授关于城市单位社区的研究
《中国城市的工作与不平等》（1994）；有王雅林、张汝立教授关于现
代化与社区转型的研究《延伸地带：昌五社区研究》（1999）；有项
飙博士对于流动人口社区的研究《跨越边界的社区：北京浙江村生
活史》（2000）；还有李培林教授试图探索"普遍规则""理想类型"
的《村落的终结：羊城村的故事》（2004），以及蓝宇蕴博士对于城
乡接合区域社区治理的探讨《都市里的村庄：一个新村社共同体的
实地研究》（2005）；徐前进对小区日常生活空间文化生产进行记录
和批判的《流动的丰盈：一个小区的日常景观》（2021）。[2] 这一时期
的社区研究著述百花齐放，多为国内社会学界所熟悉，在此不作赘述。

---

[1]　赵定东、杨政：《社区理论的研究理路与"中国局限"》，载《江海学刊》，2010（2），132~136 页。

[2]　参见：阎云翔：《礼物的流动——一个中国村庄中的互惠原则与社会网络》，上海，上海人民出版社，2000；阎云翔：《私人生活的变革：一个中国村庄里的爱情，家庭与亲密关系》，上海，上海书店，2006；Yanjie Bian: Work and Inequality in Urban China,State University of New York Press,1994；王雅林、张汝立：《延伸地带：昌五社区研究》，黑龙江，黑龙江教育出版社,1999；项飙：《跨越边界的社区：北京"浙江村"的生活史》上海，上海三联书店，2000；李培林：《村落的终结：羊城村的故事》，北京，商务印书馆，2004；蓝宇蕴：《都市里的村庄：一个"新村社共同体"的实地研究》，上海，上海三联书店，2005；徐前进：《流动的丰盈：一个小区的日常景观》，上海，上海书店出版社，2021。

　　虽然社区研究在社会学界有着深厚的研究基础，但是"社区治理"却是颇具中国特色的新概念和新领域。其实，新世纪以来，中国学界有一些频繁使用的概念，对于国际学界来说都比较生疏。譬如：社会建设，自 2004 年以后，在中国理论界和社会学界多有论述，但是如果翻译成英文，无论是 social construction、society construction 或 society building，西方学界都不很理解。其他概念，比如，民生、社会治理等，也都不容易找到准确对应的西文。社区治理概念也是如此，如果简单译为"community governance"，从字面上，国外社会学界也不甚清楚这究竟是什么含义。西方主流社会学界对于中国社会学者的社区治理研究还不是很熟悉（个别中国问题专家除外），其原因与中国的基层社区组织体系创新有关，中华人民共和国成立以来有创新，改革开放以来又有很大创新，这些在前述的西方社区研究文献中显然是探索不多的。

　　总的来说，社区治理研究成为中国社会学者从事多方面研究的重要基础和载体，成为中国社会学学者参与各级社会治理决策的重要领域。我们知道，当年社会学在欧洲社会的起源就是由于社会现代化转型带来的强烈学科发展需求，西方社会学也因此发展出了一系列的社会学理论与方法。今天，中国社会正在推进着人类历史是一国之内最大规模的城市化、产业化变革，所以，中国社会学界确实应该在社会学、社区治理的理论与方法方面做出创新，并将其成果介绍给国际学界同仁。

第四章 中国基层社会治理的变迁

中国传统社会治理主要是乡村宗族自治和国家管治相结合，国家对乡村的总体动员能力不强。在近代化过程中，中国城乡基础秩序经历了动荡、瓦解和重构。中华人民共和国成立后，为了解决现代化建设的基层动员问题，国家建立了一整套单位化的管理体制，在农村推行了"人民公社"体制，在城市推行了"单位—街道—居委会"体制。改革开放以来，由于发展市场经济的需要，单位制解组势在必行，社区制应运而生。[①] 从基层社区治理角度看，新中国对于变革中国基层社会、基层社区治理有极其重要的创造。

第一节 中国传统基层社会治理的特征

中国古代特定历史条件下形成的治理观念，体现着古代中国人对于社会政治生活的理解，传承与发展了中国传统的治理智慧。反思其历史局限，对于构建现代社会治理观念，实现国家治理的现代化有着十分重要的意义。以儒家治国思想为主体的治理观念是中国古代国家治理赖以依存的思想条件。传统治理观念在客观上规范和制约着历代王朝的治理过程并决定其基本走向，主要表现为重教化、重统一、重富强三大特征。[②]

首先，儒家重教化而轻刑罚的治国方略，追求善治、善政而拒

---

① 葛天任：《建国以来社区治理的三种逻辑及理论综合》，载《社会政策研究》，2019（1），49~59页。
② 孙晓春：《中国传统治理观念与社会治理实践》，载《中国党政干部论坛》，2019（12），15~19页。

绝暴政，在根本上决定了中国传统社会的政治生活走向文明的发展路向。两汉以后，儒家"重德教而轻刑罚"的思想主张成为中国社会普遍接受的治国理念，也成为历代王朝的统治者制定政治、经济政策的依据。其次，传统社会重视国家统一的治理观念，在客观上促使中国古代社会形成了有利于国家统一的制度安排。"四海之内若一家"（《荀子·王制》），古代中国之所以能够从小邦林立的状态走向统一，其深层的原因在于人们观念中的国家是统一的。再者，传统治理重视国富民强的发展追求，为历代王朝的变法提供了充分的理论支持。传统治理观念中的富强追求，是对中国古代社会治理过程影响最为深刻的思想要素。秦汉以后历代王朝曾经有过多次变法，几乎每一次变法的推动者都把富强作为理由。[1]

中国自秦汉以来形成了中央集权的郡县制，即强大的中央政府一直可以治理到全国上千个县的层级。但是，传统中国的基层社会与皇权的联系比较特殊，中国自古有"皇权不下乡"之说，即县令是由皇权任命的，县以下的乡实行自治。著名学者费孝通先生、吴晗先生在《皇权与绅权》等书中阐释得十分清晰，隋唐以降，门阀制度被摧毁，在1000余年的时间里，中国基层社会共同体（基层社区治理）实际上是由绅权控制的[2]。所谓绅权，就是乡绅、绅士、土地所有者对于基层社会、基层社区的管理，这样在传统中国权力结构中有两个不同层级，顶端是皇权，基层是绅权自治，基层社区为绅权所管辖，皇权也难于干涉[3]。这就是费孝通的"双轨政治制"理论：自上而下的皇权，与自下而上的绅权和族权，二者平行运作，互相作用，形成了"皇帝无为而天下治"的乡村治理模式。前者以君主为中心建立起中央集权官僚体制，后者以士绅等乡村精英为主体实

① 孙晓春：《中国传统治理观念与社会治理实践》，载《中国党政干部论坛》，2019（12），15~19页。

② 费孝通、吴晗：《皇权与绅权》，70~83页，北京，生活·读书·新知三联书店，2013。

③ 费孝通：《中国绅士》，14~15、51~52页，北京，中国社会科学出版社，2006。

施基层治理①。士绅阶层是乡村社会的实际"统治阶级"，宗族则是士绅乡村治理的组织基础。士绅是与地方政府共同管理当地事务的地方精英，属于非正式的权力系统，是国家权力体系与社会宗法制度相互联系的中枢，是基层社会的建设者、乡村风俗塑造者、社会治理的担当者。士绅之治作为"双轨政治"与"熟人社会"语境下特殊的权力结构体制，是维系传统基层社会长期稳定与发展的重要原因。②

那么皇权与绅权是怎样互动的呢？一方面，中央政权主要靠德治来替代政治组织在基层实现社会整合，实际上这是一种以价值治理部分替代组织治理的方式③。另一方面，在一些需要和地方直接互动的领域，常常有地方的中间人来协调皇权与绅权的关系。地方首长限于流官制所带来的"水土不服"，需要与地方精英（乡约、乡保、会首）协作来处理地方性事务④，这种治理结构给基层社会留下了较大的自治空间，例如在税收、赋役和诉讼等领域，常有中间人来负责沟通上下关系，而中间人并不是政府的正式工作人员。⑤

对于传统中国的这样一种特殊治理方式，马克思从亚细亚所有制角度进行过研究，他没有使用绅权的概念，但是强调了这是一种建立在家庭和扩大的家庭基础上的共同体，并指出了这种共同体保持得最顽强和最长久。⑥这种建立在家族、宗族的血缘信任、血缘认同的基础之上的共同体，在当时的情况下还是有效的治理方式，那时候，没有从中央政权到基层社会的快速的信息传递手段，所以，只要不直接与皇权冲突、不直接违反皇权利益，皇权并不随意干预"绅

① 费孝通：《乡土中国》，275~293 页，上海，上海人民出版社，2007。
② 顾元：《市域社会治理的传统中国经验与启示》，载《中共中央党校（国家行政学院）学报》，2020（4），111~121 页。
③ 李强、胡宝荣：《中国历代社会治理论纲》，昆明，云南教育出版社，2014。
④ 黄宗智：《国家与村社的二元合一治理：华北与江南地区的百年回顾与展望》，载《开放时代》，2019（02），20~35。
⑤ 李强、郑路：《应用社会学》，190 页，北京，中国人民大学出版社，2020。
⑥ 《马克思恩格斯选集》（第 2 卷），725~729、738~739 页，北京，人民出版社，2012。

权自治"。当然，这也就造成了传统中国社会高层权力与基层社会始终是比较隔绝的事实。

就历代城市市域管理制度而言，概括而论，先秦时期实行闾里制，并与军事制度相配合，这是古代城市最早实行的基层管理制度。秦汉及隋唐实行里坊制，有利于政府对城市居民的控制。唐代长安城的坊市制被认为是古代城市管理最成熟的典型。宋以后实行厢坊制，则是城市管理制度的重要变革，其实施超越了城垣的限制，影响深远。至元明清各朝则实行里甲制，保甲组织与坊厢融合成新的市域社会治理模式。

从管理机构来看，传统城市仍呈现"双轨政治"模式，设有两套紧密联系的系统：一是自上而下的中央集权辖区网络，基本治所设于县级；二是各种城市街坊、行会等非官方社会组织和团体。城市治理实行官民联动，涉及户籍、治安、消防、社会保障、驿传交通（包括漕运、海禁）及救荒（包括赈济、养恤、蠲免、民食调剂）等诸方面①。秦汉以来，历代王朝以州县政权为主导，在士绅和宗族等非官方力量的配合下，通过建立以里甲为单元的分区控制体系，对基层税赋、治安、户籍、教化、诉讼等各方面具体事务实行有效治理。国家统治与社会治理维持着大体的平衡。

清王朝瓦解以后，这样一种皇权绅权的社会治理体系也难以维系了。中国在1911年推翻帝制，实施共和制以后，孙中山先生看到了全国的一盘散沙的状况，也曾试图构建现代的国家治理体系。当年建立新体制的巨大难题就是怎样将中国广大的基层社会与整个国家连成一体。国民党政府控制中央权力以后，也曾试图推进"保甲制度"，十户为甲，十甲为保，试图建立一个自上而下的严密的基层社会治理网络，以强化国家政权对于基层社会的控制和统治。但是国民党政权一直就是一个高高在上的政权，脱离人民群众，再加上

① 顾元：《市域社会治理的传统中国经验与启示》，载《中共中央党校（国家行政学院）学报》，2020（4），111~121页。

当年的战乱局面，国民党没有建立起一个全国有效的基层社会治理体系，这也是国民党政权后期迅速瓦解的重要原因，正所谓基础不牢、地动山摇。总之，在辛亥革命以后的旧中国始终没有形成有效的现代基层治理体系，也没有形成统一的现代民族国家的治理体系。

第二节　中华人民共和国成立后基层社会治理的演进

中华人民共和国成立以后，中国社会治理和基层社区治理模式发生了重大变化，并经历了三个发展阶段：一个是中华人民共和国成立后到改革开放前的"国家统合"与"集体管控"阶段；二是改革开放后到十八大以前的"社会管理"与"社区建设"阶段；三是十八大以来的"社会治理"与"社区服务"阶段。

一、"国家统合"与"集体管控"阶段（1949—1978）

第一阶段是 1949 年中华人民共和国成立以后到 1978 年的 30 年，我国采取的是一种国家全面统合、单位/集体管控的基层社区治理模式，其主要的治理逻辑就是国家高度集中的政治经济体制在基层单位的运行。在高度集权的政治体制和计划经济体制基础上，我国建立了"国家—单位—个人"的一元主体社会管控格局。

1949 年之后，中华人民共和国为了实现快速工业化，采取了国家高度垄断资源的制度，这一制度在城市是单位制、街居制，在农村是人民公社[1]。当时的社会管理体系包括作为国家的社会控制和福利供给职能的延伸的单位体制，"议行合一、政社合一"的人民公社体制，作为单位体制补充管理、单位体制以外的城市居民的街道办事处和居民委员会体制（街居制），依靠政治—身份来划分的阶级

---

[1] 李路路：《"单位制"的变迁与研究》，载《吉林大学社会科学学报》，2013（1），11~13 页。

分类体制并辅之以运动式、批斗式的政治管理方式，作为党和政府的传送带的群团组织，城乡分割限制人口自由流动的户籍制度等。传统社会管理体制依靠严密的社会控制维持了社会秩序，实现了平均主义的分配，但却窒息了社会的创造活力，牺牲了个体的自由和权利。[①]

高度集中的计划经济体制注重由国家集中计划分配、管理各种社会资源和社会机会。为了实现这种集中分配和管理，国家又建立了单位制、行政制和身份制等"次级制度"。直到改革开放前，我国城市社会管理体制的最大特色是与行政制和身份制紧密结合的单位制——单位几乎掌握着一个人从摇篮到坟墓所需的所有资源。这一时期社会资源配置的基本模式是，国家按照行政级别将社会资源配置到各个单位，然后再由单位按照个人的级别和身份将部分社会资源配置到单位成员。[②]

何海兵指出，单位制是适应计划经济体制而设立的一种特殊的组织形式，具有政治、经济与社会三位一体的功能，以行政性、封闭性、单一性为特征。单位制的形成具有历史背景，在当时起到了重要的社会整合作用，但也带来了制度性的后果，造就了总体性社会和依赖性人格。改革开放后，我国所有制结构出现了变动，社会主义市场经济体制逐步建立，社会流动也迅速加剧，导致单位制渐渐退出历史的舞台。[③]王思斌指出，高度集权的国家治理和对社会的"强制性管理"是与新政权建立和集全国之力发展工业的时代任务以及回应严峻的国际环境的压力相适应的。这种治理格局带来了整个社会治理的较高效率，但是也形成社会活力不足、城乡居民的社会生

---

① 丁开杰：《社会管理体制的基本阐释、变迁动力与阶段划分》，载《重庆社会科学》，2012（2），5~12页。

② 黄家亮、郑杭生：《社会资源配置模式变迁与社区服务发展新趋势——基于北京市社区服务实践探索的分析》，载《社会主义研究》，2012（3），70~74页。

③ 何海兵：《我国城市基层社会管理体制的变迁：从单位制、街居制到社区制》，载《管理世界》，2003（6），52~62页。

活质量不高的问题。这些结构性、制度性问题与建设社会主义现代化国家的总目标是有偏离的。随着国家发展目标的校正，国家治理和社会治理的方式也需要发生相应的改变。①

我们将中华人民共和国成立后的社会治理结构概括为以下两个特点：一是党政组织深深地扎根基层。在农村实行人民公社制度，农民被编入生产队，国家和行政体系进入个人经济生活领域，并按照国家建设的需求来动员农村基层社会。行政性动员的逻辑替代了原来道义性支配的社会治理规则。城市生活领域也是按照"计划"进行，实行单位制和街居制，改变了传统社会基层动员不强的问题，形成了高度整合的社会，几乎所有社会成员都被强有力的行政力量所管辖。当然，这种全方位的"管理"和"控制"必然带来基层经济社会活力不足的问题。二是由行政组织来配置几乎所有资源，实际上借助于一种超强的组织体系和制度体系分配各种资源。所建立的多种制度体系，如农村人民公社、城市票证制度、统购统销、户籍身份制、人事档案身份制度等，形成了一套很严密的城乡管理制度。在这样的背景下，基层社会是比较有秩序的，但也造成了居民的被动特征。②

二、"社会管理"与"社区建设"阶段（1979—2011）

第二阶段是改革开放到党的十八大之前，我国采取的是一种社会管理、社区建设的基层社区治理模式。邓小平南方谈话讲话，特别是党的十四大后，我国正式确立了建立社会主义市场经济体制的目标，市场化导向的经济体制改革步伐明显加快。十六大前夕，我国社会主义市场经济体制已经初步建立，市场开始在资源配置中发挥基础性作用。这个时期，也分为两个阶段，一个是以经济建设为中心的社会管理阶段（1979—2003 年），一个是进行社会管理体制

① 王思斌：《新中国 70 年国家治理格局下的社会治理和基层社会治理》，载《青海社会科学》，2019（6），1~8 页。
② 李强、郑路：《应用社会学》，197 页，北京，中国人民大学出版社，2020。

创新的社会建设阶段（2004—2011）。

（一）社会管理阶段（1979—2003）

随着社会主义市场经济体制的确立，以高度集中的计划经济体制为基础的"单位制"失去了生存的土壤，逐渐走向瓦解。以市场化为主导的经济体制改革的启动并逐渐深入，政府和单位的职能都发生了转化——政府逐渐从主导一切的管理型政府向以提供公共服务为主的服务型政府转化，而附着在单位上的种种社会功能也逐渐被剥离，单位制逐渐解体。[①]

由于发展市场经济的需要，放弃"单位办社会"的基层治理模式，才能释放出市场动能，也就是让劳动力、土地和资本自由流动。在这一背景下，1992年民政部正式提出了"社区建设"的政策主张，并在1995年开始大规模组建新的居委会。1998年前后，中央陆续推动了一系列"结构性改革"，在城市地区，地方政府尝试通过更为市场化的方式来配置住房、医疗、教育、养老等基本公共品以满足民众的热切需要。也是在这一段时期内，随着国企改革在全国大范围地开展，地方政府在基层社区治理中在短期内彻底废除"单位办社会"，除了一些国有企业的部分日常管理职能继续保留外，这一时期政府对社区治理的总体思路是下放权力、引入市场机制。[②]

在这一阶段，社会体制机制、社会保障体制的建设有所不足。例如，在单位制改革中，强调建立现代企业制度，为了凸显企业作为经济主体的职能，很多与企业核心生产功能相关不大的服务部门被关闭、被改制，出现了很多失业、下岗、买断、内退职工现象。在体制机制巨大变革的局面下，体制转轨曾一度发生了很多"不衔接"现象。在这一时期，单位体制转轨、住房体制改革与居民社区体制

---

① 黄家亮、郑杭生：《社会资源配置模式变迁与社区服务发展新趋势——基于北京市社区服务实践探索的分析》，载《社会主义研究》，2012（3），70~74页。
② 葛天任：《建国以来社区治理的三种逻辑及理论综合》，载《社会政策研究》，2019（1），49~59页。

变革"不衔接"的现象也比较突出，这样城市里就发生了失去依托的、失去经济支持的"老旧小区"的问题。当然，那些经济实力较为雄厚的企业、单位还继续为职工居民社区提供资源支撑。在这一阶段，基层政府也为老旧小区的治理提供一些资源，但毕竟能力有限。[①]

（二）社会建设阶段（2004—2011）

2004年召开的党的十六届四中全会明确提出构建社会主义和谐社会的目标，首次提出了"社会建设"和"社会管理创新"两个新概念，明确提出建立"党委领导，政府负责，社会协同，公众参与"的社会管理新格局，并强调主要集中于教育、就业、收入分配、社会保障、医疗卫生等公共服务领域的建设。

这一时期，我国大中城市掀起了社区建设的热潮，北京、上海、天津、沈阳、武汉、青岛等城市都成立了"全国社区建设实验区"。通过几年的实践总结和经验概括，形成了几种代表性的社区管理模式，如上海模式、沈阳模式和江汉模式。上海在实行"两级政府、三级管理"改革的过程中，将社区定位于街道范围，构筑了领导系统、执行系统和支持系统相结合的街道社区管理体制。沈阳模式将社区定位于小于街道而大于居委会辖区的范围上，在社区内创造性地设立了社区成员代表大会、社区协商议事委员会和社区（管理）委员会3个社区自治的主体组织，这套制度设计在全国产生了广泛的影响。武汉市江汉区社区制实践的经验，它以主动转变政府职能为核心特征，通过民主协商和依法选举，构建了社区自治组织，即社区成员代表大会、社区居委会和社区协商议事会，并明确提出社区自治的目标，而实现这一目标的路径选择是转变政府职能和培育社区

[①] 李强、郑路：《应用社会学》，198页，北京，中国人民大学出版社，2020。

自治。①

何海兵总结了这个时期社区治理的三种类型：（1）行政型模式，特点是在政府部门中设立专门的社区管理机构；（2）自治型模式，特点在于政府行为与社区行为分离，政府的社区发展规划往往由有关部门专项拨款，通过社区的配合予以实施；（3）混合型模式，特点是政府对社区工作和社区建设加以规划、指导、拨款，但政府对社区的干预是宽松的，社区工作和建设以自治为主。他认为，我国的社区制实践，上海模式属于行政型，沈阳模式、江汉模式倾向于自治型，江汉模式具有混合型特征。②

三、"社会治理"与"社区服务"阶段（2012 至今）

第三阶段是党的十八大以来，我国采取的是一种社会治理、社区服务的基层社区治理模式。

2012 年党的十八大召开，社区治理第一次被写入党的纲领性文献。党的十八大报告既强调"在城乡社区治理、基层公共事务和公益事业中实行群众自我管理、自我服务、自我教育、自我监督"，又在"加强和创新社会管理"部分强调"加强基层社会管理和服务体系建设，增强城乡社区服务功能"。

党的十八大以来，城乡社区治理和服务面临新的背景，对既有治理格局提出新的挑战，主要表现在三个方面：市场化改革带来利益主体多样化；城市化快速发展带来风险集聚化；社区异质化遭遇治理模式单一化③。在新的情势下，单一的治理模式难以适应新时期的社区治理需求。党中央对社区治理的战略方向提出了新的要求，

---

① 何海兵：《我国城市基层社会管理体制的变迁：从单位制、街居制到社区制》，载《管理世界》，2003（6），52~62 页。

② 何海兵：《我国城市基层社会管理体制的变迁：从单位制、街居制到社区制》，载《管理世界》，2003（6），52~62 页。

③ 吴晓林：《党建引领与治理体系建设：十八大以来城乡社区治理的实践走向》，载《上海行政学院学报》，2020（3），12~22 页。

成为新时代城乡社区治理与服务的新方向。

2013 年党的十八届三中全会提出了"社会治理"思想，其特征就是突出多元主体"共建共治共享"的原则，政府、市场、社区组织、社会组织、社会群体、居民等多元力量都为基层社区公共事务和公共服务献计献策尽心尽力；提出了"社会治理创新"的新任务："要改进社会治理方式，实现政府治理和社会自我调节、居民自治良性互动。"与以往文件比，十八届三中全会文件一个非常重要的变化，就是用"社会治理"取代了"社会管理"。"社会管理"在一定程度上带有自上而下的管控色彩，而"社会治理"则肯定了社会是一个自我运行的有机体，具有自我恢复和自我调节的能力。"社会治理"相比"社会管理"突出了社会的能动性。[①]

2017 年，党的十九大报告明确要求："打造共建共治共享的社会治理格局"，"加强社区治理体系建设，推动社会治理重心向基层下移，发挥社会组织作用，实现政府治理和社会调节、居民自治良性互动"，"健全自治、法治、德治相结合的乡村治理体系"，从统筹推进"五位一体"总体布局和协调推进"四个全面"战略布局的高度，明确提出要加强社会治理制度建设。

同年，中共中央、国务院出台的《关于加强和完善城乡社区治理的意见》提出"促进城乡社区治理体系和治理能力现代化"，明确了社区治理体系的四大主体、六大能力。其中，"四大主体"为：充分发挥基层党组织领导核心作用，有效发挥基层政府主导作用，注重发挥基层群众性自治组织基础作用，统筹发挥社会力量协同作用。

2019 年，党的十九届四中全会对包括社区治理在内的基层治理有两个提法，一是要"建设人人有责、人人尽责、人人享有的社会治理共同体"，二是要"健全党组织领导的自治、法治、德治相结合的城乡基层治理体系"，构建"治理体系"成为新时代社区治理的重

---

① 　李强、王莹：《社会治理与基层社区治理论纲》，载《新视野》，2015（6），26~31 页。

要目标，为新时代社会治理机制创新和体系完善指明了方向。

2020 年，"十四五"规划提出，"加强城乡社区治理和服务体系建设"。可以看出，党的十八大以来，"城乡社区治理和服务体系建设"已经成为新时代社区治理的重要目标。

实践证明，社会治理的原则是正确的，近年来，我国城乡基层社区涌现出一大批社会治理的优秀范例。例如城乡基层社区发动城乡居民和其他多种社区组织，提高了居民的民主议事和协商的能力，提升了基层政府公共事务和公共服务的决策及执行能力，大量新生的社会组织承接了社区各种多样化的服务需求，居民多种多样的组织在丰富老百姓业余文化生活、提供社区公共安全方面都发挥了巨大作用。在激发了社会活力的局面下，政府并不需要对基层社区的很多具体事务进行设计，这大大减轻了政府的负担。当然，基层的社会治理离不开党和政府的领导，这主要体现在群众参与社会治理的组织化建设方面，社区公共事务的识别与解决绝不是靠某一个热心居民的单打独斗能够完成的，而是需要具有行动能力的组织来完成，当然自治组织和社会组织的规范化建设还有待逐步提升。社区公共服务水平的提升，需要政府、市场与社会三大力量共同努力与合作。[①]

在这一阶段，国内的社区研究也在理论预期和现实之间调和，既看到现有治理体制的现实性，又主张在在合理的范围内对其进行微调，更多地引入合作。向德平等提出小政府、大社会的治理结构，政府与社会的合作已经是国内学界的主流主张[②]；朱仁显等提出推动协同治理、从强烈的行政主导转变为合作共治型社区[③]；陈家喜提倡

---

① 李强、郑路：《应用社会学》，199 页，北京，中国人民大学出版社，2020。

② 向德平、申可君：《社区自治与基层社会治理模式的重构》，载《甘肃社会科学》，2013（2），127~130 页。

③ 朱仁显、邬文英：《从网格管理到合作共治——转型期我国社区治理模式路径演进分析》，载《厦门大学学报（哲学社会科学版）》，2014（1），102~109 页。

将物业公司和业主委员会纳入社区治理结构[①]等等。可以说,学界逐渐破除了对西方"国家—社会二分""社会中心论"的迷思,更加贴近中国社区治理的现实,既关注到治理形式的"复合化"[②],又从深层次揭示了治理主体的复合结构,认为中国社区既非完全的行政单元,也非完全社会学意义上的共同体,而是集"政治、服务、社会"三种功能于一体的"复合体"[③]。葛天任指出,中国基层社区治理通过改革创新改变了传统的国家统合主义的"一元化"治理模式,逐渐形成了以政府主导为主、市场和社会力量参与到社区治理之中的"一核多元"混合治理模式。[④]总的来说,中国现阶段主要采用的是"党建引领、社会协同、公众参与"的基层社会治理机制。

(一)党建引领

党的十八大以后,社会管理更加强调发挥党建引领的作用。党建引领被视为贯穿社会治理和基层建设的一条红线。《中共中央办公厅、国务院办公厅印发〈关于深入推进农村社区建设试点工作的指导意见〉》(2015年)和《中共中央、国务院关于加强和完善城乡社区治理的意见》(2017年)都强调充分发挥基层党组织领导核心作用。2019年,中央办公厅印发的《关于加强和改进城市基层党的建设工作的意见》,明确"加强和改进城市基层党建工作的重要性紧迫性"。党的十九届四中全会提出要"建立健全以党的政治建设为统领,全面推进党的各方面建设的体制机制",健全党组织领导的自治、法治、德治相结合的城乡基层治理体系,党建引领成为新时期社区治

① 陈家喜:《反思中国城市社区治理结构——基于合作治理的理论视角》,载《武汉大学学报(哲学社会科学版)》,2015(1),71~76页。

② 郑杭生、黄家亮:《当前我国社会管理和社区治理的新趋势》,载《甘肃社会科学》,2012(6),1~8页。

③ 吴晓林:《治权统合、服务下沉与选择性参与:改革开放四十年城市社区治理的"复合结构"》,载《中国行政管理》,2019(7),54~61页。

④ 葛天任:《建国以来社区治理的三种逻辑及理论综合》,载《社会政策研究》,2019(1),49~59页。

理的重要指针。所谓基层党建引领社区治理，是指通过基层党组织的建设引导带领社区治理绩效的提升。目前，关于党建引领社区治理与服务的研究主要包含四大方面。

第一，社区治理中党建的功能与角色的研究。王海荣等指出，面对城市社区生活结构和整合方式的转型和变革，党必须在社区权力秩序建构中维持自身的领导核心地位[①]。郑长忠认为，中国共产党作为领导者和执政者，具有强大的优势和权威，在城市社区治理实践中扮演着秩序建构和提供群众基础的双重角色[②]。党建引领在落实社区党委"同心圆"的政治引领功能和"连心桥"的服务群众功能基础上，筑造了"一核多元"和"一核多能"的社区治理和服务创新的全新架构[③]。建设服务型政党要求在向广大群众提供服务的过程中，通过建立完善的服务体系，整合各种社会资源，为群众提供一系列利民、便民活动，在服务过程中实现党的领导[④]。

第二，社区党建与社区治理融合的路径研究。社区治理遵循"党组织嵌入"和"体制吸纳"的双向互动路径：一方面，通过充分挖掘体制内的政治资源，将传统政治资源嵌入到基层社会中去代表民意，理性促进党和政府引领社会；另一方面，创新机制协调好各种利益关系，引导基层群众有序自治，把居民的参与诉求纳入到现行体制内有序释放，努力增加社区和谐因素。根据地区差异和社区差别，不同地区形成了不同的党建引领的实践模式，比如清河模式是基层党建网络与社会治理网络融合互动实践，武昌模式是基层社区共治共享共同体建构实践，北仑模式是服务型党组织整合基层社会治理

① 王海荣、闫辰：《党建引领城市社区治理创新：问题与发展》，载《中共福建省委党校学报》，2018（2），46~55页。

② 郑长忠：《多元共存条件下社区治理的政党逻辑——以上海临汾社区物业管理党建联建工作为例》，载《理论与改革》，2009（2），55~59页。

③ 曹海军：《党建引领下的社区治理和服务创新》，载《政治学研究》，2018（1），95~98页。

④ 杜仕菊、陈功：《转型期执政合法性的维护与发展——以服务型政党为分析视角》，载《江西师范大学学报（哲学社会科学版）》，2014（3），10~15页。

服务资源实践[①]，浙江省金华市是"基层党建+社会治理"创新工作中的"红色网格"实践[②]，河北省石家庄市桥西区是党建引领社区治理的创新路径[③]等。这些研究探索了党建引领的制度内涵、实现机制，从结构嵌入、资源整合、凝聚群众等方面，探讨通过基层党建和民众参与等路径更好地发挥引领效能。

第三，党建引领社区治理的约束条件及其问题研究，主要有以下几点：一是体制内部管理问题。党建引领社区治理的成效关键在于党组织内部体制问题，因为"条块分割的体制使社区内单位党组织与街道党组织难以在社区党建中形成合力；社区特别是社区新生社会组织中党组织不健全，空白点多；社区党组织干部队伍力量弱，组织活动不正常；流动党员管理难；社区党建缺乏经费保障；社区党建工作方式方法滞后。[④] 二是多利益主体的参与和协调问题。比如城市社区居委会、业委会和物业管理委员会三者的矛盾是治理绩效的关键，不同的治理主体都有不同的利益和不同的治理原则与路径，这些矛盾和冲突不可避免地会导致社区治理效能的低下。[⑤]

当前，我国城乡社区面临功利化、空心化和碎片化的治理危机，新时代呼唤党组织介入社区治理，发挥其领导和政治整合功能。而要实现高效的党建引领，政府也需要遵循社区自主性原则，根据不同社区的类型、社区居民的需求和参与程度"因势利导"。

---

① 孙涛：《新时代城市基层党建引领社会治理创新路径探析》，载《新疆大学学报（哲学·人文社会科学版）》，2018（4），27~34 页。

② 向春玲：《"红色网格"：基层党建引领社会治理的新探索》，载《科学社会主义》，2018（5），107~113 页。

③ 宋金甫、张军：《以基层党建引领社区治理——河北省石家庄市桥西区的创新之路》，载《人民论坛》，2018（15），101 页。

④ 冉志、牛秀英：《当前城市社区党建工作中的问题及对策思考》，载《西南师范大学学报（人文社会科学版）》，2003（4），60~63 页。

⑤ 贺先平：《增强和巩固党在城市基层的执政基础——广西城市社区党建调查与研究》，载《求实》，2013（2），30~34 页。

（二）社会协同

社会协同主要指引导驻社区企事业单位、社会组织和市场主体参与社区治理。在实践中，具体表现为"三社联动"（社区、社会组织、社会工作）、社会组织承接服务、社会工作团队参与服务的过程。2004 年，党的十六届四中全会首提"党委领导、政府负责、社会协同、公众参与"的社会管理体制。此后，"社会协同"成为社会管理（治理）的重要要求，党的十七大到十九大均延续了这种提法。2015 年，中共中央办公厅和国务院办公厅印发《关于加强城乡社区协商的意见》指出，要"拓宽协商范围和渠道，丰富协商内容和形式……结合参与主体情况和具体协商事项……开展灵活多样的协商活动"。党的十九届四中全会指出，要"发挥群团组织、社会组织作用，发挥行业协会商会自律功能，实现政府治理与社会调节、居民自治良性互动"。

可以说，社会组织协同社区治理是当前中国社会治理体制改革的重要内容，是破解社会转型时期社区治理难题的基本路径，是构建城市基层社会"共建共治共享"治理新格局的必然要求。对于社会组织协同社区治理的研究主要包括以下三个方面。

第一，社会协同治理的主体研究。有实证研究指出，在城乡社区治理中有七种真实发挥作用的社会力量，既包括社区居委会、业主委员会、议事委员会等群众自治组织，工会、共青团、等群团组织，市场中的社会力量，更包括被证明能够发挥重要作用的社会组织和自发性的社会群体，并进而认为"中国社会的良性治理，一定需要各种社会力量的共同参与"，这是实现人民当家作主，建设人人有责、人人尽责、人人享有的社区治理共同体的必然要求[①]。

第二，社会协同治理的模式研究。比如具有"强政府"和"强市场"

[①] 闫树涛：《结构、行动与制度：城市社区中的社会组织有效协同治理》，载《河北学刊》，2020（6），177~185 页。

色彩的长三角地区通过鼓励社会组织参与社会治理的形式，向社区居民提供社区公共服务。再如，上海基层政府通过整合现有多个分支机构，定期发布政府购买社会组织服务的项目清单，培育基层社会组织、社区志愿者组织，从而实现社会组织发展和购买社会组织服务两项政府职能的转变。与此同时，在社区安全、稳定、环境卫生等方面，政府仍然进行有效管理，保证大多社区能够维持基本公共秩序和基础公共服务。这一模式的优势在于促进了社区参与和社会组织发展，成功解决了公共财政资金的分配渠道问题，但与此同时，公共资金使用的绩效评估以及治理成本大幅度提高，不得不面临评估形式化和公共资金收缩风险的挑战与压力[①]。

第三，社会协同治理的困境研究。中国参与社区治理的社会组织仍处于起步发展阶段，这既表现为宏观层面法律制度亟待完善、社会组织的专业结构和地域结构发展不平衡、质量发展不高等问题，也表现在微观层面社会组织协同社区治理过程中所面临的诸多行动困境，比如不同主体活动领域的边界不清晰问题、资源条件不足问题、专业能力问题、参与民主协商的渠道不够畅通等问题。

（三）公众参与

公众参与构成了当前基层社区治理的重要方面，自治和共治意识的培养也是社区治理和社区发展的重要目标。2007年，党的十七大将"基层群众自治制度"首次写入党代会报告。2012年，党的十八大提出，在城乡社区治理、基层公共事务和公益事业中实行群众自我管理、自我服务、自我教育、自我监督，是人民依法直接行使民主权利的重要方式。党的十九大报告指出，"有事好商量，众人的事情由众人商量"。十九届四中全会进一步指出要"建设人人有责、人人尽责、人人享有的社会治理共同体"，这些都体现出新时代决策

[①]　葛天任：《改革开放以来中国社区治理的实践探索与理论思考》，载《中国民政》，2018（19），24~26 页。

层对群众自治的重视。中共中央、国务院《关于加强和完善城乡社区治理的意见》中关于社区治理体系的四大主体之一就是"要注重发挥基层群众性自治组织基础作用",界定了基层群众性自治组织规范化建设、社区民主选举制度、群众性自治组织开展社区协商、"法治、德治、自治有机融合"等具体机制。

学界对于公民参与社区治理的研究主要包括以下四个方面。

第一,社区自治的类型研究。不同居民按照各自需求不同,分为强制性、引导性、自发性和计划型等四种参与类型。在社区参与中,有研究者发现真正参与社区治理的其实是少数包括社区精英的积极分子[①]。刘春荣将这些与政治建制有着特殊关系的积极分子称为"关键群众"[②],郭圣莉将其视为在居委会组织和认可的各类社区兴趣团队活动中产生的"核心团队"[③]。石发勇研究指出,业委会的崛起为业主正式参与社区治理提供了合作平台,促使权力结构从集权到分权的变化[④]。简言之,社区中公民对于社区公共事务治理的参与加快了社区自治的发展和和谐社区建设。

第二,社会自治组织的培育与参与方式研究。社区自治组织是在社区内由居民发起成立,在社区开展为民服务、公益慈善、邻里互助、文体娱乐等活动的社会组织。培育发展社区自治组织,对于加强社区治理体系建设,推动社会治理重心向基层下移,打造共建共治共享的社会治理格局,具有重要作用。2008年汶川地震后,清华大学罗家德教授组建了清华大学可持续乡村重建团队,协助一个羌族村寨进行灾后重建和社区营造,以社会学实验方法研究社区自

---

① 杨敏:《作为国家治理单元的社区——对城市社区建设运动过程中居民社区参与和社区认知的个案研究》,载《社会学研究》,2007(4),137~164页。

② 刘春荣:《选举动员的框架整合银杏居委会换届选举个案研究》,载《社会》,2010(1),22~45页。

③ 郭圣莉:《加入核心团队:社区选举的合意机制及其运作基础分析》,载《公共行政评论》,2010(1),81~105页。

④ 石发勇:《业主委员会、准派系政治与基层治理——以一个上海街区为例》,载《社会学研究》,2010(3),136~158页。

治组织的议题，帮助社区成立"自治组织"进行自我管理。2014 年以来，笔者带队在北京市清河街道开展"新清河实验"，探索"社区议事委员会制度""社区规划师制度"，将社区自治组织与社区治理、街区规划与社区民生相结合，实现政府治理、社会调节与居民自治之间的良性互动。社区自治组织的基础是在社区内营造信任和相互合作的人际关系，带动社区居民的积极性，改变居民"等、靠、要"的习惯，共同参与到社区公共事务中来。良好的社区自治组织有利于弥补社区治理和服务中的"政府失灵"和"市场失灵"，对于增加社区治理手段的灵活性，提升治理效率有重要作用。作为社区治理共同体重要主体的社区自治组织，既能紧紧扎根社区，真正了解社区居民的服务需求，又能与正式的社区治理结构进行良性互动，才能有效发挥协同治理的作用。

第三，社区协商机制的研究。肖林认为，社区协商是基层民主自治的生长点。参与协商的主体不仅包括村（居）委会成员、社区的经济组织和社会组织、村（居）民代表和普通居民，还包括了基层政府职能部门、辖区企事业单位以及其他利益相关者。协商议题从邻里纠纷矛盾、社区环境治安、社区文化活动到政府的实事工程、环境整治、拆迁改造、公共设施和服务项目等都有涉及。协商程序上，有些地方制定了包括议题征集筛选、讨论协商、结果公示和执行监督的一套较为规范和完整的程序。在协商层次上，向下延伸到村（居）民小组、小区、院落或楼栋，协商解决更小自治单元内的公共事务；向上扩展到乡镇和街道，推动了基层公共事务中的党政社群多方协商共治。协商效果上，有的为群众提供了表达意见和利益诉求的平台，促进了各方之间的沟通协调合作；有的加强了群众对自治组织和基层政府工作的监督评价，有的实现了村（居）民在自治事务中的自主决策和自我管理；还有的改善了基层政府公共事务的决策质量并降低了执行难度。①

第四，社区公民参与的问题研究。一是基层社会、基层社区转型后，原有体制"行政化"色彩突出的社会惯性还在持续，社会自治组织能力还很薄弱②；二是基层民主自治的"形式化"问题突出，缺乏实质性发展。基层民主的各项权利发展不平衡，民主选举的形式化推进掩盖了其他各项民主权利的残缺；三是基层民主自治的主体仍然严重缺位，普通群众对城乡社区公共事务的参与很不充分。现阶段的社区参与更多是小范围、低水平和象征性的，群众的参与渠道和参与能力都很有限。在基层群众自治事务中，居民的主体性被高度抑制，自我决策、自我管理、自我服务的能力没有实质性提升③。

综上所述，随着全球化、信息化进程的加快，社区事务日益复杂，因此需要社区各主体直接通过合作形成网络关系对社区进行治理。不同的主体一般包含：党委和政府、社区居民、社区社会组织、业主自治组织、物业服务组织、社区自治组织（如居委会／村委会）、驻区单位。党建引领下的社区组织动员和协调成为社区治理与服务体系建设的重要内容。

目前，中国城乡社区治理与服务存在"三重困境"——政府内部关系困境、政府与社会关系困境和社会内部关系困境，存在"三个失灵"——政府失灵、市场失灵和志愿失灵。而高效的复合治理能够突破这些困境、超越这些失灵。杨蓓蕾等发现，通过自上而下的垂直治理结构变革为上下互动、多元结合的横向网络结构，探索出能吸引居民参与的"政府掌舵、社团操作、居民参与、独居老人受益"的合作网络服务模式，能够起到降低政成本、培育志愿社区

---

① 肖林：《城乡社区协商：基层民主自治的生长点》，载《中国发展观察》，2015（10），58~62 页。
② 李强、王莹：《社会治理与基层社区治理论纲》，载《新视野》，2015（6），26~31 页。
③ 肖林：《城乡社区协商：基层民主自治的生长点》，载《中国发展观察》，2015（10），58~62 页。

组织并满足老人所需的理想成效①。赵守飞等也认为社会治理主体一元化时代即将结束，治理主体将走向多元化时代，治理主体的多元化必然走向合作治理②。总之，社区复合治理将成为未来城市社区治理的新模式，同时将为社区的和谐稳定发展达到善治境界起到推波助澜的作用。

第三节　中国基层社会治理研究评析

中华人民共和国成立以来，学界有关中国社会基层社区治理的相关研究具有丰富的内涵和深厚的研究脉络，已有研究成果也非常丰硕，为这一领域的后续研究积累了丰富的经验与理论材料。

一、提出了多种理论范式

在理论层面，基层社会治理研究形成了多样的理论范式。社会治理和社区治理研究是一个问题解决意识鲜明、实践性特别强的跨学科研究领域。其核心议题同时引发了社会学、政治学、公共管理学、传播学等学科领域的研究兴趣，形成了多学科和多视角的理论建构与实践经验。不同学科的学者以其深厚的研究传统和学科背景为基础，为社区治理和服务体系的建立贡献了专业性和权威性的成果。有些学者梳理出了社区治理实践背后所持的价值观念，总结了其背后的理论立场。

一是形成了社区研究的几大理论视角和内容领域：理论视角包含整体的视角或社会体系的视角、结构功能的视角、冲突的视角、社会互动的视角、空间的视角、社会治理或社区干预的视角等；形

---

① 杨蓓蕾、孙荣：《城市社区网络治理：内涵、建构与实证》，载《中国行政管理》，2008（9），87~91 页。
② 赵守飞、谢正富：《合作治理：中国城市社区治理的发展方向》，载《河北学刊》，2013（3），154~158 页。

成了社区研究的五大内容领域：包含社区的经济体系，社区的政治体系或组织管理体系，社区的教育或教化体系，社区的文化体系和精神体系，社区的互助和福利保障体系。

二是分析出了社区治理变迁过程中的根本关系是"国家与社会二元关系"，就中国社区治理的"控制—放权—合作"发展阶段达成了共识。国家与社会之间的二元关系始终是学界关注的根本问题之一，社区治理的研究很大部分都有对于国家与社会关系的界定。学界对中国国家和社会的关系大体经历了"国家严格控制社会——国家向社会放权——国家与社会共治"三个阶段，因而学界对国家与社会关系的研究也主要包括了这三个方面。葛天任总结了中国基层社区治理"行政统合、政社合作、多元参与"的三种逻辑，并提出我国的社区治理已经改变了传统的国家统合主义的"一元化"治理模式，逐渐形成了"一核多元"的混合治理模式。学者对于社区治理的研究集中于国家与社会关系的研究，二者之间经历了从控制到放权再到合作的过程。

二、形成了多种实践模式

在实践层面，我国因地制宜开展社区建设，形成了多种社区治理的机制。既有研究总结了几种社区治理与服务的机制。

一是因地制宜开展社区治理与服务，形成了社区治理的几种实践模式。笔者围绕政府、市场、社会等治理主体，总结了政府主导、市场主导、社会自治、专家参与四种社区治理模式[①]。吴晓林提出了"一个核心、两化关系、三层联动"的社区治理体系的建设机制，即发挥党的核心领导作用，处理好社区治理政治化与社会化关系，建构好宏观层面价值整合、中层法律制度与机构平台整合、基层达成

---

① 李强：《中国城市社会社区治理的四种模式》，载《中国民政》，2017（1），52页。

积极的微观行动机制①。陈毅等通过上海的案例，总结了三种党建引领社区治理的模式：居民参与度低和政党介入度高的社区，政党发挥着"主导式"引领；居民参与度和党组织介入度都高的社区，政党发挥着"协商式"引领；居民参与度高和政党介入度不高的社区，政党发挥着"自治式"引领②。

二是从国情出发，对社区进行分类，依据社区发展水平进行分类分层治理。中国社区类型多元，不同社区有不同的治理需求。笔者大致将新时期的社区划分为五种类型：新型物业小区、旧城传统社区、单位型社区、城乡接合部社区、混合型社区③。李宁等区分了七种社区类型：宗族制社区，单位制社区，后单位制社区，新单位制社区，城中村社区，能人治村社区，商品房社区④。多地的试点探索，政策的历史变迁，加之中国区域经济和社会发展程度不同，使得不同类型的社区治理模式在中国大地上以单独或复合的形式表现出来。在不同类型社区治理模式下，社区服务也呈现着不同的发展状态。

三、积累了多种研究方法

在方法层面，学术界积累了丰富的实证研究成果。在方法层面，实证研究成果丰富，大数据研究和基于社会实验的行动研究迅速发展。

一是基于问卷调查和案例研究的量化研究和经验研究成果颇丰。对于城乡社区治理与服务的研究测量，学术界目前在实证研究方面取得了一定进展。尤其是在社会科学领域实证研究方法的推动下，

---

① 吴晓林：《党建引领与治理体系建设：十八大以来城乡社区治理的实践走向》，载《上海行政学院学报》，2020（3），12~22页。
② 陈毅、阚淑锦：《党建引领社区治理：三种类型的分析及其优化——基于上海市的调查》，载《探索》，2019（6），110~119页。
③ 李强：《中国城市社会社区治理的四种模式》，载《中国民政》，2017（1），52页。
④ 李宁、罗梁波：《国家的高地、社会的篱笆和社区的围墙——基于社区治理资源配置的一项学术史梳理》，载《甘肃行政学院学报》，2020（4），92~103页。

涌现出一批测量当前中国社区治理与服务现状、成因、后果及影响的调查研究、案例研究。上述实证分析积累使得学术界得以相对客观地了解中国城乡社区治理与服务的阶段性特征、存在的问题，形成了有益的学术积累和有效的研究进展。

二是基于大数据技术的量化研究初兴。随着大数据技术的发展，大数据快速地更新着社会科学研究的工具箱，也为研究者利用海量数据即时性地分析社会变迁提供了可能。大数据提供了分析非结构化和半结构化数据的各种技术方法，有效地将数据挖掘、机器学习、云计算与社会科学研究紧密结合起来。面对网络空间海量数据的开放和实时更新，学术界越来越多地将基于大数据的数据挖掘和预测分析应用于社会治理和社区治理。

三是基于社会实验的行动研究迅速发展。社区治理是一门实践性、应用性特别强的研究领域，除了传统社会学的实证研究方法之外，还有一类行动研究方法特别强调社会学的干预方法，研究者不再是外在的旁观者，而是积极的参与者，通过能动的干预手段介入和影响社会生活。社区规划、社区营造渐渐成为社会学与规划设计、公共管理等跨学科发展的一个新兴领域。社区实验作为一种行动研究方法，在社区研究中得到了快速发展。比如清华大学社会学系的"新清河实验"围绕社区治理和社区规划方面做了很多前沿的探索，探索了社区议事委员会制度、社区社会组织培育，还有参与式社区规划、社区微更新、社区规划师制度等。

总的来说，注重基层建设、注重基层社会治理恰恰是中国共产党政权建设的最为突出特征。中国共产党从一开始就非常重视基层社会治理的建设。早在国内革命战争时期和抗战时期，共产党在革命根据地非常重视在农村基层建立党支部、建立基层组织体系。中国共产党基层社区治理体系，解决了困惑孙中山先生的全国一盘散沙的问题，在根据地实现了"政权建设与基层社会共同体紧密连接"的任务。这也是中国共产党在解放战争时期，能够得到基层农民的普遍支持，取得革命战争胜利的重要原因。①

中华人民共和国成立以后，中国共产党开始在全中国城市和农村创新这样一种基层社会治理体系，并有《中华人民共和国居民委员会组织法》和《中华人民共和国村民委员会组织法》作为法律依据。新中国的基层社会治理建设取得突出成就，建立了一种全新的基层社会、基层社区治理组织体系。其本质是解决了推翻皇权以后，新的国家政权如何密切联系到最为基层的社会共同体的基本难题。在中国的历史上，第一次使得现代国家政权有了基层社会治理共同体的坚实基础。国家政权通过各级政府和基层社会治理，实现了在巨型人口社会服务和动员广大人民群众的任务。新中国基层社会治理，极大地焕发了广大人民群众参与国家多方面建设的积极性，包括扫除文盲的活动、爱国卫生、健康改善都是通过这样的基层社区治理体系完成的，其成果是提高了全民的文化水平、大大降低了我国初生婴儿死亡率、提高了人均预期寿命。②

70多年来，中华人民共和国基层社区治理的不断改革和创新。尤其是改革开放以后，在基层治理中，全面引入了社会主义市场体制机制，更多地采用市场的方式配置资源。市场极大地激发了基层的经济发展与社会发展的活力。改革开放以前，城市社区的单位体制是比较封闭的，单位办社会，增加了单位、企业的负担；改革开放以后，基层单位变得比较开放，采用社会公共服务的方式，方便了基层群众的参与，教育、医疗、养老等更多的是采用社会保障方式，减少了企业等单位的负担，解放和提高了生产力。改革开放以

① 李强：《社区治理研究在我国社会学学科建设上的创新意义》，载《社会发展研究》，2021（4），4~12页。
② 李强：《社区治理研究在我国社会学学科建设上的创新意义》，载《社会发展研究》，2021（4），4~12页。

前的城市基层社区多是单位大院型的社区，改革开放以后，越来越多地采用新的治理方式，城市基层社区普遍是市场型的物业管理方式，在基层社区治理方面有多种多样的改革与创新。[①]

改革开放 40 多年来，中国基层社区治理发生一系列重大变迁，包括城镇化局面下农村治理的变迁、城乡接合部的变迁、流动人口大量涌入城市社区、城市社区治理体制重大变迁与城市社区重建、城市住房体制改革与社区住房商品化给社区居民带来的变化等等。目前的情况是基层社区治理的实践走在前面了，全国各地一线社区治理者都有很多创造、创新，而我国社会学界的社区治理研究虽然也有一些，但是与一线的创新比较略显滞后了。对于这些问题的研究，从社会学学科建设的角度看，是中国社会学学者最应全力关注的，是中国社会学界当仁不让的学科发展的重要任务。

---

① 李强：《社区治理研究在我国社会学学科建设上的创新意义》，载《社会发展研究》，2021（4），4~12 页。

第五章　中国城市基层社区治理的创新

改革开放 40 多年来，我国取得了令世界瞩目的经济成就，然而社会的发育相对滞后。如果没有平衡的社会建设与社会发展，市场机制的发展也难以完善。相比较而言，基层社区治理机制的创新与完善就显得尤为关键。

第一节　中国城市基层社区治理中的突出问题[①]

2014—2015 年，笔者带领清华大学学生对北京市多种类型的 19 个社区进行了实地调研，发现当前基层社区治理存在六方面的状况和问题，应予关注。

第一，基层社会、基层社区的类型呈现出多元化的变迁，而现有的治理体制还没能适应全新的局面。改革开放之前，我国的基层社区大致包括三大类型，即普通街道居民区、单位大院社区、农村社区。改革开放以来，普通街道居民区经历了城市化改造与变革，演变为商品房小区、老旧小区，有些甚至变成了被开发商甩尾的脏乱差社区，当然也有的被政府定义为"旧城文化保护区"。而公有房体制改革导致大部分企业单位大院解体，形成多种类型的"后单位制社区"，有些甚至成为没有物业管理的老旧社区。农村地区则随着城镇化的进程演变为各类"开发区"、新型农村社区、回迁房小区、城乡接合部的复杂社区，以及城中村等。所有这些不同类型的社区面临着不同的社区治理问题，增加了基层社区治理的复杂性和难度，

---

① 本节参见李强、王莹：《社会治理与基层社区治理论纲》，载《新视野》，2015（6），26~31 页。

对于社会治理提出了一系列挑战。

第二，基层社区内部的组织结构发生了巨大变化，而我们的管理体制尚未与之相适应。为应对这种变化，社会需要再组织。体制改革以前的社区内部，社会关系相对简单，与公有制住房相对应的是比较简单的社会管理体系。体制改革以后，社区内部利益多元化，社区内部组织也多元化。市场机制的引入也产生了社区治理的全新机制和平台。目前，很多新生社区中，组织体系比较复杂，有居民委员会（党支部、服务站）、业主委员会、物业管理公司以及非政府组织、社团组织等不同治理体系，在城乡接合部，还存在街道组织与乡镇政权并立的局面，各种组织相互之间的关系还没有完全理顺。表面上组织体系好像比较发达，但是，由于权限不清晰，也常常出现"三不管"的局面，有时候甚至出现了管理上的真空地带。社区人群关系的巨大变化需要建立新的社区治理结构，以理顺不同主体的权责关系和填补社区治理的空白。

第三，基层社会、基层社区转型后，原有体制"行政化"色彩突出的社会惯性还在持续，社会自组织能力还很薄弱。原有的管理体制，即街道和居委会（党支部、服务站），虽然也在努力应对新局面，但由于功能定位未及时调整，往往行政负担过重，疲于应对上面布置的多重任务，难以真正了解老百姓的需求，难以发挥社区公共事务"牵头者""组织者"和基层社区治理的协调平台的作用。一些居委会在转型社区的治理中权责不清，缺乏充分自治能力和自主性空间，同时又难以获得社区居民的信任与认同，管理、协调能力薄弱，难以体现居民自治组织的内涵。

第四，传统的社会组织还不能适应新变化，新生社会组织还比较弱小。中华人民共和国成立后，在共产党的领导下，曾经联系群众最为密切的社会组织，应该首推工会、青年团和妇联，今天也面临如何更好地发挥极其重要的联系广大人民群众的作用。另一方面，新生的社会组织如 NGO、社团组织等，还有"水土不服"的现象，尤其是不少地区，社区社会组织力量比较弱小，还有待发育和培育。

第五，新生成的市场机制尚有很多不完善之处。随着经济体制改革和住房市场化，市场力量逐渐进入社区。市场主体在参与社区治理过程中不可避免地存在着片面追求自身利益，缺乏监督、规范和引导的问题，例如物业管理公司与业主委员会之间的矛盾等。这本质上是个市场失灵的问题。市场以平等交易为原则，市场行为以盈利为目的，在提供商品和服务方面市场具有不可忽视的优势，比如市场运作的效率往往很高。然而市场只能解决社区生活的一部分而非全部，基层社区需要的不只是商品，还包括公共物品和公共服务，单靠市场力量难以解决，于是形成了市场主体与居民之间的矛盾。

第六，居民参与度较低。在基层社区治理中、在社区的公共事务中，多数居民还没有参与进来，其中一个重要原因是在社区的巨大变迁中，居民还缺少"社区认同"。改革开放以来，随着居民迁移普遍化，新搬入社区的居民和互不相识居民的比例剧增，社区成员异质性增大，社区成员观念与利益诉求日益多元化，社区成员对社区公共服务的需求也呈现出巨大的差异，这些都增加了协调与整合的难度。另一方面，社区成员的流动，使原有社会关系破坏，日益"原子化"的社区居民个体之间缺乏有效整合和再组织，尚未形成真正的"生活共同体""利益共同体"和"价值共同体"，居民社区参与的广度和深度均十分有限，当然也就谈不上社区认同。

综上所述，随着社会的变迁，利益格局日益多元化，基层社区问题层出不穷。传统的主要依托行政力量的社会管理思路已经不适应时代发展。社区的公共空间如何使用，公共事务如何安排，社区商业如何布局，如何制定社区规则，如何处理新居民关系、业主关系、外来人口关系、物业公司关系等都需要更好发挥政府、市场与社会三方面的作用，特别要注重培育社会自我调节能力和居民自治能力。

第二节　城市社区治理创新的四种模式①

近年来，全国各地社区治理创新案例不断涌现。如何从理论上理解当前中国城市社区治理创新出现的多元模式呢？不同的创新模式之间又具有怎样的动力机制和类型特征？如何解释这些创新模式之间的共性和差异？笔者从社会学关于政府、市场与社会三大机制的理论视角出发，对于多种类型的社区治理模式进行分析、归纳和总结，提出了城市社区治理创新的四种模式：政府主导模式、市场主导模式、社会自治模式和专家参与模式。需要说明的是，在实际的社区治理模式中，多种治理主体和治理机制往往同时存在于同一个社区的实际运行之中。

一、政府主导模式

政府主导模式是指依靠政府的行政力量，提供社区公共服务、完善社区治理架构、培育社区自治组织、发展社区公共参与的治理模式。我们在调研中发现的此类案例不少：比如北京田村街道、成都瑞泉馨城、厦门美丽社区。这三个案例突出特征是政府的领导力量非常强大，当然也强调居民参与，各主体配合默契，较为成功。此种模式的前提是，地方政府要有钱，领导人也要有想法、有魄力。比如田村案例，田村所辖的一块山地，处于两区交界处，过去是荒地，田村街道出面，争取到上级政府资源，将这个地区开发成公共活动空间，同时还把老旧的阜四小院开拓成一个居民活动的公共空间，创新了公众服务，非常成功。

---

① 本节参见李强：《中国城市社会社区治理的四种模式》，载《中国民政》，2017（1），52 页；葛天任、李强：《我国城市社区治理创新的四种模式》，载《西北师大学报（社会科学版）》，2016（6），5~13 页。

但与此同时，这一模式不可避免地过度依赖政府领导者的个人魅力。因此，也存在着"人走茶凉""政随人废"的现象。由于政府主导模式的行政干预力量强大，社会往往处于被动接受的位置，社区自治能力没有得到培育，因而与社区自治的大方向存在着一定程度的背离，形成了某种治理悖论：政府越干预，社会自我运行和社区自治能力反而越弱。

政府主导治理模式的优势是，政府公权力高、权威性较强，能够在短时间内迅速动员各种组织和财政资源，因此具有组织动员能力强、行政效率高等特点。在项目制为主要特征的基层管理体制下，我国的基本公共服务主要是以基层政府为单位、按照户籍人口配比相应公共服务和资源投入，因此基层政府相对其他治理主体而言，资源动员能力更强。由于基层政府在一定程度上掌握着基层社区管理的人事权和财权，因此由基层政府推动的政府主导模式，其制度优势十分明显，具有效率高、能力强的特征。

虽然政府主导模式发挥了资源动员的制度优势，能够高效地解决基本公共服务供给不足的问题，但是由于缺乏引入社区治理的公共参与机制，治理主要依靠基层政府的行政干预，民众的社区自治意愿和能力没有得到培育，最后往往是政府干预越强，社区自治能力越弱。从短期来看，政府主导模式的管理绩效提升很快，但从长期来看，政府主导模式不仅没有起到推动社区自治的作用，反而不利于社区自治的形成。

在这个意义上，政府主导模式的劣势也很明显，缺少制度设计和机制设计来保障社区民众公共参与的意愿和能力。例如，在相当一些"后单位制"的老旧小区，由于长期以来，政府和单位包办了大量社区事务的管理工作，社区居民的自治能力十分弱小，大量社区居民也缺乏公共参与精神，更难以适应新的市场机制。比如 M 社区单位改制转居后，由于居民拒绝缴纳物业费，社区长期以来一直缺乏物业服务，一度导致社区环境卫生衰败不堪，最后政府不得不进行干预，由政府出资改造社区危房和改善环境卫生。

相反，在政府主导的过程中，适当引入公共参与，则可以起到良好的治理效果。例如，右安门街道创建的"社会监督员"做法，让社区民众定期见面，政府将其意见吸纳进政策过程之中，这是一个良好尝试，达到了很好的效果。再如，深圳市政府在全市推行的"居民议事会"，也是在基层治理中引入公共参与的体制性创新举措。居民议事会由民主选举产生，主要对社区公共服务项目资金进行审议和裁决。由于居民议事会在政府资金分配上发挥了关键性影响，这一创新在很大程度上促进了居民对社区事务的参与和关心，取得了良好效果。在一些大城市，社区居民的教育水平较高、民众参与热情逐渐高涨，以适当方式引入有效有序的社区参与机制，已经成为一些基层政府回应社会矛盾和民众诉求的实践性选择。

二、市场主导模式

市场主导模式是住房商品化改革以来诞生的新模式，指的是依靠市场力量（如房地产企业、物业公司等）提供小区物业服务乃至社区公共服务，培育社区自治组织、发展社区公共参与的模式。深圳桃源居、北京怡海家园、武汉百步亭等都是这种模式。

市场主导模式的优势是，在社区治理的资源配置方面，具有天然合理性，资源配置能力很强。在市场改革后，市场在社区生活资源配置方面开始发挥越来越大的作用，社区市场更是与社区生活紧紧地联系在了一起。社区市场不仅包括基本生活服务市场，还包括房屋租赁和交易市场，尤其是后者对社区治理影响很大。随着城市商品房交易市场的建立和发展，市场主导的社区治理模式开始出现。目前，多数的商品房小区的管理，都是由物业公司操办的，都属于市场模式。

然而，市场模式与社区治理存在基本的悖论，市场强调交易双方的平等交换，而社区治理具有公共物品性质，小区有些公共服务确实不适合市场原则。由于居住社区的集团消费性质，以及社区公共服务提供的公共属性，市场主导模式的成功往往依靠具有社会责任感的企业家，而大量商品房居住社区仍然存在着较为普遍的、不同程度的市场失灵现象，其社会整合能力较弱。因此，在市场模式的社区治理中，居民业主与开发商、物业因经济利益产生纠纷、冲突的屡见不鲜。

在笔者调研的案例中，真正成功的、得到居民广泛认可的市场运营案例也只是少数。仔细考察这些成功案例就会发现，在这些市场模式中，总是有"超市场"的因素存在，也就是说其经营行为已经超越了一般市场原则的界定。其之所以成功，往往是因为有理想主义的、有社会责任感的企业家承担了一些乃至很多提供公共服务的职能和责任。例如，深圳的桃源居社区是国内较早的由开发商主导建立的社区治理创新典型。企业家李爱君女士所主导经营的桃源居社区在全国率先成立了社区公益基金会，并大力支持社区服务中心建设，促进了社区整体的发展建设以及社区公共参与程度的提高。桃源居社区公益基金会给社区组织提供资金支持和具体指导，在很大程度上推动了桃源居社区养老、妇女儿童教育、体育健身、义工和志愿者组织等方面的发展。社区服务中心通过支持社工机构和义工群体，推动了社区便民服务、居家养老、老年大学、社区救助等公共事务的深入发展。桃源居的创新模式赢得了广泛的社会声望，获得了中央和地方政府的认可。与李爱君女士类似，北京怡海家园的企业家王林达董事长，武汉的百步亭集团总裁、管委会主任王波女士，都提供了超出一般市场原则限定范围的社区公共服务。

市场主导模式的不足是，难以克服市场失灵问题，社会整合能力较弱。由于社区公共服务具有负外部性，理性市场主体缺乏提供社区公共服务的激励，这导致市场主导模式难以克服其与生俱来的市场失灵问题。当市场原则与社区公共服务的原则发生冲突的时候，市场模式的不足就会充分地展现。尤其是在城市的老旧社区、中低收入群体聚集的社区治理中，市场原则的失灵就充分暴露出来了。目前，在城市众多老旧社区、后单位制社区中，居民不交或拒绝交物业费是普遍现象，这就与市场原则产生了尖锐的冲突。目前，市场模式主导的商品房小区，居民往往由中产或社会地位较高的群体构成。这类社区中，中上层社会地位群体的自我保护感很强，加之多种社会因素的叠加，居民的社区参与意愿比较低。因此，这类社区的社会整合能力比较弱。

总的来说，虽然市场主导模式由于资源配置能力较强，能够很好地解决社区的物业服务、基本公共服务问题，但是在促进社区参与、激发社区活力方面有局限性，需要政府机构的规范和支持、社会力量的广泛参与和促进，才能弥补其局限与不足。

三、社会自治模式

社会自治模式指的是社会力量尤其社区居民自发组织起来的社区自治模式。比如，在有些社区，社区成员依靠自己、依靠社会资源，建立了社区自治组织，推动社区社会组织的发育，处理社区公共事务，推动社区参与和社区服务的完善。但在我们所发现的不多的社会自治案例中，这一模式目前受到诸多体制性限制，缺少基本社会条件的支撑，包括体制认可、社区认同、社会组织发育、接受捐赠机制、人力资源管理方式、组织持续发展能力等等，发展中遇到的难题非常之多。

社会发育滞后是中国的现实，因此社会自治模式也最难。我们在调研中仅在个别地区发现了成功案例，比如南京雨花台翠竹社区。以南京市翠竹园社区为例，社区居民、建筑师阿甘和林先生在2011年创建了社区自治组织——社区互助会，从而推动了翠竹园公共事务自治模式的形成。在社区居委会的支持下，这一南京最大的民间社区公益组织逐渐孵化了43个社区俱乐部，从体育健身到妇女儿童教育，从社区图书馆到社区义工队，从社区养老到网络虚拟社区建设，覆盖了社区居民生活的方方面面。社区互助会每年开支60万元左右，资金来源主要是自筹，大多来自社区捐款、外来赞助，只有小部分是政府资助。截至2015年，互助会共募集到资金100余万元。

阿甘等人借鉴了企业质量管理模式，采取定岗定责的方法组织运营社区互助会，这一治理模式的治理绩效明显。在社区互助会成立之前，社区事务主要是依赖政府、物业公司来解决，社区居民往往是被动参与，但通过阿甘和林先生推动建立的社区互助会，社区居民的民主参与意识得到了培养，社区居民的公共参与程度得到大幅度提升。

这个案例的成功很大程度上是因为有具备个人魅力的阿甘（吴楠）这个人。阿甘是个规划师，他自己就是该社区的居民，同时也具有理想主义色彩，他和社区里的林先生商量："难道我们就不能自己组织，把自己的社区建设好吗？"于是他们就开始推进基层自治组织，基本实现了很多社区活动都由基层组织主导，当然阿甘也得到了政府的支持。他很有个人魅力，非常有公益心，所以他能得到很多捐款。笔者问过阿甘一个问题，如果有一天你不在了，你的组织还会存在吗？阿甘也觉得危险。所以，社会自治模式最为艰难。

社区自治模式的优势是，依靠有公共理念的社区领袖，共建共享特征突出。这一模式最主要的实现方式，就是通过建立和扩大社区居民的自发参与，来激发社区活力的形成。在我国这样一个幅员辽阔、政治经济体制高度集中的国家，社区自治模式有着天然的合理性。社区或居民自治最大的合理性在于治理者熟悉自己身边的事务、了解老百姓的实际诉求，具有其他治理者所难以获得的"地方性知识"，其治理的方式、治理内容也往往最符合实际需要和实际情况。

社区自治模式的不足是，主要依靠社区"领袖"来推动，几乎没有资源动员能力，发展遇到多重困境，尤其是需要来自政府的认可和支持。从全国来看，真正实现社会自治模式的可以说是凤毛麟角。

社会自治模式的发展还有来自于制度和自身的多重限制因素。

社区自治模式存在如下五个发展困境：（1）社会自治或社区自治的基本条件严重欠缺，尤其是社会自组织能力还有待培育。（2）社会自治模式还缺乏制度保障和政策支持，居民自治制度在很大程度上还没有很好地推行，社区组织、社会组织的职能定位、运行规范等还比较模糊、不够清晰，还受到各种制度制约和政策限制。（3）社区自治组织缺乏资金保障，可持续发展的能力还比较弱。（4）社区居民的参与意识和参与能力还有待提升，社会自治模式主要依靠有理想、有能力的社区领袖。（5）社会自治模式仍普遍存在于一些中产社区，但在大量非商品房社区，住房产权性质模糊、多元住房产权并存且内部分化或者碎片化较为严重的城市社区而言，实现社区自治或者社区共识仍困难重重。

尽管如此，社会自治模式的发展方向是明确的，党的十八届三中全会提出了要"激发社会组织活力"。社会组织的发育需要一个过程，社会自治能力的提高也需要相当长的时间，全国各地区的社会发展阶段也各不一致，这些都是培育社会、提高社会自治能力所需要考虑的现实状况。

四、专家参与模式

专家参与模式是指专家学者参与推动的社区治理，专家学者们作为外部力量介入社区治理，通过提供咨询，或者通过直接参与到社区事务之中，为社区治理创新提供合法性论述、变革动力，并为社区发展带来诸多体制资源和社会资源。无论是出于现实研究需要，还是出于具有长期历史传统的"士大夫精神"，或者近代以来逐渐形成的社会改造和社会干预传统，学者参与的社区治理模式，在中国有着深厚的价值感召力和一定程度上的资源动员力。比如，目前清华大学社会学系在海淀区清河街道开展的"新清河实验"，在学术传承方面接续了历史上社会学家于 20 世纪 30 年代在清河地区所开展的"清河实验与清河调查"。

从 2014 年开始，清华大学课题组，在北京市委、市政府和海淀区委、区政府的领导下，与清河街道政府合作，开展了探索基层社会治理创新的"新清河实验"。之所以选择清河作为基层治理的实验区有至少三点考虑：第一，清河的社区类型极其复杂，代表性强，既有高精尖的社区，也有城乡接合部、农转居社区、城中村社区等，几乎所有类型的社区在这里都可以找到。所以，清河社区变迁也是改革开放以来我国社区变迁的一个缩影。第二，距离清华大学很近，老师、学生们随时可以参加活动。第三，从社会学学科考虑，早在 1928 年社会学家杨开道、许世廉就进行过清河镇社会调查，1930 年建立了社会学的清河镇实验区。当然，后来由于日军侵略、抗日战争爆发，实验被迫中止。所以今天再度开启实验有历史的和学科建设的比较意义。①

"新清河实验"在三个社区的实验大体分为两个阶段。第一阶段是建设"议事委员"的机制，三个社区都经过充分的调研和民主协商，由居民代表选举了各自社区的 10 名议事委员。议事委员在居委会领导下负责收集居民意愿和监督居委会工作。议事委员不用每天上班，按照议事委员会的章程定期开会，进行议事和监督，帮助反映居民的生活需求。第二阶段是实施"社区提升"计划，即将议事委员收集到的改善社区治理的议题，经过充分的民主协商，取得共识后，由居委会提交给街道审批，最后，在居委会、议事委员、楼门长、居民代表的共同监督下，实现"社区提升"计划。②

专家参与治理模式的优势在于专家学者具有制度和政策咨询的有利条件，立场也相对比较客观，适合于探索改革方向。专家有理论和方法优势，可以做出治理的长远规划和顶层设计。专家不介入社区利益、立场客观、处事比较公正。专家的声望容易得到管理者

① 李强、王莹：《社会治理与基层社区治理论纲》，载《新视野》，2015（6），26~31 页。
② 李强、王莹：《社会治理与基层社区治理论纲》，载《新视野》，2015（6），26~31 页。

和居民双方的信任。专家参与模式还适合于探索基层治理的改革方向，将一个地方的经验教训加以总结并探索在其他地方推广。

专家参与模式的劣势是容易让社区产生外部依赖性，可持续性较弱。由于专家学者并非直接的利益相关者，专家关心的往往是学术和治理模式，这样与社区居民直接利益相关者的立场有所区别。社会自治模式最大的优点是自治者最理解自己社区的问题与居民意愿，专家是否能够设身处地地理解居民意愿也存在疑问。专家是外部力量介入，外部力量是否可以长期持续介入呢？一般而言，专家不是专职而是兼职，一旦撤出，专家所创建的模式是否可以持续就成为问题。仅就"新清河实验"为例，课题组成员不在时，实验也常常会受到影响。尽管专家学者可以组织、指导社区工作，专家也具较强的外部资源动员能力，但是一旦专家学者撤出社区治理实践和干预，社区就会面临外部资源输入困境、治理动力不足等严重问题，社区治理实践的可持续性也就大打折扣。

"新清河实验"课题组也在思考，社区治理机制建立以后，社区要有自我运行能力，还是要实现社区自治。我们认为，如果在专家撤出后社区还能够实现良好运行，这才是真正成功的专家参与模式。专家参与的社会治理创新，最大的特点并不在于专家的独特地位，也不同于政府和市场直接的资源注入，而是要通过恰当的方式调动居民参与的活力，进而协调政府、市场和社会等多方资源的介入。

第三节 走向以人民为中心的城市基层社会治理①

政府、市场与社会是社会运行的三大机制，三者之间的协调与平衡是实现和谐社会的必要条件。但是，当前我国城市基层社会治

---

① 本节参见李强、赵丽鹏：《从社会学角度看以人民为中心的城市建设与治理》，载《广东社会科学》，2018（5），186~195 页；李强、王莹：《社会治理与基层社区治理论纲》，载《新视野》，2015（6），26~31 页。

理中存在三大负面现象：以权力为中心的、以资本为中心的，以及以一部分人利益为中心的错误倾向。这些都违背了以人民为中心的基本原则。本书提出，要实现城市建设与社区治理中的人民中心原则，要从三方面做出努力：其一，核心是怎样行使好公共权力，将城市里最主要的资源、最好的空间留给广大人民群众；其二，必须对于资本的力量予以有效约束，包括政治约束、社会约束和生态约束；其三，还要学会处理好不同利益群体之间的关系，突出"最大多数人的最大利益"的原则、法律面前人人平等的原则、保护弱势群体的原则和统筹兼顾的原则。

一、城市基层社会治理必须要以人民为中心

在社会学界和城市研究领域，"人民城市"思想有深厚的学术传承。早年恩格斯对于英国伦敦、曼彻斯特等大城市中，普通民众和工人阶级困苦生活状况的剖析，鲜明地提出了城市究竟应该为谁而建的问题。[①] 沿着恩格斯提出的思路，后来，城市社会学中最有影响力的"新马克思主义"流派的众多学者，如列斐伏尔、卡斯泰尔、哈维等，进一步分析了资本主义城市发展与治理中忽视人民群众利益的种种问题。列斐伏尔深入分析了城市中最优质的空间如何被大资本的利益所占有，普通老百姓、工人阶级则受到排斥。美国著名城市社会学家大卫·哈维发表了众多著作，激烈地抨击了美国城市发展中，资本如何占据了中心的位置，而普通大众的利益则往往被忽视。[②] 城市研究的大学者刘易斯·芒福德是以研究城市文化而著称的，如果细读他的著作就可以体会到，他关怀的核心还是城市中生活的人民。[①] 城市研究学者布伦纳·马库赛等针对城市建设中资本、

---

① 亨利·勒菲弗：《空间与政治》（第二版），李春译，上海，上海人民出版社，2008。
② D.Harvey，Social Justice and the City, Baltimore: Johns Hopkins University Press，1973；戴维·哈维：《叛逆的城市：从城市权利到城市革命》，叶齐茂等译，北京，商务印书馆，2014。
① 刘易斯·芒福德：《城市文化》，宋俊岭等译，北京，中国建筑工业出版社，2009。

权力侵占人民利益的状况，明确提出：城市是为人民的，不是为利润的，也不是为权力的。② 美国著名学者丘吉尔在他的名著《城市即人民》中更是阐明了：人民是全部城市建设、城市规划的核心。③ 我国著名城市研究和城市规划专家吴良镛先生所提出的"人居环境"思想同样是强调城市建设的核心任务是为人民服务。④

党的十九大报告在阐述新时代中国特色社会主义思想时，突出强调了以人民为中心的战略思想。党的二十大报告重申要"坚持以人民为中心的发展思想"。以人民为中心，应该是社会主义革命与建设的一个总原则。回顾中国共产党和中华人民共和国的建设历史，我们可以清楚看到，坚持以人民为中心是党和国家建设的核心理念。中国共产党的基础理论关于人民群众是历史创造者、关于为人民服务和人民利益高于一切的思想，这些都无须赘言。我国的全国人民代表大会、人民日报、人民币、人民银行、人民检察院、人民法院等，都是冠以人民的，这尤其体现了中华人民共和国成立之初就强调"以人民为中心"的指导原则。我国宪法规定：中华人民共和国的一切权力属于人民。人民依照法律规定，通过各种途径和形式，管理国家事务，管理经济和文化事业，管理社会事务。为什么以人民为中心在中国城市建设和治理中如此重要呢？

第一，从社会角度看，以人民为中心体现了我们对于城市基本特性的认识。城市是人口比较集中的地方，这里聚集的人民群众数量比较巨大，所以，城市的核心特征不是"物"、不是房子，而是人民群众的聚集居住，城市的核心是人民群众。

第二，城市社会学的理论传统中最为重要的理论流派——城市政治经济学派认为：城市是政治经济利益最为集中的区域，只有坚

---

② Marcuse Brenner N. and Mayer M.P., Cities for People, Not for Profit: Critical Urban Theory and the Right to the City, London: Routledge, 2012.

③ 亨利·丘吉尔：《城市即人民》，吴家琦译，武汉，华中科技大学出版社，2016。

④ 吴良镛：《吴良镛论人居环境科学》，北京，清华大学出版社，2010。

持以人民为中心的原则，才能够使得这种非常集中的、数量巨大的政治经济利益为广大人民群众所享用，而不至于被少数人、被少数利益集团所操纵。① 城市尤其是城市的中心区域是土地价格最为昂贵的地方，城市尤其是大城市、特大城市所聚集的经济资源、金融资源、教育资源、医疗资源、文化资源数量都是极其惊人的。城市建设与发展的任何一项决策，譬如一条地铁从哪个地域通过、车站设在哪里都与房地产的巨大利益联结在一起，城市的规划设计意味着巨大资金资源的投入和分布。在这种巨大的政治经济利益、物质资源利益规划、布局、调配的过程中，只有坚持人民中心的原则，才能实现公平、公正与合理的目标。以人民为中心就意味着，城市决策要倾听广大人民群众的意见、要建立和完善人民群众参与城市决策的体制机制。

第三，以人民为中心体现了城市建设、城市治理的共建共治共享原则。党的十九大报告特别强调了社会治理中"共建共治共享"的基本原则。"人民城市人民建、人民城市为人民"，是中华人民共和国成立以来，我国城市建设、城市发展的最为核心的理念。中国社会的最基本特征就是人口众多，就是有着最为广大的人民群众的社会，广大人民群众积极参与到城市建设中来，是我们的最大优势。改革开放以来我国城市有了如此突飞猛进的发展，就是遵循了"人民城市人民建"的原则。同样道理，城市建设取得的突出成就也必须返还给广大人民群众，如果城市建设和治理的突出成就仅被少数人享用、就更多的封闭在少数利益集团身上，如果在城市巨大社会资源、巨大公共资源的可及性上屏蔽掉了广大人民群众，那就会极大地损害人民群众的积极性，从而也使得城市建设和治理最终失去活力。

以人民为中心的原则对于今天中国城市建设和治理的意义尤其

---

① 夏建中：《城市社会学》，148、164 页，北京，中国人民大学出版社，2014。

重大。中国正在进行着人类历史上最大规模的城市化，城市化已经改变了和即将改变着绝大多数中国人的生产方式和生活方式，所以，广大人民群众与城市建设与发展的利益是密切交织在一起的。我国由于历史原因，户籍制度将中国人分为城市户籍和农村户籍，以人民为中心就意味着打通城乡户籍界限，人民群众既包括城市户籍也包括农村户籍，城市居民、农村居民都是人民。改革以来出现了亿万流动人口，城市里有本地居民也有外来居民，本地人与外来常住人口都是人民群众，在政治地位上、社会地位上是平等的。

二、城市建设与治理违背以人民为中心的三种现象

我国城市化迅速发展和取得巨大成就的同时，也发生了一些违背以人民为中心的负面现象，主要表现在三个方面：以权力为中心的、以资本为中心的和以一部分人利益为中心的城市建设和治理。这种分类是源于社会学的基本理论视角。社会学认为，社会运行有三大机制，即政府、市场与社会，三者之间的协调与平衡是实现和谐社会的必要条件，而一旦三者关系失衡，社会就会矛盾丛生。政府本应是公共权力的代表者，但是有时候某些权力执掌者，会将手中的权力高度扩张，这就造成了以权力为中心的负面现象、造成了社会失衡。市场本应是经济要素的公平交易平台，但有的时候，资本要素会急剧扩张，这就造成了以资本为中心的负面现象，也造成了社会失衡。社会是由人群构成的，而人群的利益又往往是不一致的，在社会机制方面，如果处理人群关系时政策失衡，就会发生仅仅关注了一部分人的利益而忽视了大多数人的利益问题，这也是社会失衡的突出表现。

（一）以权力为中心的治理

城市建设和治理本来应该是以人民为中心的，但是我国城市建设发展的规划与布局往往是由政府主导完成的，在这个过程中一些

地方政府不能够坚持以人民为中心的原则，反而是以官府为中心、以权力为中心，出现了很多建设和治理中的偏差与错误导向。

城市基层社会治理中发生以权力为中心的现象的突出表现是在土地利益的处理上。城市的发展很大程度依托在土地的开放利用上，所以，土地成为城市利益的焦点。在城市化迅速发展的过程中，城市及周边土地价格急剧攀升，根据我国法律，只有国家征收农村土地以后，才能够改变土地功能，才能够将其改变为工商业用地、住宅用地等，所以，国家权力处于核心位置。我国是拥有 14 亿多人口的巨型社会，人民究竟怎样行使权力确实是一道难题，在实际运作过程中，我们常常发现，一些政府主管以国家的名义征地，在操作过程中，将官员私人利益掺入进去，表面上是国家，实际上是掌权者背后利益的介入。近年来众多腐败案例可以看到，在土地利益上的腐败是极为突出的。这种打着国家名义，实际上是种种隐蔽的掌权者私人利益介入的现象成为实现以人民为中心的城市建设的巨大障碍。

（二）以资本为中心的治理

对于资本在城市社区治理中的功能需要有全面客观的评价。我国城市的发展依托于土地红利的释放，而土地红利的释放，有两个法规发挥了重大作用。一个是国务院令第 55 号《中华人民共和国城镇国有土地使用权出让和转让暂行条例》（1990 年），另一个是1993 年 1 月 1 日起实施的建设部令第 22 号《城市国有土地使用权出让转让规划管理办法》，从此开发商可以购得城市国有土地使用权，于是中国城市房地产市场如雨后春笋般发展起来。房地产市场与城镇化是孪生姐妹，城镇化是经济发展的重要引擎，城镇化带动了基础市政设施建设和公共服务设施建设，创造了数以亿计的就业岗位。自 90 年代中期以后，中国经济接连上了几个台阶，房地产市场的发展也极大地改善了人们的住房条件，这些都是功不可没的。

但是，资本在城市的急剧扩张、房地产业的异军突起，也存在着很多值得忧虑的问题。在获得了土地使用权后，开发商往往居于主导的位置，大城市购房的刚性需求又很强烈，分散的个体购房者、广大老百姓处于被动的位置上。尤其是当开发商与居民利益发生冲突时，当房屋设计、房屋质量等有了纠纷时，合同的条款常常有利于合同的设计者，房地产商、开发商资本往往处于有利的主导的地位。所以，老百姓往往处于弱势的位置上。

最常见的纠纷是开发商与被拆迁居民之间的冲突。某些开发商打着公共利益的旗号，实际上是垄断资本赢得巨大利益。一些重大的商业项目、工程项目背后隐藏着某些腐败官员的利益，这些工程项目的资本利益往往能够得到这些官员控制的公共权力的保护。而被拆迁居民的一方、普通老百姓的一方感到没有出路，最后以群体事件的方式来抗争，影响社会稳定。在城市征地拆迁中，也常常见到"钉子户"现象，结果是老老实实搬迁的老百姓获得了较低的补偿，而个别"钉子户"获得了巨大利益。

资本为中心的再一种表现是城市开发中的资本逐利和"资本甩项"问题。资本总是在追求最大利益，为此，在城市建设中资本总是想"挑肥拣瘦"，这样就常常损坏了广大居民的利益，所以，资本逐利必须受到城市建设法规和管理部门的严格约束。仅以笔者调研中目睹的一个"资本甩项"为例。该项目是将一片平房区开发为商品房小区，该平房区分为互为毗邻的东西两片，西边一片面积大，开发获利空间大，东边一片面积小，开发获利空间小。该开发商原本承诺的是先开发西边，再开发东边。结果 1996 年，西边开发完以后，该开发商声称资金难以为继，开发商甩项走人，结果造成东边200 多户居民平房区成为城中村，私搭乱建问题严重，成为城市"疮疤"，而且，西边的商品房小区挡住了东边平房区的出路，造成新的社会矛盾。迄今 20 余年间，陆续有几批新的开发商对此表示过兴趣，但是随着周围的房价飙升，原住民的心理补偿价位也在高涨，最后均因为该片区太小、补偿款高，没有开发商愿意介入，同样，政府也支付不起高额的拆迁成本，结果，该片区成为城市治理的老大难问题。这个案例说明，城市中的开发项目必须通过法律法规严格约束资本的过度逐利行为，开发必须要兼顾城市发展的整体利益。

（三）以一部分人利益为中心的治理

所谓以人民为中心是指人民群众的总体，由于人民群众的总体数量太大，究竟由谁以及怎样代表人民总体确实有相当的难度。尤其是在体制机制不完善的情况下，就会频繁发生，一部分有话语权的群体受到重视，另一部分不能通畅表达意愿的就被忽视。这种现象也是违背人民中心原则的。目前，利益分化的一个突出问题是贫富分化。在这种分化中，经济地位较高的是少数，多数人处于中下的位置上，笔者曾经将当前这种中下层较大的现象称为"土字型社会结构"。按照各种方法测量目前我国"中等收入群体"或中产群体，比例都不高、中下层较大。经济地位较高群体人数比例都很小，但是，在经济社会事务上的影响力往往较大，在各种有决策权的组织中比例甚高、有更多的话语权。结果也确实可以看到这样的现象，城市里优质的医疗资源、教育资源、公共资源的使用上，更有利于某些社会群体。经济地位高的群体，本来已经占有更多的经济资源了，又由于他们的话语权和影响力，占有了更多的社会资源，这种"马太效应"式的城市资源配置和恶性循环显然是违背人民中心原则的。

城市里人们常常可以看到一种现象，就是对于小店铺、小商贩的排斥。笔者研究证明，绝大多数的普通老百姓、农民工，能够实现地位上升的最常见途径就是通过商业的经营销售。[1] 然而，在城市生活中，经常可以看到小店铺、小商贩被排斥的现象。小的商贩当然应该合法经营，但是，管理者应该为他们拓展空间、建立规范，

---

[1]　李强：《中国中产社会形成的三条重要渠道》，载《学习与探索》，2015（2），23~33页。

引导他们合理合法经营，要理解城市里小的经营者、商贩也是人民，而不要一味驱逐他们。

在处理城市中不同群体利益关系上，一个突出的问题是本地居民与外来居民的关系。改革开放以前，我国的政策是不允许人口自由流动，私自到户籍以外的地方就业是违法的，历史已经证明，这种违背劳动力市场规律的政策造成了经济社会发展的滞后。改革开放以后，允许劳动力自由流动极大地促进了经济社会的发展。目前，我国流动人口总数达到 2.5 亿之多。外来人口往往是租住本地人的房屋，仅从租房的情况看，外来人口与本地居民也是密切地交织在一起了。数据显示，在大城市、特大城市的外来人口租住本地人私房比例非常高，外来人口也深度参与了所在城市的建设发展，在大城市、特大城市里，体力、重体力劳动、普通服务型劳动的大部分，是由外来人口承担的。外来劳动者的劳动与贡献，也得到了本地居民的认可。

从法律上讲，外来居民与本地居民都是人民，他们都是人民的一部分，他们的身份地位是平等的，但是，由于历史形成的户籍制度，我们又不能不看到，他们在城市里、大城市里权利、权益的差异又是十分明显的。最为突出的是子女教育问题，按照目前的规定，公立学校优先满足本地户籍人口子女入学，外来居民子女、外来农民工子女在大城市、特大城市入学受到重重阻碍。[1] 再如，近年来某些大城市采取的房屋限购中，有一方面就是针对外来人口的。对于城市资源配置偏向于某些部门、偏向一部分人的现象，学界历来有"城市偏向"的概念[2]。从上面分析可以看到，城市资源配置朝向某一

---

[1] 北京市教育委员会：《北京市对流动人口中适龄儿童少年实施义务教育的暂行办法》，载国务院妇女儿童工作委员会网站，2017-03-20，https://www.nwccw.gov.cn/2017-03/20/content_143108.htm；半月谈：《流动儿童上学难：非京籍儿童北京念书需办 28 个证》，载中国新闻网，2015-06-15，http://news.eastday.com/eastday/13news/auto/news/china/u7ai4020669_K4.html。

[2] 王颂吉、白永秀：《城市偏向理论研究述评》，载《经济学家》，2013（7），95 页。

部分人倾斜的现象①，在我国现阶段还难以避免，这样的政策距离真正的人民中心的原则当然还有很大差距。

三、以人民为中心的城市治理

上述的以权力为中心、以资本为中心和以一部分人利益为中心的城市建设和治理，都违背了人民中心原则。那么，怎样才能实现以人民为中心的城市治理呢？

（一）要行使好公共权力

作为一种文化历史的传承，中国的政治管理机构、政府一直处于权力的核心位置，有巨大资源动员能力，这也是中国能够长期成为统一国家的重要原因。这样一种体制机制的优点是，集中统一能力强、总动员能力强，执行中央指令的行动能力强。我国宪法规定，城市土地都是公有的或全民所有，这样政府动用城市土地资源乃至各方资源的能力就更为强大。所以，在我国城市建设中，地方政府权力影响的累加效应十分明显。一旦某些地方政府出现违背人民中心的倾向，由于权力的叠加效应，在出现偏差的时候，问题会变得更加严重，甚至想去纠偏也极为困难。

在这方面，有两个突出问题需要解决。第一个问题，以官府为中心的城市建设问题。如前所述，历史学家胡如雷的研究证明，中国封建社会时期官府历来是城市的中心，可见上文所述的种种以官府和权力为中心的城市建设，是封建专制社会留下的糟粕和恶习，绝不是什么光荣的事情。为此就特别要注意，在城市的总体布局上、在城市土地资源的利用上，防止突出官府中心、权力中心的现象。城市的最主要资源、最好的空间应该留给广大人民群众。政府要多创造为人民服务的、让每一个老百姓都可以进入的城市公共空

---

① 蔡昉、杨涛：《城乡收入差距的政治经济学》，载《中国社会科学》，2000（4），11页。

间,而不是拦住多数人,只能由少数人享用的城市空间。第二个问题,在城市公共权力的行使上,最可怕的事情就是腐败的发生。腐败是利用公共权力为私人或小集团利益服务。城市是国家财力和资源最为集中的地方,众多耗资巨大的工程项目的投入都是在城市发生,也是政府投资最为集中的地方,在此也最容易发生腐败问题。党的十八大以来,我们大大强化了反腐的力度,这对于实现人民中心的原则至关重要。

那么,怎样才能建设起一整套真正实现以人民为中心的体制机制呢?这就是国家治理体系和国家治理能力现代化的建设,其中非常重要的就是现代科学的决策机制建设。在现代科学决策中,有三大力量均发挥重要作用,这就是政府、专家与大众。政府是公共权力的行使者,在城市公共事务的决策上发挥最为重要和直接的作用,正因如此,政府在行使公共权力的时候要特别尊重另外两方面的力量,政府行使权力不能任性,政府行使公共权力必须受到约束。现代城市建设和治理往往涉及一些极其复杂、专业的工作,尊重相关领域有着深厚专业知识的专家的意见就很重要。目前,就笔者所观察到的现象是,专家的意见常常并不被重视,甚至将专家的功能仅仅当作摆设。笔者就曾经经历过,专家不同意的重大建设项目,地方政府执意要上,结果将不同意的专家组换掉,另找一组专家。事实证明该项目有严重问题,迄今已造成严重负面后果。当然,专家决策也有弱点,因为专家毕竟也只是小群体,他们究竟是否能够代表广大人民群众的根本利益,还是仅仅代表了该小群体的利益,有时候也会发生问题。所以,最根本的还是要重视决策中公众利益的体现,要将听取公众意见置于最重要的位置。而公众人数众多,意见又往往不一致,所以,公众意见的表达和收集是最难的。我国的各级人民代表大会制度要进一步完善,要建立起随时随地、及时有效收集公众意见的常设机制和渠道。这正是国家治理体系和国家治理能力现代化的重要内容。

　　中国人口众多，总人口已超过 14 亿，这样的巨型人口社会怎样实现人民中心？我国人口巨型的城市数量极大，美国市区人口超过 100 万的城市仅有 8 个，而中国市区人口超过 100 万的有 136 个。如此大规模的巨型人口城市在世界上绝无仅有。在人口巨型城市中如何实现人民中心呢？这正是深化改革的核心任务。党的十九大报告特别强调基层社区治理的建设，笔者在调查中也看到，全国各地有很多基层社区治理的创新，建设了多种人民群众意愿表达的体制机制。此外，现代互联网技术的发展、各种网络平台的出现，也为巨型人口社会在同一个平台上表达意愿提供了可能。很多地方采用手机平台、手机 App 方式，动员广大老百姓参与，大大方便了老百姓参与城市治理和城市决策，这些都是实现人民中心原则的有益尝试。

（二）要有效约束资本力量

　　城市是资本高度聚集的地方，资本在城市的增值带来了城市经济的繁荣，但是资本无节制地追逐利润，也引发了严重的发展不平衡现象，所以，对于资本的力量也必须予以约束。对于资本的负面作用马克思曾经予以了最为深刻的批判，对于资本的约束，要特别重视三种约束。

　　首先是政治约束。我国是社会主义国家，资本的运营必须合法且符合社会主义的基本原则，也就是让资本的获利能够真正为广大人民群众的利益服务，为此就要做到：地方政府在城市建设和治理的所有环节都要突出人民中心，城市建设和治理的所有项目都要受到人民中心原则的约束，都要受到人民群众的监督，即城市建设和治理中重大项目的审批要认真听取人民群众的意见，建立征求民意、项目听证会等有效机制。要让广大人民群众成为资本运营的获利者，改革开放以来我国实行富民政策，就是希望广大人民群众富裕起来、成为财产的拥有者，而广大人民群众往往仅是小财产、小微资本、中小资本的拥有者。所以，我们的资本政策就应对大资本、对垄断资本予以严格约束，大力发展普惠金融，让广大老百姓能够从资本市场上享受到普惠，让那些违法违规操纵市场、操纵城市建设和治理项目、操纵股市的金融大鳄、垄断资本受到严厉惩罚。

其次是社会约束，亦可称为"民生约束"。从理论上看，党中央的文件在讲到社会建设时历来是突出民生概念的。党的十八大、十九大报告将民生具体化为教育、就业、人民收入、社会保障、脱贫、医疗卫生等诸方面。所谓民生约束，就是城市建设和治理中，所有与上述领域相关的事情上，首先考虑和服从广大人民群众的根本利益，让城市建设与治理首先为人民群众服务。为此，在城市规划上，最好的空间应该留给人民群众。而笔者在调研中常常看到相反的现象，全国不少地方城市中最好的地段——例如沿河两岸景观最好的地方、沿海最好的风景区——往往都被开发商占去，建成的高档商品房也往往被少数最高收入群体、巨富阶层占有，这就违背了人民中心原则。社会约束就是要从全体人民的利益出发，通过城市规划、城市立法、社会体制建设，约束资本力量在城市的任意扩张，将城市最好的地段、最优质的资源建设成为老百姓共享的公共空间、公共设施。

最后是生态约束。改革开放40多年来，中国城市经济得到巨大增长，中国跃居世界第二大经济体，发展的成绩全世界有目共睹。但是，一些资本运营者为了牟利，往往过度开发、以破坏生态为代价，造成了生态环境诸方面的严重问题。中华民族在这块土地上曾经维系了5000年的运转也没有出现太大的环境资源危机，而今天在城市资本急剧扩张的局面下，大气污染、水体污染、土壤污染已经到了极其危险的地步。所以，生态约束应该成为城市建设发展的最基本的约束。不管是什么样的项目，都必须受到环境生态评估的约束，对于已经建成的项目只要是造成了生态破坏的，都应该依法予以处罚，并跟进督察直至其真正解决污染问题或予以关闭。生态约束没有讨价还价的余地，只要是破坏生态的项目，无论怎样盈利也不能批准。同时，对于那些有利于生态改善的项目，则应在法规政策上予以支持和鼓励。

（三）要处理好不同利益群体之间的关系

实现人民中心原则的一道难题就是如何处理好广大人民群众内部不同利益群体之间的关系问题。我国的人民群体极其巨大，14亿中国人，除了极少数违法犯罪分子外都属于人民。而这样大的人民组合，其内部不同群体以及每个个体之间，他们的利益肯定是有差别的、不一致的。那么，在这样的情况下，强调人民中心，怎样处理利益不一致、诉求不一样、需求有巨大差异的问题呢？换言之，怎样处理利益分化的问题呢？有以下四条原则，是处理利益差异、利益分化问题时应该严格遵循的。

首先，最大多数人的最大利益的原则。城市是一个极其复杂的经济社会体系，组成城市的人群有着极其复杂的社会结构、职业结构，城市又是一个政治经济社会利益最为集中的区域，城市不同区域土地价格差异极大，某一个项目投入在城市哪一个地块对于不同的人利益会产生不同的影响。所以，作为城市重大事务决策者的政府，要把握的原则就是"最大多数人的最大利益"。这里所说的还不是简单的多数，而是最大多数，而且，这里强调的是最大利益，也就是说这里追求的不是眼前的蝇头小利，而是广大人民群众的长远的、根本的利益。

其次，法律面前人人平等原则。对城市生活中不同群体利益关系的处理，涉及公平公正的原则和理念。什么是公平公正呢？不同群体的资源配置总会出现差异。改革开放40多年来，我们在理论上逐渐形成了机会公平、权利公平、规则公平的思想原则。也就是说，在对不同群体利益关系的处理上，我们要有法治、法规的思想，首先确立处理群体利益关系的法律法规。一旦制定了规则，大家都要遵守,任何人都不得违背法律法规。在法律面前人人平等,体现了今天我们形成共识的机会公平、权利公平、规则公平。为此,在城市建设中,就要坚持法治,不能因为某个领导的话,就违背法律法规。

再者,保护弱势群体的原则。人群中总有强势群体与弱势群体的区分。比如在收入上,可以分为高收入、中等收入、低收入群体。笔者以往的研究证明,我国中产阶层占比还不高,而中下层群体占比很高。所以,在城市的公共政策上,就应该更多地帮助中低收入者。高收入群体,由于循环累积效应,很容易获得更多的资源。所以,城市建设中,尤其要防止过多关注精英利益、进而损害了大众利益。人口比例巨大的中下层群体(包括长期在城市劳动就业的农民工)在城市决策中较少有话语权,所以,应该为他们建设更多的意愿表达渠道。我国目前劳动年龄人口大约9亿人,如此巨型劳动人口真正能够进入到城市巨型产业、央企、国企、大金融机构、大饭店工作的仅是很少数,绝大多数普通老百姓能够就业的是中小企业、小的经营单位、小微企业或者是自营的个体户。而在城市今日激烈的市场竞争局面下,小的经营者生存很困难,所以,城市决策要研究,怎样保护这些为居民提供服务的小经营者的权益,为他们提供更为精细化的管理服务,为他们提供更多的机会,也就是为大多数中国人创造就业机会。

最后,统筹兼顾的原则。既然城市的利益极其复杂,城市不同群体利益关系的处理上就不能走极端路线。党的十八届四中全会提出:"统筹社会力量、平衡社会利益、调节社会关系、规范社会行为"。统筹兼顾原则体现了高超的领导艺术,要学会妥善处理社会矛盾。比如,大城市目前突出的问题是本地人与外来人口的关系问题,在城市资源有限的情况下,确实是很深的矛盾。为实现统筹兼顾平衡社会利益的原则,很多地方建立了积分入户的制度,将外来人口、农民工为城市做出的巨大贡献计入积分,妥善调节了社会关系。在遇到矛盾的时候,要学会平衡社会利益、调节社会关系,而不是撕裂社会利益、激化社会矛盾。总之，统筹兼顾的原则需要高超的领导水平，对于城市的管理者提出了高要求。党的十九大报告提出，加强预防和化解社会矛盾机制建设、城市社区治理重心向基层下移、实现政府治理和社会调节、居民自治良性互动，这些都是实现统筹兼顾原则的具体措施。

（四）要注重培育社会自我调节和群众自治能力[①]

随着社会的变迁，利益格局日益多元化，基层社区问题层出不穷。传统的主要依托行政力量的社会管理思路已经不适应时代发展。社区的公共空间如何使用、公共事务如何安排、社区商业如何布局、如何制订社区规则、如何处理新居民关系、业主关系、外来人口关系、物业公司关系等等都需要更好发挥政府、市场与社会三方面的作用，特别要注重培育社会自我调节能力和居民自治能力。根据《中华人民共和国居民委员会组织法》，居委会是一个居民自治组织。然而在实践中，居委会疲于应对上级街道组织交给的各项工作，完成各种指令，行政负担非常沉重。调研中发现，居委会应对人口普查、经济普查、计划生育、环境卫生、社区治安等日常工作已经忙得焦头烂额，难以有精力去实现居民自治。那么究竟怎样实现居民自治呢？

笔者认为，首先应该理解居民自治的目标。自治的目标当然是为了老百姓的幸福生活，为了构建老百姓安居乐业的和谐社区。具体说来，基层社区治理和基层社区自治要实现三大目标：第一，最大限度激发社区活力，调动多元力量参与社区建设，大家都参与社区才可能建设好，才能形成社区共同体。第二，保持良好的社区秩序，实现宜居的社区环境，实现和谐有序的社区生活。第三，公平合理地处理社区事务，让每一个社区居民都心情舒畅。

优秀的社会体制应该给每一个成员提供充分的社会空间，因此我们需要改革束缚社会活力、束缚社会发展的体制、机制，让更多

[①] 本节参见李强、王莹：《社会治理与基层社区治理论纲》，载《新视野》，2015（6），26~31 页。

人有机会发挥主体性。具体到社区治理，重要任务是培育以地域为基础的真实的社区生活共同体。这需要以深入基层的调查研究为基础，总结现有的众多成功的社区治理模式，在实践中摸索出一套处理基层社区事务的、行之有效的组织运行、资源配置、社会参与方式，并协调多种社会力量参与社区建设。目前，全国各地基层社区治理已有很多创新，积累了很多经验，当然也需要提升，社会学应为理论提升、实践推进作出贡献。笔者认为基层社区治理特别要关注以下六大方面。

第一，提供社区服务。社区服务的内容十分广泛，政府、市场与社会是提供社区服务的三大机制，而街道、居委会处于统筹者的位置。当前的突出任务是探索新的可以调动多元力量参与社区服务的机制。比如，通过政府购买服务的方式，逐步实现政府基层服务职能的转型。又如，在养老、心理干预、社区矫正、青少年成长、就业帮扶、志愿服务等方面与传统的工青妇组织共同提供基层社区服务，也包括培育社会力量，引入专业型和非专业型社会组织等，唯有如此，居委会才能从事无巨细的行政事务中解脱出来，回归居民自治组织的本位。当然，社会力量的引入需要政府的引导和支持，比如在具备条件的地区成立区街社会组织发展基金和孵化基地，在注册备案、场地提供、资金支持、专业培训等方面提供帮助。

第二，管理公共或共同资产。住房体制改革带来的产权私有化衍生出社区公共资源、公共空间、公共财产的管理与使用的问题。一系列的业主之间、业主与房地产公司、物业公司的纠纷也肇始于此。根据国务院颁布的《物业管理条例》，我国在社区治理的制度体系上设立了"业主委员会"（业委会）这一治理机制。然而迄今为止，真正成立业委会的小区并不多。而业委会这一法定业主自治组织的缺失和无作为导致公共或共同资产的管理缺位。因此，基层社区治理的改进应该推动和规范业委会等法定组织的产生和运作，明确业委会在社区安全秩序、环境卫生、房屋维修、房产保值增值等方面的职能范围，严格监督业委会产生、权力行使以及做出重大决策的有关程序，规范其功能发挥；健全业主自我管理和监督组织体系的建设，积极尝试和探索楼宇业委会、业主代表大会、业主监事会、业主顾问团、专业委员会等有益的组织形式。

第三，组织集体消费。社区生活中的消费，很多是必须与社区其他居民共同实现的，比如商品房的维修等（包括物业费），社会学称之为"集体消费"。集体消费在改革以前的公有制住房时代是由单位或公共部门支付的，所以，集体消费在当今社区生活中是个新事物。集体消费是居民联动的消费，常常需要协调关系，难度很大，街道、居委会、业委会必须探索创新治理机制，统筹关系、组织协调。集体消费必须做到合理和公平。此外，在居民的集体消费中社区精英的作用也很重要。社区带头人影响力强，在群众的自组织活动中会逐渐产生和成长。基层组织也需要联络和吸纳社区精英，让他们参与居民集体消费的协商活动。

第四，协商公共事务与表达利益诉求。这需要建立居委会与社区相衔接的公共事务协商处理机制，推动居委会从政府的"腿"转变为居民的"头"；探索建立随时随地征求居民意愿的机制，选择那些有利于小区宜居环境的、公共性强、贴近社区生活的有效议题，广泛组织社区内的各种力量和个人，以社区议事会、圆桌会、听证会、辩论会等多种形式开展讨论和协商，积极回应社区需求和矛盾；面对居民反映的问题，应当建立回应和应答的机制，将居民代表讨论所达成的共识及时反映给有关部门，并认真监督解决落实。

第五，协调解决矛盾纠纷。社区的多元化、社区居民的异质性以及住房的私有化容易造成居民之间、群体之间的矛盾纠纷。矛盾的类型也极其复杂，老旧小区有老旧小区的矛盾，新的商品房小区虽然条件要好一些，但是，在房屋购买过程中和居住后，购房者与开发商、居住者与物业公司之间，也是矛盾频发，矛盾引发的群体事件也屡见不鲜。所以，政府要特别强化居委会作为居民自治组织对社区内部群体或个体矛盾的调解能力；需要由居委会组织社区成员制定社区公约，形成社区成员普遍认可的矛盾解决途径；逐渐完善议事规则、会议方式，明确工作职责，规定信息公示办法，以提高居委会在社区中的威信。

第六，实现社区认同与塑造社区文化。社区认同指社区居民对于所居住社区的归属感，只有居民都将社区视为自己亲近的家园，和谐社区才可能实现。可以说社区治理成果的重要评价标准就是社区认同，实现社区认同的途径包括社区建设的方方面面。每一个社区都具有自己的优点，应将这些优点培育、型塑成社区文化，而社区文化又会强化社区认同。文化建设是社区建设的重要内容。社区认同的塑造除传统途径之外，特别应当注意新生的网络力量的崛起。社区网络（社区论坛、QQ 群、微信群）在社区群众中，在社区各类群体中都发挥着越来越大的作用。网络交流所形成的组织具有自发性、即时性、松散性、动员范围大、参与程度高、虚拟性与现实性密切重合等特征，政府应积极培育网络组织，促成网络组织正能量的线下活动，形成稳固的合作关系，通过合理引导把社区网络上的积极建议转变为宜居社区的实践和现实。

第六章　特大城市基层社会治理的创新——以成都市城乡社区发展治理为例

改革开放 40 多年来，中国的现代化建设取得了举世瞩目的成就。国家在加速城市化的过程中，形成了一些人口高度聚集的特大城市。但是，大城市持续巨型化的趋势往往导致"大城市病"，给城市的发展和治理、人民生活的幸福安定带来了负面影响，也给党和政府的领导、执政、治理能力带来了巨大的挑战。

第一节　特大城市基层社会治理的难题

在世界城市化的进程中，大城市尤其是特大城市的人口、移民、治安、环境、经济发展模式、城市规划与建设乃至生活方式等问题都是不能规避的普遍问题。李友梅指出，中国特大城市呈现多种社会结构并存、交错发展并引发出各种新问题的局面：一方面，特大城市必须保证公共资源的持续扩大供给与公平配置，以适应各个阶层群体的诉求；另一方面，特大城市必须时刻应对环境、资源、失业、经济下滑、不同阶层和族群冲突等危机，探索抗击环境流行疾病、恐怖袭击、金融危机等全球性风险和非传统安全问题，如果缺乏针对性的治理，就有可能会引发大量社会负面后果，比如社会不满情绪快速集聚、大规模社会运动频发、各类非常规社会风险高发等问题。[①] 与此同时，随着物质生活条件的逐步改善，特别是互联网、

---

① 李友梅：《我国特大城市基层社会治理创新分析》，载《中共中央党校学报》，2016（2），5~12 页。

大数据的广泛运用，人民群众对政务服务、民生保障的需求呈现出多样化趋势，城市社会秩序和传统的治理模式面临严峻挑战。和全国很多城市一样，成都也面临社会结构日趋多元、群众利益诉求复杂多样、信息传播方式深刻变化、基层治理难度加大等多重问题和考验。

另外，特大城市面临传统城市治理体系滞后与超大城市人口过度聚集不相适应的难题。成都作为中国的超大城市之一，面积14335 平方千米，人口 1633 万人（2018 年常住人口），在过去 10 年间，年均净增长人口 50 万人，伴随着未来可预见的大规模人口流入，城市治理所面临的复杂性风险加大，政府"大包大揽"促发展的治理模式难以为继。社区发展治理工作往往由组织、民政、发改、财政、住建、人社、司法等多个部门分工负责，社区发展治理存在缺乏顶层设计、统筹协调的问题，"九龙治水就治不好水"，政府职能分散在 40 多个部门，缺乏一个统筹社区、激发活力、高效整合多方资源的体制机制，社会治理的创新已成为当务之急。

治理的目的是发展，发展的目的是为了实现更有效的治理。实现治理和发展的同频共振是成都市委城乡社区发展治理委员会制定社区治理对策、实施社区治理规划、发展社区治理项目的主要考量。成都因地制宜探索从"社会管理"走向"社会发展治理"的探索之路，是全国社会治理改革和城市建设的一个缩影。

第二节　成都市城乡社区发展治理实践

从 2017 年成都市委城乡社区发展治理委员会成立开始，成都市的社区治理工作以破解超大城市治理难题为问题起点，以体制机制创新为动力牵引，以满足人民群众对美好生活的向往为工作目标，初步探索了一条超大城市治理的路径。

一、建立"城乡社治委"：破解九龙治水，推动重心下移

成都市多年来积极探索特大城市治理体系和治理能力的现代化，基于先前治理经验，从顶层设计入手，在组织领导体制上进行重大创新，专门设立一个负责统筹推进城乡社区发展治理改革工作的职能部门——"中共成都市委城乡社区发展治理委员会"（简称市委社治委）。

中共成都市委城乡社区发展治理委员会的成立，标志着成都的基层社会治理进入了一个新的发展阶段。2017 年 9 月，成都市委在组织领导体制上进行创新，在市县两级党委序列设立"城乡社区发展治理委员会（简称社治委）"，由常委、组织部长兼任主要负责人。这种改革措施，在全国属首创，有利于调动政府职能部门和社会各方资源，帮助推动成都市城乡社区建设工作。

市委社治委由市委常委、组织部长兼任主要负责人，主要承担以下工作职责：一是顶层设计，负责统筹推进城乡社区发展治理体制机制，改革并牵头制定全市城乡社区发展治理的中长期目标和阶段性任务等；二是资源整合，牵头建立城乡社区发展治理资源统筹机制和人、财、物投入保障机制；三是统筹协调，负责统筹推进城乡社区多元治理体系建设，并统筹推进城乡社区人力资源支撑体系改革等；四是重点突破，组织、指导、协调全市社会治理工作并形成以点促面的示范效应；五是督导落实，制定城乡社区发展治理考核标准体系和评价体系，并组织实施以确保工作务实推进。由此，通过市委社治委，社区发展治理工作开始纳入成都市委市政府目标考核体系、地方党政领导班子和领导干部政绩考核指标体系和党委书记抓基层党建工作述职评议考核体系。

市委社治委注重市区层级的顶层设计工作，积极实施体制机制的创新改革，为基层制定合理有效的社区治理工作机制，并以此为基础开展工作。成立至今，成都市委社治委在顶层体系设计方面，

先后制定"城乡社区发展治理 30 条",构建"1+6+N"配套政策体系,编制《成都市城乡社区发展规划》和《成都市高品质和谐宜居生活社区基本评价标准(试行)》,让基层工作有章可循,能够依据评价标准有序有规的建设高品质和谐宜居生活社区,为基层的自由发挥提供了框架设计,基层党组织可以根据自身情况结合框架搭建构设各自不同的治理方案。同时,成都市委社治委按照"5+X"模式重构街道(乡镇)内设机构,推进街道等基层综合行政执法,取消街道等招商引资职能和相应考核指标,建立街道权责清单制度和事权下放准入制度,强化街道党的建设、居民自治、民生服务、综合管理等重点职能;三是健全完善社区工作事项准入制度,创设党组织领导下的居民议事会、监委会运行机制,重新完善权责统一的配套措施,赋予社区"三权",即重大决策建议权、下沉社区事项的统筹协调权和职能部门派出机构负责人考核意见反馈权。

此外,成都市委社治委在全市范围内实施城乡社区发展治理"五大行动"——老旧城区改造、背街小巷整治、特色街区打造、社区服务提升、平安社区创建等,累计投入资金 512 亿元,实施"五大行动"项目 6661 个,类似院落公共空间营造这样的各种院落微治理项目在全市逐步推开;在全国市级层面率先出台了《关于培育社会企业促进社区发展治理的意见》,明确社会企业的重要性,鼓励社会企业加入到社区发展治理中,提供更多公益型服务,帮助社区发展。

成都市委社治委坚持问题导向,着力构建互联互动的城乡社区发展治理体系,针对基层组织体系不健全,基层整合区域资源难的问题,建立条块联动机制,在市县两级建立城乡社区发展治理工作联席会议制度,在街道社区建立区域化党建联席会议制度,打破行政隶属壁垒,把分散在各领域各部门的党建力量资源整合起来,初步形成条块联动工作机制。成都市委社治委还制定了《关于推进社会组织参与城乡社区发展治理的意见》,健全社区共驻共享议事平台,整合共建单位力量,引导 1 万余个社会组织参与社区发展治理。

二、以民生为中心，为社区赋能

"治政之要在于安民"，成都城乡社区发展治理以人民的诉求为中心和出发点，从人、财、物三个层面为社区赋能，使社区治理更加专业化、稳定化。

（一）民力共建，培育多元主体增强协同效能

加强和完善城乡社区发展治理，核心是人，共建共治共享的治理格局需要多元主体的协同参与。然而，由于社区工作人员职业发展体系的不健全、专业人才激励政策的不完善和专家参与机制的不畅通，目前社区治理很难留人、引人、借人。为此，成都从三个层面加强社区人才队伍建设，来增强社区工作人员的专业化和稳定性，加强社区之外的社会力量对社区治理的有利引导。

第一，在社区工作人员职业化发展方面，成都不断健全职业化、专业化的专业人才支撑体系。成都专门制定了《成都市社区专职工作者管理办法》，对社区专职工作者的职责、招聘和任用、管理、人才培养和职业发展、薪酬福利待遇和考核奖惩等方面进行了详细的规定和说明。为构建专业的人才支撑体系，成都开展实施了社区书记能力提升行动和社区后备干部孵化行动。而针对社区后备干部储备不足、能力不足的问题，成都建立了社区后备干部递进培养和导师制度，选拔优秀年轻党员进入后备干部队伍。2018 年，成都为每个社区至少培养储备 1 名党组织书记后备干部和 2 名"两委"委员后备干部。2019 年共培养 5000 名党组织书记后备干部和 1 万名"两委"委员后备干部。通过畅通来源渠道、提高薪酬待遇、拓宽发展空间，成都目前已初步形成了结构合理、来源广泛、素质优良的专业化、职业化社区人才队伍。每个城市社区"两委"共配备社区专职工作者 5~11 名，每个涉农社区（含建制村）"两委"共配备社区专职工作者 3~9 名。社区服务站按每 1000 户配备 1 名社区专职工

作者，由街道（乡镇）统筹配备。① 目前成都实行的社区民警实岗制，推行"社区民警"＋"辅警、网格员、综治队员"＋"楼栋长、单元长、平安志愿者等"的"1+3+N"专群协作联动模式，就是社区工作人员职业化、专业化的呈现②。成都社区人才职业化的成效是显著的，2018年成都专业社工人才增加了20%，社区志愿者人数占比达10%，专业社工人才人数不低于1万人，平均每个社区专业社工人才不低于2人。

第二，在人才引进方面，不断完善专业人才激励政策。对于基层人才，成都积极探索面向社会跨地区选拔优秀人才任社区党组织书记的制度，并加大实施优秀村（社区）党组织书记进入乡镇（街道）领导班子常态化制度，以选拔优秀的基层工作者加入社区治理队伍。目前，成都已成立了社区发展治理咨询委员会，建立了首批市级社区发展治理人才库。同时，对于社会人才，成都不断加大人才引进力度，不仅建立了面向"蓉漂"人才公开招聘渠道，还建立了吸引社会工作专业的优秀党员大学生、退休党务干部和党员复退军人到社区工作的常态化机制，从而为成都建设高素质社区治理队伍提供了可能。

第三，在引智借力方面，积极利用各科研院校和专家学者的智力智识，完善创新城乡社区发展治理的经验和模式。一方面，成都按照"需求导向、试点先行、协同推进、共建共享"的原则，探索建立城乡社区规划师制度，通过社区规划师，普及规划知识、沟通居民意愿、参与社区规划、指导规划实施、促进社区营造，从而把专家学者引入社区。2018年成都市级资助实施的社区营造示范项目达100个，全市实施社区营造项目的社区达到60%，2019年这一比例将达到80%；另一方面，成都充分利用高校、科研院所、社会组

---

① 任晗、张鹏、钟丽霞：《社区工作者专业化提升的继续教育实践、评价及改进研究——以成都市双流区相关工作实践为例》，载《继续教育研究》，2021（4），71~74 页。
② 高志：《"三提三增三营造"构建共建共治共享发展治理格局》，载《先锋》，2018（9），61~62 页。

织和企业等资源平台，开展社区治理的调查研究，了解社区治理的现状并对其中存在的问题，引智借力，开展进一步的研究并提出可解决的方案，从而把研究机构引入社区。为此，成都鼓励高校院所在社区设立研习基地，支持成都大学设立社区发展学院。目前，成都设立了市级扶持社会组织发展专项基金，并鼓励区（市）县对社会组织发展进行专项投入。2018年市县两级全部建立社会组织服务平台，街道全部建立社会组织服务平台，市级专项基金扶持社会组织项目310个，各社区均有4个以上社会组织，社会组织党建覆盖动态达到80%以上。

从社区工作者的专职化角度来讲，社区工作人才队伍主要包括三类：社区党组织班子、社区居委会以及社区专业性服务人员，如社区卫生、社区服务、社区物业管理人员等。首先，社区党组织是城市基层党建的基础，特别是2019年5月8日中共中央办公厅印发《关于加强和改进城市基层党的建设工作的意见》，明确指出要加强和改进城市基层党建工作，并把其建设成为推动改革发展的坚强战斗堡垒。为此，要提升加强社区党组织人员专业化水平，提升党组织领导基层治理的工作水平，夯实城市治理的基础保障。其次，社区居委会人才队伍建设主要存在以下两个问题：社区工作任务繁重导致自治能力不足、社区工资待遇偏低导致人才流失较大。党的十九大指出，要鼓励引导人才向基层一线流动，注重培养其专业能力、专业精神，大力发现储备年轻干部，以建设一批高素质专业化干部队伍。为此，要完善社区工作人员职业化发展路径和人才保障支撑体系。成都的基层人才引进和管理办法建设了一支结构合理、来源广泛、素质优良的专业化、职业化社区专职工作者队伍，为社区建设提供了人才支持。

（二）民利共享，创新社区治理资金使用机制

加强和完善城乡社区发展治理，财力支撑是保障。为此，成都

健全社区发展治理多元投入机制,并建立评价激励机制,以财力支撑最大限度激发社区活力。

首先,建立市、区(市)县、乡镇(街道)三级财政支出责任制度,不断加大财政保障社区发展治理的力度。其中,市级财政将社区发展治理工作相关经费纳入一般性转移支付保障范围并加大对社区发展治理工作的以奖代补力度,指导区(市)县财政按要求落实街道(乡镇)资金预算,全额保障纳入员额控制的社区工作者职业薪酬和社区工作经费;区(市)县财政落实乡镇(街道)资金预算,保障乡镇(街道)和社区工作经费。在三级财政支出责任制度实施的同时,分级落实市、区(市)县、乡镇(街道)三级监管责任,发挥社区党组织领导核心作用,持续提高资金使用绩效。为加强经费监管,成都落实定期审计、第三方评估等监督方式,并建立比较完善的考核评价机制。

其次,创新城乡社区发展治理经费保障激励机制。成都分级整合市县两级城市社区和村级公共服务和社会管理专项资金,建立社区保障资金和社区发展治理资金双轨并行的社区发展治理经费保障激励机制,发挥社区公共服务资金"撬动"作用,引导社会资金和群众自筹资金投入社区发展治理。公共财政分别按"10万元+1500元/百人""25万元+4000元/百人"的标准为城市社区、农村社区拨付社区专项保障资金,按照"民事民定、自下而上"原则,专项用于社区公共服务和发展治理项目。城市社区的社区保障资金优先用于党组织服务群众、社区居民素质提升、社区志愿服务、社区和院落生态环境整治、社区总体营造等社区公共服务和社区发展治理项目。涉农社区和建制村的社区保障资金优先用于党组织服务群众、社区居民素质提升、社区志愿服务、社区和院落生态环境整治、社区总体营造、农村社会治安维护、基础设施建设维护等社区公共服务和社区发展治理项目。同时,建立社区专项激励资金。市和区(市)

县分别建立社区专项激励资金，优先支持党建引领、服务居民、社区营造、居民自治、网格化管理等社区发展治理工作成效突出的社区和街道（乡镇），鼓励区（市）县探索建立社区发展治理基金。

最后，充分发挥市场机制作用，大力推进政府向社会组织购买服务，引导社会组织专业化发展。在社区编制规划、综合信息平台建设、社区文化培育等公共服务领域，成都加大政府购买服务的力度，探索制订政府购买社区服务指导性目录。为此，成都加强了财政政策的引导，大力支持社会组织参与社区发展治理，壮大形成一批专业水平高、服务能力强、组织规模大的社会组织，全面提升社区服务治理的水平、效率和服务供给能力。根据成都《大力推进政府向社会组织购买服务提升公共服务水平三年行动计划》，政府新增公共服务支出通过政府购买服务安排的部分，向社会组织购买的比例不低于30%。2020年起，社会组织承接购买服务支出占政府购买服务支出比例保持在5%以上，并实现社会组织发展年均增长6%，品牌社会组织每年至少增加10个的目标。同时，成都在社区综合服务设施建设、老旧城区改造、特色街区建设、社区产业发展、社区创业创新、社区医疗、教育、就业等领域引入社会资本参与治理建设，或与社会资本充分合作设立风险共担、利益共享的社区发展基金，支持社区产业的发展。

成都三级财政支出责任制度、经费保障激励机制和政府向社会组织购买服务机制使政府资金具有很强的"社区属性"，这种新型社区财力保障机制，通过财力保障解决了基层"无米或少米之炊"的困境，将工作重点转移到社区服务和管理上来。城市社会治理的基础在社区，社区治理的保障在于社区财力。加强对社区的工作和资源保障，整合资金、资源、项目等对于社区统筹上级部门工作、激发社区活力、促进社区再组织具有重要意义。

（三）民物共济，加强设施建设提高供给能力

社区公共空间是保障和改善民生的一项根本举措，以"五大行动"作为制度保障，成都市社会治理委员会对城乡社区，尤其是城市社区综合体、社区党群服务中心、背街小巷进行了大刀阔斧的改造，使改造后的公共空间提供教育、医疗、体育、绿道、益民等五大民生领域的资源生产平台。公共空间的改造及提升，有效提升了社区组织的自治效能，增强了社会组织和居民的参与活力，构建了立体化系统化精准化的城市公共服务设施改造体系，有力地落实15分钟生活圈。

第一，改造社区服务场所，提升社区组织自治效能。为优化社区服务场所功能布局，实现可进入、可参与、能共享，成都实施了党群服务中心的亲民化改造，推进社区党群服务中心去行政化、去形式化、去办公化和改进服务（"三去一改"），促进了党群服务中心的优化提升。在原有居委会"一站式"服务的功能上，通过资源整合、物理空间的改造、运营和发酵，把社区居委会打造成为一个社区共同参与运作经营的共治空间。例如以志强社区为代表的很多社区，在居委会实现智慧化服务，以"线上＋线下""人力＋科技"为代表的智慧治理，集成办公、便民服务系列自助终端机使用、社区宣传公示系统和院落协商自治服务系统平台。通过一系列的改造，原有行政化较强的居委会办公空间成为党政工作和居民自治的一个连接点，是自上而下政策服务和自下而上需求回应的对接点，拓展了"自治＋共治"的深层寓意，兼顾了服务延伸和活动扩容需求，实现了社区服务的功能叠加、推动了社群关系的良性互动、激发了居民自治的内在活力，具有可生长性、可持续性，是一条集智创新之路。

第二，建设社区综合体，提升社区参与活力。社区综合体是居民活动的公共空间，也是居民参与社区生活最重要的场所，郫都区实施社区综合体建设计划，整合社区管理、社区文体、社区医疗、

社区养老、社区商业五大功能，按照每百户居民不低于 30 平方米标准，推进社区综合服务设施标准化建设，实现"一门式"、信息化的社区社会治理事务。建设的过程体现了"共建、共享、共治"的理念和操作方法，例如郫都区的石牛社区通过社区咨询活动，收集居民反馈，针对需求进行相应的功能调整，满足多层次多样化的社区需求。郫筒街道的蜀都新郫社区将互联网＋融入社区综合体的建设中，提升精细化公共服务品质，将 AI 等先进的人机互动设备放到社区综合体。社区公共空间的建设及内部设施的配置，是一种促进居民参与的良好空间，需求的满足又进一步促进了社区居民参与公共服务的活力和积极性。

第三，扎实推进公共服务设施改造。社区公共设施是需要大笔经费投入的重大项目，通过整体布局、科学谋划、系统支撑，实现了立体化、系统化、精准化。精细化指空间布局由过去的区域布局变为社区布局，社区居民的需求是公共设施改造的首要考虑条件，放弃过去传统社区规划忽略社区居民需求的惯性。系统化指利用天府绿道大规模植入公共服务设施，系统化地促进城市公共设施的均衡配置。立体化指进行了背街小巷整治，通过"两拆一增"和"小游园、微绿地"等行动，有效缓解了高密度城市公共绿地空间不足、城市发展与土地受限的矛盾，探索改善城市中心区景观发展模式。在社区实践中利用了步道空间、架空层周围空间、屋顶花园、墙面立体绿化空间、过街天桥升降部分以及小区中的废弃地，实现了"300米见绿，500 米见园"的高水平生活空间。如志强社区，将空地打造成活动广场，利用"室内＋室外""中心＋院落"等形式，开展法制大讲堂、新市民素质培训、安全防范培训，化解矛盾纠纷等，2019 年开展各类活动 130 余场，平均每三天就有一场活动。通过公共服务设施的改造计划，原来分散在各个部门的改造权限被集中管理，这就应对了群众多元需求的基本格局。由于社会风险发生的源头往往产生于市民的日常生计领域和生活空间，保证民生需求的满足、建设平安城市，就是为了给老百姓创造美好而和谐的生活环境，民生水平的改善又能反过来防止和减少社会矛盾的发生。

三、以院落为载体，构建美好宜居环境

院落作为成都特有的社区生态系统的细胞，是城乡社区治理的生命线，是人民安居乐业的大本营。为建立具有成都特色的社区发展治理体系，成都市政府以院落为载体，打造"自治院落、智慧院落、文韵院落"的活力院落共同体：在制度方面，发挥院落居民的主人翁精神，建立"自主、自觉、自律"的主体参与微机制；在硬件方面，用智慧激发活力，建设"互联、互通、互助"的美好宜居新家园；在文化方面，结合成都深厚的历史人文底蕴，建造"文教、文乐、文创"的和风雅韵蜀文化，致力打造人民安居乐业、社会安定有序、生活幸福圆满的"美丽成都"。

（一）活力院落：建立"自主、自觉、自助"社区共同体

成都市提倡参与式治理，提出"五线工作法"，激发社会自治、自主、能动力量，让大众的问题由大众来解决，实现了院落自治、社区共治。

首先，健全"自治线"，设立四大专委会、三级议事组织，细化梳理专委会职能职责，逐级推选各级议事会代表，实现民事民议、民事民决，让社会各界广泛参与社区发展治理，切实为居民提供专业化、个性化的社区服务；实施"五微"治理，实施建立微中心、设立微平台、培育微组织、完善微机制、开展微服务，打造社区文化微中心、微图书馆等微空间，组建乡贤队伍，制定居民公约，实现小区微治理灵活化规范化。

其次，壮大"社团线"，伴随快速城市化，经济发展也不断加速，各种市场主体和社会力量也不断壮大，成为创新参与式社区的不竭力量，因此成都大力提倡孵化培育社会组织，有效提高社会组织"自

我造血"功能；发展自组织，由各社区党委引导成立群众自组织；有效丰富了居民业余文化生活；调动群团组织，通过引智借力、撬动资源，不断丰富服务和活动开展平台载体，形成了"党建引领、群团助力"的工作格局，构建了各方参与共治共建的现代社区治理体系。

三是发动"志愿线"、延伸"服务线"，培育民间互助、彰表美序良俗，建立互利回馈激励机制。（1）发动"志愿线"，大力支持社区组建志愿服务队伍，健全志愿服务机制，选树志愿服务品牌，推出了以"服务换积分、积分兑实物、积分兑服务"的街道公益积分平台，打造"安公孝老行""小小设计师""绿动公园城"等品牌志愿服务活动。（2）延伸服务线，建立社区服务长效机制，比如搭建居民互助服务平台，建立全民参与服务中心，全面收集居民可提供服务资源和个体需求；设立社区基金，开设慈善茶座、报摊、图书角等"自我造血"项目，定期举办慈善义卖、公益晚会等活动；搭建社区关爱 App、红色公益走廊等线上线下众筹平台，实现服务项目自筹自给。

多元主体参与，院落自足自治是创新参与式社区治理的最大资源优势，成都市政府重构参与主体，凝聚了基层多元治理的"向心力"，积极引导社区多元主体的良性合作，激活了社区"细胞"，创造了"五线"参与式治理模式，通过凝聚"党员线"、健全"自治线"、壮大"社团线"、发动"志愿线"和延伸"服务线"，强化了院落自治的领导核心，夯实了社区治理的坚实基础，整合了社区治理的社会资源，形成了多元主体参与治理的激励机制，落实了现代社区治理的民生成果，为城市持续发展提供原动力，努力实现人民对社区美好生活的向往。

（二）生态院落：建设"安居、宜居、乐居"绿色新家园

成都市贯彻"美丽宜居公园城市"的理念，提出逐步实现建设"舒

心美好、安居乐业、绿色生态、蜀风雅韵、良序善治"的美好宜居社区的最终目标，着重打造安居、宜居、乐居的生态院落。

首先，大力完善全域社区智慧服务体系，全面推进社会的基础化信息建设，打造智慧院落、平安院落。（1）完善"政务＋公服＋志愿＋商业"等在内的全域社区智慧服务体系，做好"市民驿站"便民服务终端，集成"大联动·家空间"智慧社区云平台，加快实现与大联动中心的数据对接；设置社区会客厅、社区公共服务站、市民驿站、智慧治理工作室（社区网格管理服务站）及智慧街区、智慧社区的相关信息化设施；将连锁超市、电信门店、社区门卫室等阵地发展为社区服务点，实现公共服务、便民服务和志愿服务功能集成的"一门式"服务，推进智慧消防系统、智慧租房系统的功能建立；由成都市委社治委牵头打造的"天府市民云"App，目前已接入43家单位信息服务平台，整合民生服务、交通出行、便民缴费、就业创业等161项服务，累计服务市民4000万人次，有效提高了社区治理的数字化智能化水平。（2）依托智慧社区建设，打造平安院落，与相关部门和企业完成智能电瓶车充电、微型消防站、VR火灾逃生体验馆、智慧医疗服务等项目的试点实施工作；在有条件的小区单元试点安装人脸识别系统，系统接入公安系统和综治平台，实现重点人员精准掌控，治安有保障，让居民安居乐业。智慧社区发展是智慧城市建设的重要组成部分，成都市从便民、利民、惠民出发，以居民需求为导向，围绕社区生活服务、社区管理及公共服务、全面推进智慧院落建设，实现了社会管理的智慧化、公共服务的精细化、人的生活方式便捷化，形成了新型、生态、可持续的现代社区发展治理模式。

其次，集中建设便民服务圈体系，打造宜居院落。成都政府集中力量打造"15分钟生活服务圈""15分钟公共交通圈""15分钟公共服务圈""15分钟便民生活圈"，提升生活便利度。（1）大力打造"15分钟生活服务圈"，根据人口结构、消费习惯、生活特性等精确匹配基本公共服务内容（如餐饮、洗染、美容美发、维修、文化、娱乐、休闲、社区养老等其他便民服务设施等），确保15分钟可及；（2）加快改造"15分钟公共交通圈"，系统构建轨道交通线网、城市骨干路网和辖区"微循环"路网体系，全面打通致力路下穿隧道、成华大道五路口等重要交通节点；（3）逐步创建"15分钟公共服务圈"，狠抓公共服务设施"三年攻坚"行动，统筹规划建设成都自然博物馆等重大公共设施和公共服务设施，全力推进社区综合服务设施亲民化改造；（4）加快打造"15分钟便民生活圈"，创新推出"市民驿站·支付通"便民服务平台，积极引入盒马鲜生、京东七鲜等新零售服务业态，将社区电子大屏打造成社区"发布空间、互动窗口、民情通道"，社区网格员"进院落、入社团、送服务"，拓展开锁缝补等"鸡毛蒜皮"的生活服务，"小街坊、家空间"社区服务体系不断完善。成都市政府通过对各类与社区居民生活密切相关信息的及时传送、及时发布和信息资源的整合共享，力争实现对社区居民"吃、住、行、游、购、娱、健"生活七大要素的数字化、网络化、智能化、互动化和协同化，以建设平安、便捷、宜居的智慧院落为支点，推进了社会治理社会化、专业化、智能化和法治化，带动政府各部门、城市居民、社会力量共同参与，有助于打造共建共治共享的社会治理格局。

再次，建设绿满蓉城、花重锦官、水润天府的绿色家园，彰显公园城市生态价值，打造乐居院落。（1）依托"两山"区域，建设世界品质的自然与文化遗产富集区，提高绿量饱和度，强化森林、湿地、林盘、河流等生态要素保护，加快推进天府植物园等重大生态工程建设，推进全域增绿；（2）呈现城市特色花韵，优化植物色彩布局，以重要景观片区、历史文化街区、传统特色街巷为集中展现点，实施花园式特色街区、园林景观大道、市花市树增量提质、立体绿化等增花添彩工程，实现"常年见绿、四季有花"，重现"花重锦官城"美景；（3）实施"蓉城碧水"保卫攻坚战，保护水生态系统，提升水环境质量，加强饮用水源地保护，构建河流湖泊湿地系统，打造宜居水岸，彰显水文化提升水景观。总体来说，成都市运用公园城市理念指导工作，以自然为美丽宜居公园城市之"景"，建好山水林田湖城生命共同体，让美丽城镇和美丽乡村交相辉映、美丽山川和美丽人居有机融合。

成都市秉持"生态兴则文明兴"的城市文明观、"生态优先，绿色发展"的城市发展观、"满足人民日益增长的美好生活需要"的城市民生观，强化高品质生活、高水平服务供给、高效能治理，彰显美丽宜居公园城市价值。成都以生态价值观念为准则的生态文化体系已成为天府文化的重要内涵，公园城市成为世界城市体系中的价值标杆。

（三）文韵院落：建构"文教、文乐、文创"的蜀地文化

成都市以建立健全以生态价值观念为准则的生态文化体系，兴文教、弘文乐，倡文创，展现人文精神、包容多元文化，促进传统文化与现代文明交相辉映，彰显大城文明气韵，建设世界文化名城。

首先，兴文教，厚植乡土乡情，培育院落精神和文化共识。（1）倡导"幸福街坊共同缔造"人文精神，丰富新街坊文化底蕴，重建社区公共空间，通过建立长者空间、连心驿站、社区书馆、风雨长廊、休闲广场、露天凉亭、社区花园、可食地景等室内外公共空间，建立公共空间共享维护机制，为居民交往、互动、协商、互助创造物理空间和精神联结，提升居民社区生活幸福指数，让居民记得住乡土；（2）开展"最美家风传承"等"老院坝"亲情行动，不断营造新街坊氛围，提升居民对社区的认同感和归属感，倡导"和谐街坊·我的家空间"志愿服务精神，开展"最美志愿者""新街坊·邻里节""随手做公益"等互助行动，不断营造邻里互助新风尚，引导社区居民崇德向善，唤起大家的社区意识，增进邻里关系，融洽邻里感情，建设一个邻里关系和睦的家园，让居民记得住乡情。

其次，弘文乐，展示乡韵乡乐，深耕中华优秀传统文化，围绕天府文化，组织社区文化活动。比如推出"春律·环保、夏韵·演讲、秋实·经典、冬暖·欢聚"活动，营造"一院一景"院落文化，评选"最美阳台"和"最美院落"活动，发动居民打造主题院落；深度发掘社区地域文化特质，围绕"客家文化""禅茶文化"，引入"四川清音""蜀绣"等非遗文化，打造乡愁展示馆、创意设计馆等文化家园品牌，让居民记得住乡韵；社区党委通过"走出来、串起来、动起来、融起来、乐起来、聚起来"系列措施，以配齐"社八件"为载体——创作一枚 logo 标识、传唱一首社区之歌、议决一部社区居民公约、新推一批社贤人物、孵化一个功能型社会组织、建成一个楼居院示范点位、营造一处市民中心，使每个社区都拥有一套个性鲜明的社区发展治理思路，激发居民主动参与社区发展治理的热情；将居民按照不同的兴趣爱好进行有效串联，创办和美社区邻居节、和美集市、和美年会、和美嘉年华、和美趣味运动会等社区特色文化活动，居者心怡，来者心乐，让居民记得住乡乐。

再者，倡文创，活化文旅功能，传承城市根脉，让历史遗存变城市体验，让传统文化彰显现代魅力。（1）以古街巷、古建筑为重要载体，注重对历史人文的梳理、挖掘，以名人逸事为线索，还原时代场景，传承历史记忆，鼓励城市文化达人把自己的藏品、创作作品展示出来，供市民分享，增厚城市文化底蕴，让居民记得住乡脉；（2）以文化为魂、旅游为翼、产业为柱、生态为底，抓好"天府成都·文旅成华"建设，擦亮大熊猫文化、工业文明"两张名片"，实施文旅铸魂、文旅兴业、文旅增配、文旅优城、文旅赋能、文旅扬名"六大行动"，积极打造夜游锦江、东郊记忆、熊猫星球"三个品牌"，加快提升文化魅力、旅游引力、文旅张力，不断推动天府文化创造性转化、创新性发展，让居民对成都的特色发展充满美好愿景。

成都市构建的文韵院落，师法自然、传承文脉、科技支撑，展现了城市独特的产业、历史、文化，彰显了城市人文关怀，展现出高度的文化特色和文化自信，作为有着千年历史的国家级历史文化名城，在新时代释放出强大的文化辐射力。

第三节　城乡社区一体化发展的成都经验

清华大学课题组[①]通过综合的实地调研，从基层党建、社区社会组织、智慧社区、社区公共服务供给创新、社区公共空间营造、社区规划、民主与自治、社会企业、社区文化、社区基金等方面，梳理总结了成都市社区发展治理现状、主要模式和特色经验。

一、破解体制困境

一是坚持党委统筹协调，社会治理格局逐渐完善。各级党委发挥统领作用，协调资源开展市域社会治理，努力将党的组织优势转化为城市治理优势，协调各方资源高效解决社会问题。2017 年 9 月，成都市委在组织领导体制上进行重大创新，在市县两级党委序列设立"城乡社区发展治理委员会"，由常委、组织部长兼任主要负责人。这种改革措施在全国属首创，调动了政府职能部分和社会各方资源，有力推动了成都市城乡社区建设工作。

二是强化源头治理，树立为民导向，通过保障和改善民生来提升治理现代化水平。2018 年，在市社治委的统一部署下，全市以社区居民需求和问题为导向，聚焦环境、卫生、治安、医疗、教育、养老等重点领域，创新方法举措，开展实施"五大行动""七大攻坚"等一系列社区治理项目，初步实现了城市有变化、市民有感受、社会有认同。

---

① 　参与此次成都调研的清华大学李强教授课题组成员有姜涛、卢尧选、王艺璇、安超、吕浩、杨圆圆。

三是夯实工作根基，基层党建机制显著加强。通过区域化党建将社会组织、驻区单位、物业公司、业委会都统一纳入到基层党建平台，使得党的基层工作有了抓手。在市县两级建立城乡社区发展治理工作联席会议制度，在街道社区建立区域化党建联席会议制度，打破行政隶属壁垒，把分散在各领域各部门的党建力量资源整合起来，初步形成条块联动工作机制，街区党支部强化社会综合治理，非公企业党支部整合社会资源，社会组织党支部统筹公益服务。市委社治委还制定了《关于推进社会组织参与城乡社区发展治理的意见》，健全社区共驻共享议事平台，整合共建单位力量，引导社会组织参与社区发展治理。

二、整合基层组织

社区是超大城市社会治理的基础。基层社区社会治理的重点在于如何重新调整治理单元，整合组织资源，促进多元复合主体在社区情境中的互动以及参与社区公共事务，以使其能够回应社区需求、协调不同主体利益。在传统的社区治理过程中，涉及政府和居民两大行为主体。当代中国素有"强政府"的社会传统，在社区治理中政府控制着绝大多数社区公共资源，社区资源的行政配置和调用情况会直接影响社区治理的水平和效率。成都城乡社区发展治理模式是对社区各治理主体"赋能"的过程，在赋能过程中城市治理与社区各传统组成要素相结合，实现超大城市社会基层的再组织。

首先，成都城乡社区发展治理实现了城市基层社区组织的再组织。在成都城乡社区发展治理的历程中，从最初启动社区服务，到探索还权赋能的城乡基层社区民主治理机制改革，再到全面推进社区可持续总体营造的进程中，现代治理理念在不断渗透深入，政府推进模式也在发生改变，政府的行政权力由直接干预社区事务转向政府提供资源和支持，政府在社区退后一步，扩大社区自我决策的范围和权力,发展以人民为中心的参与式的社区治理。社区组织即成为社区参与自我治理的重要方式,"三社联动"机制创新和社区可持续总体营造行动的推进,极大地激发了社会组织的活力。在农村社区,通过重塑村自治组织架构、搭建村民议事会的自治平台、建立基层民主议事的程序运行,奠定了村级治理的组织基础;在城市社区,通过在城市社区建立形成"社区—居民小组—院落楼栋"的三级管理服务网络,推行院落管委会、楼栋长等机制,促进了基层组织的发展。

其次,成都城乡社区发展治理实现了城市基层社会资源的再组织。城市是经济资源、教育资源、医疗资源等公共资源聚集的区域,只有强化城市资源的社区属性,才能使城市资源公平地为广大人民群众所享用。超大城市社会治理往往难以回避以人民为中心的治理难题,其实质即是如何将城市资源公平分配的问题。城乡社区是城市资源的一大载体,具有丰富的治理资源。成都城乡社区发展治理对社区资源进行统筹,不仅促进了城市资源的公平分配,也提高了基层治理水平和服务能力。这主要体现在人、财、物资源的分配和使用上。在人力资源方面,成都实现了社区工作人员的专业化和职业化发展路径,并积极引导社会人才向基层流动;在财力资源方面,成都建立了完善的社区保障和激励机制,强化政府资源的"社区属性";在物力资源方面,成都通过社区服务站和社区综合体建设,实现了社区"一站式"精准化、综合性服务。

三、基层权能改革

成都市社治委积极探索基层赋权,进行基层权能改革,使社区基层拥有更大的自治空间,以此激发基层治理的创新性和针对性,避免自上而下的政策所带来的不适应性,让基层具备更自由的发展治理空间,能够围绕顶层设计的框架,同时结合自身社区的特点,创新出适合自己社区的治理方案。

2010 年，成都市委印发《完善城市社区居民自治机制试点方案》，提出三个总体要求：一是做到还权，扩大社区居民自治范围，落实社区居民对社区公共事务的知情权、参与权和决策权，切实发挥社区居民自治作用，切实保障社区居民参与社区公共事务治理的权利，实现社区居民自我管理、自我教育、自我服务、自我监督。二是真正做到赋能，保障社区自治组织运行经费，赋予社区居民对基层政府的评价监督等权力，提高社区居民自治能力。三是真正做到归位，加快基层政府职能转变，夯实服务社区的基础，实现行政化的社区管理向社会化的社区居民自治转变，把社区建成管理有序、服务完善、文明祥和的社会生活共同体，实现政府行政管理与社区居民自治的有效衔接和良性互动。基层权能改革激发了居民参与社区事务的热情，目前，成都市几乎每一个院落或社区都有自己的院落（社区）自治组织，只要是居住在院落的居民，包括外来的农民工和其他外来人口，都享有居民自治的权利。

在街道（乡镇）层面，成都市推进街道（乡镇）的综合管理体制改革，围绕街道（乡镇）加强党的建设、统筹社区发展、组织公共服务、实施综合管理、优化营商环境和维护社区平安等职能，进一步细化街道（乡镇）具体职责任务，编制街道（乡镇）权力清单和责任清单，取消对街道（乡镇）经济考核指标，把街道（乡镇）的工作重心真正从发展经济转移到强化公共服务和社会管理上来。为此成都市统筹布局建设了 66 个主导产业明确、专业分工合理的产业功能区，在全面提升城市能级的同时，分担原挂靠在街道（乡镇）的招商引资职能。

2009 年以来，成都市建立了覆盖城乡社区的公共财政制度，创设了城乡社区公共服务和社会管理专项资金，并将其纳入市、县两级财政预算。作为居民参与式预算的社区基金，除了政府公共领域事项和居民私人领域事项以外,资金的使用和评价权按照"民事民议、民事民定"原则全部归于居民,通过居民自治的方式实现资源有效配置,确保公共财政资金的投向与社区居民实际需求有效对接。农村社区群众最急需的道路、水利等基础设施条件得到了极大的改善,城市社区社会组织培育发展、志愿服务、环境治理、社区教育等需求得到自主解决。

四、激发社会活力

作为城市社会的基本组织细胞,社区是解决城市问题的重要手段和载体,也是提升城市包容性的重要容器。成都市政府以社区为着力点,由下而上地激活城市生命力。

首先,以民生为主体,找准社会动员的着力点。社会建设、改革、治理要以服务和改善民生为重点。城乡社区是广大人民群众生活的共同体,完善的社区服务是动员社会参与的基本出发点和落脚点。成都市政府通过打造"15分钟社区生活圈"来组织公共服务资源的配置,完善社区公共服务体系,加强社区文化教育、健康养老、体育休闲等设施的建设,提供覆盖全年龄段的公共服务保障,实现城市治理水平的提升。其中,除了配合政府完善基本公共服务外,完善社会公益服务和便民服务,社会力量是主体。

其次,构建社会组织工作体系,畅通社区"枢纽"。成都市大力培育发展服务民生类、社会矛盾纠纷调解类、参与基层治理的城乡社区类社会组织以及创意产业联盟组织、提升社区服务的志愿组织等,增强了社会动员的组织和整合能力,在应对城市分化、促进超大城市社会融合方面具有重要功能。此外,通过社区居住空间的规划和设计促进社区良好的人际关系,增强了人们的凝聚力与认同感。

总的来说,成都在城市化的过程中,从解决城市生活中的实际问题出发,以改善人居环境,解决生活污染等问题为抓手,切实改善居民生活空间环境，打造城市微绿地，微产业；以购买专业化公共服务代替政府大包大揽；以激发社区活力代替工作任务下派，在城市规划和处理政府与市场关系方面进行了有益的探索。其经验可以总结为以下几个方面：一是城市规划的科学性和系统性，要考虑区域内的整体风格并进行全盘规划；二是要将城市卫生系统看作一个循环的整体生态，整体设计，区域规划；三是科技嵌入是现代社区治理的重要方面，切实满足人民生活需要是一切工作的根本；四是调动基层群众积极性，发掘双主体活力是效率保证。

成都市开展了具有地方特色的城乡社区发展治理实践并取得显著成效，可以归结为以下原因。第一，以改革来破局，探索社会治理体制改革。成都在全国率先在党委部门里成立"城乡社区发展治理委员会"，统筹协调各部门社会治理工作。 第二，以社区为切口，落实基层治理的发展治理理念。成都用社区五态"业态、心态、形态、生态、文态"为抓手开展社区发展工作；用社区三治"分类治理、创新治理、精细治理"为抓手开展社区治理工作。发展和治理相辅相成，激活了社会力量、吸纳了社会资金、实现了多方参与。第三，以人民为中心，构建服务型政府。成都以社区居民需求和问题为导向，聚焦环境、卫生、治安、医疗、教育、养老等重点领域，通过互联网政务等高科技手段，实施"五大行动""七大攻坚""雪亮工程"等一系列社区发展治理项目。通过一系列扎实有效的改革，初步实现了城市有变化、市民有感受、社会有认同。

不过，成都在发展社区治理的过程中也遇到一些具有代表性的问题。

一是社区活力培育的可持续性问题。在社区自组织发展的过程中，社区能人和活跃分子以及专业社会组织的合作互动带有一定的不可重复性，这就使得社区活力的培育有一些不确定性。如何保持社区自治力量良好发展，是一个问题。

二是社区基层商业组织孵化期的周期和效果问题。社区品牌和商业功能的孵化，不仅需要外部支持，还需要社区内部具有一定的条件和专业的运营人员，在孵化机构撤出后，社区是否有能力经营以保持受众市场的稳定，都是难以预测的。

三是区域性资源分配问题和社区组织模式重复问题。由于发展条件和历史原因，不同的社区在资源分配方面处于不同的地位，作为"典型"及有"能人带动"的社区在资源分配上占有一定优势，但是基于资源分配优势取得的成果是否有推广性还有待商榷，当前社区发展模式相对单一，不同程度面临资源重复浪费和公共资源稀缺的问题，这一点还需要在实践中进一步研究。

第七章 农村社区治理现代化的探索

从历史上看，新时期城乡社区建设的启动和发展具有明显的不同步性。2000 年前后，在社会主义市场经济体制确立的背景之下，我国开启了以单位制改革为中心的社会体制变革的进程，这一改革努力打破单位社会的传统格局，城市社区建设正式启动。而同时期的广大农村社会虽因家庭联产承包责任制改革的成功亦发生了巨大变动，但就总体而言，受长期以来城乡二元结构的制约，我国的基层治理仍未打破传统城乡分治的框架。新世纪的第一个 10 年结束后，快速城镇化背景下中国的城乡关系发生了重大的变迁，使得新农村社区建设问题不可避免地提到议事议程上来。2017 年 6 月，中共中央、国务院颁布《关于加强和完善城乡社区治理的意见》（以下简称《意见》），这是中华人民共和国成立以来第一个以党中央、国务院名义出台的关于城乡社区治理的纲领性文件，标志着城乡社区的建设发展进入了一个新的发展阶段。《意见》没有采取以往的城乡分头叙述的传统表达方式，而是以"城乡统筹"为原则，这标志着农村社区建设开始迎来新的发展期，改革开放以来党和政府打破城乡二元结构，建设社会主义新农村的努力也由此进入新的阶段。[①]

第一节 中华人民共和国成立后农村基层社会治理机制的变迁

中华人民共和国成立以来，为顺应不同历史时期农村社区内外

[①] 田毅鹏：《农村社区治理能力现代化的新取向》，载《政治学研究》，2018（1），111~114 页。

形势的变化逻辑以及基层政权的运作特性，有学者提出我国农村社区治理先后历经集权式治理、放权式治理和赋权式治理三种模式，治理方法经历了从政府包办到参与共建、从单向权威到多元共治、从封闭区隔到开放共享的转变。[①]

一、政社合一的集权式治理

中国共产党所领导的革命从根本上改变了中国农村社会的经济与政治结构。在中华人民共和国成立前，中国共产党通过农村土地改革等国家运动，已经成功地将其权力触角延伸到农村基层，从而在一定程度上实现了对农村社会的细微管控。在土改等国家运动中，中国共产党的工作方式是先成立工作队，然后派遣工作队下村。在工作队驻村期间，他们会培养当地群众中的积极分子，并广泛发动群众，然后以此为基础开展国家运动。中华人民共和国成立后，中国共产党成功地实现了国家权力的下沉，如在政府组织架构方面，乡镇政府被正式纳入国家权力机构。将党支部建在村上，是农村基层治理的一个核心举措。1956年年底，绝大部分行政村（高级社）建立了党支部。至此，农村地区的党支部下沉至村一级，使得行政村内均建有党支部。行政村的党支部虽然不是正式的行政机构，不过它在一定程度上可以被视为准行政机构，因为其承担了农村社区的行政管理工作，在农村社区治理中发挥比较重要的行政作用。[②]

1958年8月，北戴河中央政治局扩大会议通过了《中共中央关于在农村建立人民公社问题的决议》，决定建立一种新的政社合一、政企合一的人民公社管理体制，人民公社化运动在全国范围内迅速展开。该体制实现了对农村政治、经济、文化等几乎全部公共

---

① 庄龙玉：《农村社区治理：模式演进、方法转变与联动机制》，载《行政论坛》，2018（4），116~121页。

② 庄龙玉：《农村社区治理：模式演进、方法转变与联动机制》，载《行政论坛》，2018（4），116~121页。

资源的掌控①，形成一种总体性支配权力，"国家几乎垄断着全部重要资源……以这种垄断为基础，国家对几乎全部的社会生活实行着严格而全面的控制"②。李增元认为，中华人民共和国成立之后的前30年，是国家有计划地对乡村社会进行政治化改造的时期，乡村社区及社会发展被高度政治化，承载着政治意识形态教育宣传、动员群众参与社会建设，支援现代化建设，实现基层社会整合等重要政治目标。③文丰安指出：当时我国农村社区治理是以人民公社为核心的，这种集权式社区治理体制加强了国家对农村经济、政治、文化的控制，乡村治理开始呈现政社合一、村社合一的局面。在特定的历史时期，人民公社在加强国家对农村资源的整合和社会动员能力等方面发挥了积极的作用。但是由于对"共产主义"的错误理解，夸大了农村经济的承受能力，使人民公社化出现了偏差。在一段时间内，刮起了"共产风"，一些农村还提出"放开肚子吃饭"的口号，滋生了农民消极怠工的风气，严重挫伤了农民生产积极性，对农村社区发展造成了严重的危害。④

二、乡政村治的放权式治理

1978年，小岗村农民率先在土地的使用权方面进行了主动性尝试，实行包产到户、包干到户，为农村改革奠定了基础。这种家庭联产承包责任制虽然没有改变农村集体所有制的性质，但是其组织结构、经营方式和分配方式发生了变化，成为这一时期农村改革的重心。向阳人民公社率先进行机构改革，公社干部分别负责党务工作、负责行政工作和负责农副业生产，初步形成了党、政、经分设

① 徐顽强等：《农村社区化与农村基层社会治理创新》，36页，北京：科学出版社，2019。
② 孙立平等：《改革以来中国社会结构的变迁》，载《中国社会科学》，1994（2），47~62页。
③ 李增元：《试论我国农村社区治理的历史演进与现代转向》，载《理论与改革》，2016（4），58~66页。
④ 文丰安：《我国农村社区治理的发展与启示：基于乡村振兴战略的视角》，载《湖北大学学报（哲学社会科学版）》，2020（2），148~156页。

的组织架构。1980 年 6 月，向阳公社取消了"向阳人民公社管理委员会"，成立"向阳乡人民政府"，这是人民公社改为人民政府的最早实践。1982 年 12 月《宪法》明确规定了"乡、民族乡、镇设立人民代表大会和人民政府"以及村民委员会"基层群众性自治组织"的性质和地位，从法律上确定了村民委员会的自治地位，从而使得村民自治的实践有了法律的依据和保障，为进一步自治实践打下了基础。1983 年 10 月，中共中央、国务院印发《关于政社分开建立乡政府的通知》对人民公社体制进行了改革，强调政社分开，建立乡政府，要求于 1984 年年底完成乡镇政府的建立，并且根据生产需要和人民意愿建立经济组织，村民委员会逐步由局部试点向全国范围内铺开，基层社区治理开始形成"乡政村治"的治理模式。1998 年，在九届人大五次会议上正式通过的《中华人民共和国村民委员会组织法》，标志着村民自治在广大农村的推广及党对农村治理的进一步规范化。2004 年颁布的《关于健全和完善村务公开和民主管理制度的意见》强化了村务公开在村民自治中的作用。对于村民自治的全面实施，有效地提高了村民对社区事务管理的参与度，将农民紧紧地团结在基层党组织的领导下。①

"乡政村治"模式奠定了中国农村社区治理的基本架构，是国家基于农村社会形势变化所适时进行的治理模式转变。通过村民自治这一形式，国家实现了部分权力的下放，激发了农村社会的活力。这一模式打破了集体化时代国家管控农村社区的单向权力格局，逐步形成国家政权、准政权与村民委员会共同治理农村社区的局面，使得农村社会获得一定程度的自主性。在很长一段时期内，国家不断放权，农村社区一直是放权式治理模式。然而，国家在放权的同时，也将大部分公共事务下放给农村社区。这使得农村社区治理面临一系列的困境，例如，村委会无力为农村提供公共产品和公共服务，

① 文丰安：《我国农村社区治理的发展与启示：基于乡村振兴战略的视角》，载《湖北大学学报（哲学社会科学版）》，2020（2），148~156 页。

村干部损害农民利益的行为得不到有效的制约，农民合作能力不断弱化，个体趋于原子化，对农村社区公共事务参与程度不高等。[①]

三、多元共治的赋权式治理

党的十六大以后，党和国家因时就势作出了免除农业税的具有划时代意义的重大决策，大大减轻了农民的负担，农村基层的干群关系也大为缓解，使得农村经济发展迅速，农村居民收入明显增加。2006 年中央一号文件提出"乡村治理体制"，要求完善建设社会主义新农村的乡村治理体制，标志着我国农村的村民自治进入深化改革阶段。党的十六届六中全会首次提出"农村社区建设"，要求"把社区建设成为管理有序、服务完善、文明祥和的社会生活共同体"，并强调建设社会主义新农村和农村社区建设的同一性，使得农村社区建设成为解决"三农"问题，统筹城乡发展的战略举措。2007 年党的十七大作出了如何进行新农村建设，推动实现农村现代化建设的重大部署。2010 年中央一号文件指出"培育发展社区服务性、公益性、互助性社会组织"，进一步对社区建设提出了新的要求，使得社区建设已经成为实现农村现代化的重要环节，开始强调通过孵化社会组织，以更有效地开展社会服务。党的十八大报告首次提出了"社区治理"，指出要"加强基层社会管理和服务体系建设，增强城乡社区服务功能，强化企事业单位、人民团体在社会管理和服务中的职责"，注重乡村社区治理主体的多元性。党的十八届四中全会则进一步提出了治理现代化的根本路径就是法治化，农村社区治理现代化必然需要走法治化的道路。2019 年 2 月，中央一号文件就进一步对乡村治理提出"完善乡村治理机制"的要求，旨在通过创新乡村治理机制，实现多元主体共同参与的系统化治理，为社区治理现

[①]　庄龙玉：《农村社区治理：模式演进、方法转变与联动机制》，载《行政论坛》，2018（4），116~121 页。

代化指出了方向。①

尽管乡镇政府和村委会仍是农村社会治理中最重要的组织者和行动者，但农村社区治理已由传统的单一管理型转变为现代的"多元服务"型。新形势下的多元主体合作参与农村社区服务与治理是一种合作主义治理模式，它要求政府与社区组织在社区治理中进行制度化合作，各司其职、分工合作地对社区事务进行管理，整合公共资源及社会资源使之成为农村社区的建设资源、民生资源和服务资源，进而为农村社区提供"好的服务"。②总的来说，改革开放以来农村社区治理就是一个政府不断放权、完善治理的过程，同时也是一个政府不断赋权、社会力量不断崛起、多元主体共同进行社区治理的过程。③

第二节　现代农村社区治理的挑战

随着中国快速城镇化进程的推进和城乡关系的变迁，中国农村社会发生了剧烈变动。田毅鹏指出，农村社会取得发展进步的同时，也不可避免地产生诸多问题，如农村人口外流，乡村"老龄化"，一些边远地区出现村庄空心化现象，农村"三留守"群体持续扩大，农村社会事业发展明显滞后，社会管理和公共服务能力难以适应农民的多样化需求等。④姚亮认为，农村社区面临村民参与网络由紧密趋向松散，村民间的互惠规范日益匮乏，信任危机陷入恶性循环，农村社会支持严重不足的问题。⑤李润国等研究发现，社会矛盾叠加

---

① 文丰安：《我国农村社区治理的发展与启示：基于乡村振兴战略的视角》，载《湖北大学学报（哲学社会科学版）》，2020（2），148~156页。

② 韩喜平、王思然：《新中国成立以来农村社区治理的模式演进与现代化转型》，载《江淮论坛》，2021（3），83~89页。

③ 庄龙玉：《农村社区治理：模式演进、方法转变与联动机制》，载《行政论坛》，2018（4），116~121页。

④ 田毅鹏：《农村社区治理能力现代化的新取向》，载《政治学研究》，2018（1），111~114页。

⑤ 姚亮：《农村社会资本的嬗变与社会矛盾的消解》，载《甘肃社会科学》，2012（6），20~23页。

的激增、基层政府行政的内卷化、社区治理的制度化不足、社区治理资源保障不足、社会组织力量薄弱是制约农村社区治理现代化的主要挑战。①

一、社会矛盾多发

李润国等学者提出,我国基层社会矛盾呈现出频发、突发、多发和高发的态势,不同性质和类型的矛盾叠加交织对社区治理造成了较大的冲击:(1)从分布来看,基层社会矛盾已从传统的婚姻家庭、分家析产、邻里纠纷扩展到土地承包、征地拆迁、企业改制、劳资冲突、医患纠纷、涉法涉诉、政策待遇、环境保护、医药安全、食品安全等各个方面;(2)从特征来看,社会矛盾出现了类型多样化、主体多元化、内容复合化、规模群体化、调处疑难化、矛盾易激化、影响扩大化、矛盾诉求对象行政化等特征。②

姚亮通过实证研究发现,一些农村社区的三大矛盾突出:(1)干群矛盾突出。从各地农村的实际情况来看,干群关系出现日益紧张的趋势,由此而引发的干群矛盾与冲突也是屡见不鲜。(2)村"两委"矛盾加深。村支部和村委会作为乡村基层社会管理的两个"火车头",对于农村社会的发展与稳定发挥着重要的作用。然而,近年来在一些地方村"两委"的关系由于利益和权力争夺、责任推诿呈现恶化的趋势。(3)邻里纠纷越来越多。农村居民随着传统邻里网络的逐步瓦解,来往和互助明显减少,因为各种利益所造成的邻里纠纷越来越多,如土地、垃圾、噪声、治安、挤占公共空间等造成矛盾纠纷。③

①② 李润国等:《治理现代化视野下的农村社区治理创新研究》,载《宏观经济研究》,2015(6),23~29页。

③ 姚亮:《农村社会资本的嬗变与社会矛盾的消解》,载《甘肃社会科学》,2012(6),20~23页。

二、基层行政内卷

李润国总结了基层政府行政负担给农村社区治理带来的三个问题：（1）农村社区委员会"行政化"。在公共事务治理中，基层政府往往将各类社会管理事务分解到农村社区，从而使农村社区治理系统不堪重负。农村社区委员会在实际工作中更多的是扮演政府"派出机构"的角色，自我服务、自我管理和自我监督的功能发挥不够。（2）社区内组织机构关系不清。在现行的条块结合体制下，同一领域的社会事业分属于相应层级的政府，同时又分属于上级主管部门，这种双重从属制带来了低水平重复和条块之间的矛盾冲突等弊端。不少政府部门在社区设置了诸多对口机构，在延伸服务与管理职能的同时也造成了农村社区多头管理、职责不清等问题。（3）机构间事权与财权不清。农村社区不是一级政府，承担了大量"从上面压下来的任务"，却没有足够的来自政府的财政支持。同时，财政资金使用效率不高。大部分投入农村社区的资金不是为了应承上级政府下派的繁冗任务，就是为了集中力量打造新农村的模板，真正流向支持社区长远发展的财政供给非常少。[1]

农村基层治理是一个通过政策分解将任务压力进行传导的过程，即为完成中央政府下达的各项任务（生成压力），地方政府通常需要在现有任务的基础上拔高指标，并层层加码"摊派"给基层政府（转移压力），囿于资源匮乏，基层政府通常需要进行策略性"变通"来化解被问责的风险（消解压力）。作为压力型体制下的末梢，基层政府所面临的巨大任务压力将会使"村民自治"等政策运作大打折扣。[2]

---

[1] 李润国等：《治理现代化视野下的农村社区治理创新研究》，载《宏观经济研究》，2015（6），23~29 页。

[2] 张国磊、张新文：《行政考核、任务压力与农村基层治理减负——基于"压力—回应"的分析视角》，载《华中农业大学学报（社会科学版）》，2020（2），25~30 页。

三、制度规范缺失

姚亮发现，现代农村社区缺乏一种普遍的互惠规范。互惠规范之所以需要，是因为在社会生活中人们之间是相互依赖的，每一个人都会遇到困难，需要他人的帮助，同时对给予帮助的人应该给予回报，以形成一种互惠的关系。而遵循了这一规范的共同体，可以更有效地约束投机，解决集体行动问题。如果缺乏一整套调整人们行为的互惠规范，各个行为体都从自身的利益角度出发，采取投机行为，导致漠视现象的出现。他在调研中发现，在一些发生快速变迁的农村地区，互惠规范呈现日趋萎缩，甚至严重缺乏的现象。在涉及公共环境维护事情上，镇政府和村民都产生了不管不作为的行为，结果却是造成了公共环境卫生的恶劣，出现"公地悲剧"[①]。

李润国认为，农村社区治理的相关规定存在盲区。在地方层面上政府虽然制定了不少关于基层社会建设的文件，但这些文件和精神并未形成约束力。村务公开、财政预算、村干部选拔等方面都存在规则缺失的情况。尤其是在监督机制方面，农村社区治理中普遍缺少科学、合理的约束机制，即便建立了也往往在实际操作中流于形式，近年来频发的村干部腐败案件就证明了这一点。对农村社区监督来自于上一级的镇政府或者街道办事处，社会组织和基层群众并未完全纳入社区管理和社区服务的监督中，内部监督不力、外部监督缺失的问题较为突出。此外，不少地区的农村社区缺少关于培育和发展社会组织的法规政策，对于基层干部、社区专职志愿者的管理没有相关的政策文件，这在一定程度上制约了农村社区管理作用的发挥。[②]

---

① 姚亮：《农村社会资本的嬗变与社会矛盾的消解》，载《甘肃社会科学》，2012（6），20~23 页。
② 李润国等：《治理现代化视野下的农村社区治理创新研究》，载《宏观经济研究》，2015（6），23~29 页。

四、公共资源不足

一是人力资源不足。农村精英的流失使得大部分社区管理队伍力量不足、年龄结构整体偏大，不少管理者在管理理念和管理方式上还带有浓厚的传统色彩，对现代化技术、新方法的接受能力和掌握能力不强，难以有效回应城乡居民诉求。此外，激励机制不健全使得不少工作人员工作主动性不强。以湖北社区"网格化治理"为例，不少网格员的工资虽然纳入到当地预算，但实际上很多地方专职网格员的月工资只有 1200 元，兼职网格员每月则仅有 50 元的补贴。同时，专职网格员虽然采取"镇聘村用"的办法，但仍未纳入当地编制，这不仅导致其身份不明，更带来了"同工不同酬"等问题，难以保障网格员的工作积极性和网格化治理的高效运行。出于对现实工作环境的失落和对未来前景的预期，不少年轻人才不愿待在基层，这加剧了农村社区治理的人才困境。①

其二，公共投入不足。当前社区建设缺乏资金支持、城乡社区发展不平衡等问题凸显。首先，大部分村委会的资金来源主要靠上级补贴或者专项拨款，自筹资金渠道非常窄，生产、生活基层设施建设尚不能满足，更不用说为群众提供更高层次的服务了。其次，城乡社区建设投入差距较大，政府主要着力于城市社区建设，农村社区建设仍以集体经济、农民投工投劳、社会捐赠等方式为依靠，造血功能较差。②

其三，公共资源使用效率不高。从空间的供给与使用情况来看，党群活动中心、幼儿园、农贸市场、停车位等公共空间存在供给不足与供给过剩并存现象，大部分居民不清楚社区公共资源分布与产

---

① 李润国等：《治理现代化视野下的农村社区治理创新研究》，载《宏观经济研究》，2015（6），23~29 页。

② 李润国等：《治理现代化视野下的农村社区治理创新研究》，载《宏观经济研究》，2015（6），23~29 页。

权拥有情况，使这些公共资源无法发挥应有的社区凝聚功能。[①]

值得一提的是，"农民上楼"所形成的以农民集中居住为主要形式的新型农村社区也存在着上述问题。张鸣鸣研究发现，相对于传统农村，新型农村社区在道路交通、给排水、就医入学等基础设施和公共服务方面虽然有了显著改善，但与城市社区相比，农民集中居住小区公共产品供给水平整体偏低，且不具有持续性，问题和矛盾的积累使新型农村社区在未来有成为"棚户区"的风险。其原因是多方面的。一是建设之初缺乏系统的制度设计，新型农村社区普遍没有缴纳维修基金，社区后期公共设施维修养护缺乏资金来源。二是受农民意愿和行为习惯的影响，大多数新型农村社区难以向居民收取物业管理费，社区公共卫生和安保只能由地方政府"买单"，地方政府会尽可能降低成本，公共卫生和安保等往往质量低、数量少。三是为平衡多方面的利益关系，新型农村社区的管理组织往往由原村两委成员组成，由于缺乏管理密集人群和社区型公共空间的经验和能力，社区经常处于无序状态，因公共空间被挤占、滥用等问题而引发的矛盾十分普遍。四是为降低拆迁和重建成本，新型农村社区的房屋质量与周边商品房和农户自建房相比有显著差距，建筑质量低、户型结构不佳等问题在这类小区普遍存在。[②]

五、参与意识不强

衡霞研究发现，很多农民即使愿意参与社区事务，但一些处于涣散状态的基层组织也无法组织有效的活动和搭建有效的平台，社区的认同感、归属感弱化，凝聚力和向心力消解，居民脱域成为必然。尽管基层政府和社区都具有较强的自主性，但由于缺少居民参与公共治理的平台，缺乏对居民公共意识和公共精神的培育，进而在一

---

① 衡霞：《农村社区治理能力现代化的双重困境研究》，载《理论探索》，2021（6），68~74页。
② 张鸣鸣：《新型农村社区治理：现状、问题与对策》，载《社会科学文摘》，2016（10），61~62页。

定程度上缺乏公共精神成长的深厚社会土壤，显然，面对政府的强公共性行为，居民既要求政府广泛放权，却又不愿意履行主体责任，在农村社区治理能力现代化进程中呈现弱自主性特征。[①]

这与农村社区社会组织和社会力量发育不足、农民参与治理的渠道不通畅有关。李润国认为过度行政化压制了社会组织和社会力量的发育和生长，直接影响到非政府组织治理主体功能的发挥。就农村社区社会组织的分布及功效来看，经济发展型组织所占比例较大，利益代表型组织作用发挥有限，社会服务型组织发展整体落后。能够深入社区有效开展活动的多是休闲娱乐类组织，如书法协会、门球协会等，一些涉及法律、生态环境、教育、卫生等领域社会组织的服务很少能够沉淀到社区中，这导致社会组织对社区治理创新的意义有限。[②] 姚亮指出，目前农村地区的社会组织化还处于一个较低水平的发展阶段，个人进行社会行动主要是依靠个人关系网络来调整的，而且这种类型的网络组织也在逐渐减少并趋向松散，主要是娱乐性的网络组织，如老年歌唱队、太极扇队等。而其他互助型、服务型的社团组织发育严重不足，难以有效满足村民的互助交往和精神需求。[③]

总的来说，现代农村社区是一个多元复合的系统。农村社区类型多样，社区的人口结构、空间结构、关系结构、阶层结构、组织结构都与传统乡村不同；社区主体需求也是多元的。农村社区治理者需要面对复杂多样甚至相互矛盾的需求，在急剧变化的社会转型过程中，如何有效化解农村的社会矛盾、拓宽村民参与治理的渠道、维护农村社会的稳定，给农村社区治理创新提出了重大的挑战。

---

① 衡霞：《农村社区治理能力现代化的双重困境研究》，载《理论探索》，2021（6），68~74 页。

② 李润国等：《治理现代化视野下的农村社区治理创新研究》，载《宏观经济研究》，2015（6），23~29 页。

③ 姚亮：《农村社会资本的嬗变与社会矛盾的消解》，载《甘肃社会科学》，2012（6），20~23 页。

第三节　农村社区治理现代化的郫都案例

新时代我国经济不断发展，但农村经济发展和社会治理体系滞后较为明显。农村社区治理是国家治理的基础部分，农村社区治理的好坏直接影响着农村经济的发展水平，影响着我国现代化事业的稳步推进。在当前加强对农村社区治理服务，是积极贯彻落实乡村振兴战略的一项重要内容，也是推进国家治理体系和治理能力现代化的关键一环。

2017年10月18日，党的十九大首次提出乡村振兴战略，并把它列为决胜全面建成小康社会需要坚定实施的七大战略之一。2018年9月，中共中央、国务院出台第一个全面推进乡村振兴战略的五年规划——《乡村振兴战略规划（2018—2022年）》，并提出了乡村振兴的"产业振兴、人才振兴、文化振兴、生态振兴、组织振兴"的国家战略。乡村振兴与农村社区治理现代化不是分离的，而是同步进行，互相助益的。

四川省成都市郫都区围绕乡村振兴战略，开展了独具郫都特色的乡村振兴示范建设，组织动员广大村民积极参与乡村振兴和社区治理，着力探索"共建、共治、共享"的郫都模式。

一、以产业振兴为基础，构建村庄市场共同体

农村一二三产业融合，是以农业为根本依托，通过链条延伸、产业融合、体制创新等方式，将资本、技术以及资源要素进行集约化配置，拓宽农民增收渠道、构建现代农业产业体系，加快转变农业发展方式，达到一产、二产和三产的全面融合发展。郫都区部分农村社区通过模式创新、主体参与、要素激发、业态打造等，把劳动力包括村民劳动力从传统的以家庭为单位的小农耕种中解放出

来，使农民包括村民的经济收入从相对狭窄的农业领域向更为宽广的二三产业领域持续拓展，从农业生产单环节向全产业链持续拓展，"获农金、收租金、挣薪金、分股金"的农民跨界增收、跨域获利的融合型多维产业发展模式基本形成。

（一）123 模式："一产主导，二三联动"的综合发展模式

123 模式是打造以"本土农产业＋原材料深加工＋特色旅游"为产业链条，由一产带动二产和三产发展，推进一二三产业融合发展，实现"特色农产品—精深加工—服务体验"的全产业链发展模式。郫都区唐昌街道战旗村的"豆瓣＋集体作坊＋红色／民俗旅游"，先锋村的"萝卜干＋家庭作坊＋农夫旅游"，安德街道广福村的"韭黄＋企业规模化加工＋创意餐饮服务业"的发展类型是村民参与123 模式产业发展的代表案例。

"战旗飘飘、名副其实。"郫都区唐昌镇战旗村是产业融合的示范村，走在乡村振兴的前列。战旗村坚持以农业供给侧结构性改革为主线，深化农村土地集体产权，率先开展清产核资、股权量化，成立村集体资产管理公司，敲响四川省农村集体经营性建设用地入市"第一锤"；优化生产体系，按照建基地、创品牌、搞加工的思路，做强做优绿色产品品牌，建成绿色有机蔬菜种植基地；建立了现代农业产业园核心区并引进了多家农业产业化龙头企业，延伸生产加工销售的完整链条；充分利用红色旅游优势，打造"红色战旗"研学旅游示范基地，并建成了 AAAA 级景区。战旗村将农业生产、农产品加工、销售链接，组建完整的产业发展平台，实现了农商文旅综合发展。

战旗村村民积极自主创业，积极投入三产融合的乡村振兴实业：积极参与第一产业的绿色农业耕种；就地就近进入第二产业的郫县豆瓣精深加工业，传承和发展郫县本土的豆瓣产业；深度参与第三产业的红色旅游业、民俗旅游业、特色餐饮服务业，并打造了包括

豆瓣、豆腐乳、三编、蜀绣、唐昌手工布鞋、兴隆粽子、榨油、酱油制作、文创工艺、棒棒鸡等18种优秀传统工艺的战旗乡村十八坊、豆瓣历史博物馆等作为川西文化深度体验的内容；投建了"战旗党建馆""战旗村史馆""乡村振兴博览馆"等历史记忆博物馆；创建"四川战旗乡村振兴培训学院"，打造红色旅游品牌，为乡村发展做出巨大贡献。在这个过程中，全村人口1765人，人均可支配年收入达32400元，村民充分享有了土地收益和改革红利，真正成为经济发展的主体参与者和成果享受者。

　　"农夫记忆，耕读传家。"郫都区唐昌街道先锋村以特色农产品萝卜干为基础拓展萝卜干深加工产业，并打造了"农夫记忆"文创品牌发展乡村旅游，通过集体土地流转成立生态园区，带动女性提高经济收入，促进乡村振兴。首先，村民成立家庭小作坊，以萝卜干为抓手发展一产、二产。先锋村村民充分发挥性别优势，成立萝卜干、豇豆、榨菜、洋姜、藠头家庭小作坊，在萝卜干种植、切片、腌制、深加工、销售等各个环节大显身手，成为当地特色农产品种植、加工、销售的生力军。其次，先锋村村民深度参与打造和建设"农夫记忆"文创旅游品牌，配套建设支部农场、先锋公社、大队部、农夫晒坝、三味书屋、农夫田园、农夫记忆博物馆等20余处景观，展现农耕文化、农业生产、农民生活，在这里游客可以体验川西民居院落、耕读传家意境、农村生活美景，村民在其中担任导游、讲解员、销售员、服务员、餐饮厨师等服务岗位，成为乡村旅游的一道亮丽风景线。

　　"地韭天长，藏福于韭。"郫都区安德街道广福村主要以韭菜（黄）种植及关联产业为主，是成都市"菜篮子"基地、郫都区产村相融现代农业精品园核心区、市级万亩蔬菜基地。广福村坚持以韭黄产业为依托，实现一、二、三产业共同发展。一是村民在韭黄种植和加工、服务业中起到重要作用，更以"夫妻档"等形式共同参与。二是除韭黄种植外，村内引进四川润禾家园科技有限公司，生产韭黄精深加工产品，同时结合民俗旅游发展经济，在一定程度上解决中老年村民的就业问题，实现就地、就近就业，集群化、产业化、景观景区化发展，经济富足，生活有保障。三是引进龙头企业资金打造"泥巴小院"乡村主题文化创意体验园，以乡村林盘、乡愁记忆、民风家风、产业文创为载体，对当地韭菜产业附加值提升、百姓就业增收、二三产业融合发展等方面起到积极的推动作用。

（二）231 模式："二产主导，三一联动"的特色发展模式

231 模式是"二产主导，三一跟进"的特色发展模式，以加工产业"产品轻加工＋特色文化服务"为引领，主要由二产带动一产和三产发展，实现"农产品轻加工—特色手工艺品展售-文化传承与旅游"的发展模式，推进一二三产业融合发展。蜀绣之乡郫都区安靖镇的"桑蚕养殖＋蜀绣之乡＋非遗文化旅游"，安德街道安龙村的"有机农业＋小微盆景＋书院文化旅游"，友爱街道农科村的"花卉种植＋生态盆景＋主题民宿"的发展类型是代表性案例。

"家家绣女，户户针工。"蜀绣作为我国四大名绣之一，是中华工艺美术中一颗灿烂的明珠，安靖镇官方刺绣历史悠长，素有"蜀绣之乡"的佳誉。刺绣因其灵巧精细的特征是帮助赋闲在家的村民和中老年就业困难群体再就业的重要途径，且经济效益可观。郫都区将蜀绣的传承发展作为打造"非遗之都"的重要内容，在中国成都国际非物质文化遗产节、全国文化遗产日等重大活动期间进行展览展示。安靖镇充分发挥"蜀绣之乡"文化传统优势，定期举办"蜀绣文化艺术节"，并建造天府蜀绣文化创意产业园，集蜀绣作品博览展示、产品研发、创意设计、生产制作、文化交流、市场交易、商业金融、游客体验、桑蚕养殖、生态保护为一体。2008 年底，郫县在安靖镇树立起了以蜀绣为主题的"成都市居家灵巧就业示范基地"，打造"安靖—蜀绣之乡"这一品牌，传承蜀绣技能，振兴蜀绣产业，吸收村民就业，助其脱贫，扩大了蜀绣的经济和社会效益，也让蜀

都绣娘蜚声海内外。

　　"生态有机，小微灵动。"郫都区安德街道安龙村因地制宜大力发展生态产业，打造了"有机农业"和"小微盆景"的品牌性产业，并在此基础上全村规划建设了 10 个农民新型社区院落，建成了具有川西民居特色和田园风情的新农村生态综合体示范样板。现代农业在满足人们对食品需求的同时，化肥、农药的过度使用和地力透支造成了严重的土地污染，威胁着食品安全，并催生了巨大的"有机"市场，"纯天然""无污染""无农药残留"已成为一种消费潮流。"美丽乡村"的建设不仅需要农业作为根基，还要生态友好可持续。郫都区倡导农村社区因地制宜发展生态循环有机农业，并在此基础上打造自然教育、绿色研学、田园旅游、餐饮、民宿等更具备竞争力和吸引力的生态产业链。安龙村"生态农业"于研究、生产、推广全有机生态农产品，联合当地有机种植农户打造地方性生态品牌。"小微盆景"是村民开发的中小型艺术盆景，村集体组织每个月 18 号定期开展盆景集市，并帮助调动多方资源，开展"小微盆景"的相关培训，提升盆景工艺。"小微盆景"在促进村庄经济发展的同时，因其工艺需要男性女性共同参与也提升了家庭的幸福指数。

　　"农家之乐，民宿部落。"郫都区友爱街道农科村是中国农家乐的发源地、国家 AAAA 级景区、全国农业旅游示范点。农科村依靠花卉苗木，盆景种植发展旅游业，实现了一、三产业良性互动，成为全国乡村旅游的典范、农业生态公园、中国盆景之乡。农科村苗木花卉种植面积达 2300 余亩，花卉品种以金弹子、银杏、桂花、海棠、榕树为主，桩头、盆景、造型等各具特色，各种高档次木本、草本花卉随处可见。农科村花卉产业尤以川派盆景最负盛名，被誉为"中国盆景之乡"。农科村在发展盆景产业的同时，依托观赏性的农业生态景观，打造"主题精品民宿集群"，如艺术乡村酒店、文创民宿、藏茶主题民宿、网红主题民宿、茶道民宿、扬雄国学会馆、花艺立体植物园、汤道养生馆、影视街、文创街等；聚合主题特色业态，结合现代民俗风貌做外表，浓缩现代田园智慧生活精华，聚特色餐饮宴会、民宿客栈、乡村酒店、艺术表演、国学、衍生文创品等于一体。女性村民在农科村的产业振兴中发挥着独特的作用。一方面，在农家乐产业中，弹性的工作时间使村民能够利用空闲发挥自身作用，实现个人价值；另一方面，在花卉苗木产业中，女性村民与男性合理分工共同承担种植工作，所形成的绿化产业链条解决了30%的村民就业。其中多位村民心系家乡，积极返乡创业，在总结和思考目前产业发展瓶颈的基础上，进行产业转型升级，明确定位与客户群体，联盟商家进行资源整合，寻找新的突破口，助力乡村经济振兴新发展。

（三）321模式："三产主导，一二联动"的科技文创模式

321模式是"三产主导，一二联动"的科技文创发展模式，实现由三产（旅游业、科技业）带动一产和二产联合发展的模式，实现"文创基地＋田园旅游＋产品消费"或"科技基地＋智慧旅游＋电商消费"的创意发展模式，结合当地文化特色，将乡村旅游与手工加工业深度融合发展，或利用创意旅游聚集人气优势，打造景观文化内核，吸引人员流动带来消费，形成购买力和服务支撑；或打造科技产业基地带动周边消费升级。这种发展模式吸纳广大农村村民参与乡村旅游项目，拓宽了手工制品的消费市场，开辟了广阔的产业发展支撑平台。郫都区的菁蓉小镇的"大数据智慧产业＋巾帼云创"、青杠树村的"川西林盘＋院落田园"、石羊村的"田园旅游＋海棠生态湿地"发展模式是代表性案例。

"数字智慧，巾帼云创。"随着物联网、云计算的发展，大数据技术也成为了热门词汇。郫都区把握国家实施大数据发展战略契机，加快推动数据资源共享开放和开发应用，助力产业转型升级和社会治理创新，高度重视大数据产业的发展和大数据与创新创业的融合，大力打造大数据小镇——菁蓉小镇。小镇以国家信息中心大数据创

新创业（成都）基地和四川省大数据特色产业基地为基础，以中国大数据专家委员会为指导，以属地政府为支撑，深化大数据应用，搭建经贸合作、交流对接、品牌创新的互动平台，并逐步成为中国西部地区领先的大数据核心集散地。郫都区政府利用郫县菁蓉小镇创新创业工作的良好环境，积极推动高校嫁接，建立女性创新创业基地。此外，郫都政府积极服务于京东云创新空间在郫都区的发展，并借助其女性双创示范基地建设契机，深挖食品饮料、川菜调味品等川菜产业特色的妇字号产品内涵，助推其项目产品转型升级；同时广泛吸纳优秀女性人才进入"优秀女性双创人才库""优秀女企业家库"，积极为"巾帼云创"工作品牌打造奠定人才和项目基础，努力打造"女性创业中国第一城"。

"海棠花开，金色湿地。"郫都区友爱街道石羊村大力实施乡村振兴战略，调整产业结构，深化一三产业互动发展。针对花卉苗木销售难问题成立产业合作社，吸引资本企业进村入户、鼓励外出村民回乡创业，在企业和村民之间搭建起苗木种植产业供销平台，带动实现村民增收致富；同时打造以金海棠湿地公园为核心的农旅融合观光生态旅游的新样态、新基地，实现党建引领下的产业融合发展、乡村和谐宜居。由村民众筹建设的金海棠湿地公园是一大特色。村民可拿土地、现金、房屋、苗木、租金入股，还可以依托湿地公园产业载体，从事旅游产业，为村民开辟了一条致富门路。女性在产业振兴方面也发挥着不可替代的作用，其中"四川丽景宏图园林绿化工程有限公司"的女性负责人，心系村内发展，出嫁不久便返乡创业，在发展自身经济的同时帮助村民销售种植的苗木，促进村民就地就业，解决中老年村民就业难问题。

"青杠田园，最美乡村。"青杠树村是市级新农村综合体示范建设样板村。千百年来，川西平原形成了一种叫作"林盘"的居住方式，而青杠树村也充分尊重和发扬的这一极具地域特色的传统居住形态，依托现有林盘，以"院落"为组合单位，采取小规模、组团式、院落式的空间布局，规划了9个聚居组团。建筑风格既保留了传统川西民居轻盈精巧的建筑造型、朴素淡雅的建筑色彩，又融入了现代建筑美观实用、简洁大方的特质。粉墙黛瓦、错落有致，原有的高大乔木全部得以保留。原来的灌溉沟渠在小区内蜿蜒流过，变成了具有灌溉、景观双重功能的生态渠。牌坊、水车、亭子等景观，使整个新村更具品质与活力，生态、形态、文态高度融合，形成了"院在田中、院田相连"的川西田园风光。"两江碧水抱村流，百岁青杠挽渔舟，半岛天成无雕饰，千古田园有遗风"，美不胜收，被称为"中国最美乡村"，吸引了大批艺术家进驻，成为远近闻名的"画家村"，同时吸引大量游客观赏，带动了本村的经济发展。为促进农民持续增收，按照一三产业融合的理念，青杠树村设计了新型产业发展路径。其中，大学生返乡创业，结合自身经历打造了村中第一家民宿，将烘焙产业融入民宿打造之中，深受年轻旅客们的喜爱，为本村旅游业的发展寻找新的突破口，开启了发展第三产业的新篇章。

二、以人才振兴为关键，培育社区治理主体

乡村振兴，人才是关键。因为"人"，是带动城乡间市场、资金、信息、技术、管理和理念等方面密切联动、深度融合的最佳因素。为此，乡村振兴要实行更加积极、更加开放、更加有效的人才政策，推动乡村人才振兴，让各类人才在乡村大施所能、大展才华、大显身手，把人才引入乡村、留在乡村。郫都区为振兴人才队伍，一方面，加大乡村人才培育，通过不断打造培训品牌建设，加强对乡村村民创业、就业和领导能力等综合素质的培育；另一方面，郫都区拓宽人才引进渠道，通过"一村一大师"和"共享田园新村民"等人才发展体制机制创新改革，把有乡村情怀、有技术能力、有致富本领的人才引入乡村，助力乡村发展。

（一）内培：培育标兵，争当乡村主人翁

为引领村民参与推进乡村振兴，发挥村民在乡村振兴中的主人翁的作用，郫都区各级政府整合市、区两级巾帼导师资源，联合郫都区各职能部门、大专院校、巾帼企业、社会组织等机构，在电子信息产业主体功能区、郫都中国川菜产业园、菁蓉镇国家级双创示范基地等产业领域，面向郫都区产业功能区村民、农村村民骨干、返乡下乡创业村民、居家灵活就业村民、家庭成员等人群，围绕村民素质提升需求，实施了乡村振兴人才培养计划。

为推动乡村振兴，提升村民创业发展能力，引领村民更好地参与社会经济发展，真正发挥出辐射带动作用，郫都区精准把握村民创业需求，开展全方位培训。为提升村民就业能力，郫都区政府也加强了村民职业技能的培训，不仅通过专业课程培训提升了村民就业的能力，也通过网上政府等形式拓展了村民就业渠道，为村民居家灵活就业提供了可能。郫都区实施了"巾帼家政培训提升行动"，依托新华亿母婴培训学校、村（社区）村民之家等阵地开展月嫂、育儿嫂、保育员、钟点工等培训，累计培训村民1780余人，帮助880名村民实现就业。郫都区青杠树村、农科村等村庄，一三产业农旅融合的产业经济为村民创新创业提供了条件，政府的创业支持和技能培训调动了广大村民参与乡村振兴的积极性、主动性。

为充实壮大干部力量，扩宽干部的培养选拔渠道，郫都区加强了对村级后备干部的教育培训。区政府联合区委组织部、区卫生健康局和乡村振兴博览园管委会举办乡村振兴干部人才培训之基层政府主席培训班，针对干部的自身特点，通过举办干部专题培训班、选派优秀干部到高等院校学习深造和参加各类培训教育等方式，组织和引导广大干部努力提高素养。

（二）外引：引育专业资源，共享田园新村民

"强化乡村振兴人才支撑，激励各类人才在农村广阔天地大施所

能、大展才华、大显身手，在乡村形成人才、土地、资金、产业汇聚的良性循环"，这是党中央的要求，也是郫都的探索方向。在加强乡村内部村民实用技能、创业就业技能和领导力培养的同时，郫都区积极吸纳城区优秀企业家、创业家、村民骨干、专业技术人员等投入乡村振兴，引入优秀资源，共享田园新村民。

（1）实施"一村一大师"，构建乡村振兴专家智囊团

2019 年，郫都区开始实施"一村一大师"计划。该计划将从各大专院校、科研院所、企事业单位、社会团体中选聘有特长、有情怀、有经验的规划师、设计师、学者、艺术家、企业管理者，以及部分本土"非遗传承人""工艺大师""技术能手""社会贤达""土专家"等专业人才，与郫都区各乡村对接，将专家与乡村振兴实践相结合，努力将郫都打造成全国乡村振兴示范区。

自计划推行以来，目前郫都区已有来自中科院、中央美院、四川大学等高等院校的 20 名学者型专家，以及有关乡村振兴策划设计、旅游开发、营销推广、文化艺术等各类实干型"大师" 35 人，并成功结对服务 31 个村，基本实现"村村有大师"目标。专家智囊团正是通过"一村一大师"将城市韵味与乡村灵魂相结合，打造出一个个有品位、有魅力的新乡村。例如，安龙村驻村大师毛新虎和兰欣睿等通过"一村一品"将安龙村打造成文旅产业运营联合体，使其不仅成为中国盆景名村，也成为全国美丽休闲乡村和乡村振兴示范村。

通过"一村一大师"，郫都区为乡村振兴引入了优秀的人才，他们在乡村振兴策划和设计方面，在郫都历史文化、川菜文化和川西林盘研究方面，在农业产业转型升级和农产品研发及精深加工方面，在民宿和乡村旅游开发方面，在书画、美术和音乐方面都有较深的研究和造诣。这些外引人才不仅为乡村振兴引入了资金、推进了项目，也为乡村振兴探索更新了模式，推出了带有典型郫都特色和影响力的乡村振兴项目。

（2）开展"共享田园"，探索人才引育新机制

为探索乡村人才引育留用新机制，郫都区出台了《成都市郫都区"共享田园"建设指导意见（试行）》和《成都市郫都区"共享田园"新村民引进指导意见（试行）》。在前期试点的基础上，郫都区启动了"共享田园新村民"招募，将农业类、乡村旅游类、医疗卫生教育类、文化艺术类和社会治理类等乡村急需人才引进村庄，推动人才下乡和人才兴村，解决好农村急缺人才引进留用难等问题。在这一过程中，村庄通过整合农村土地、农房、资产和生产资料、生活资料等全要素共享，引导城市资源、资本、人才和技术等向乡村流动聚集，以引进新村民的方式促进城乡融合发展，实现城乡资源双向共享，从而为乡村振兴提供新动能。

通过"共享田园新村民"，郫都区为各村引入了许多优秀企业家、设计师、建筑师、教育家、专家学者等专业资源。例如，在战旗村，作为战旗新村民的刘彦女士，不仅在战旗村开设了"东北水饺"店，承租了乡村十八坊的铺子，还通过招收"村民徒弟"等方式带动了战旗村民创业就业。再如安龙村的新村民李星女士，在安龙村创办了"安龙书院"，打造了"有机示范农场"，不仅将传统文化融入安龙村的乡村振兴，还通过打造乡村旅游等产业带动安龙乡村一、二、三产业融合发展。"共享田园新村民"将优秀的人才和资源下沉到乡村，促成城乡资源、资产、市场、技术的互动共享，为乡村振兴和社区治理提供了人才支撑。

三、以文化振兴为依托，激发社区治理的内在活力

郫都区政府以文化为魂，厚植底蕴，激发乡村振兴内生动力，从三个方面入手开展文化振兴引领社区治理的行动：守根行动——守根基，深耕乡土文化；爱家行动——爱家园，弘扬家国文化；活力行动——益身心，繁荣生活文化。

（一）守根行动：守根基，深耕乡土文化

郫都区政府坚持引导村民守护乡村优秀文化根基，深耕乡村文化底蕴，让乡土文化在现代社会焕发出新的生机。

（1）弘扬优秀传统文化

一是保护非遗文化，发展非遗产业。乡土文化涵养呵护着宝贵的文化遗产。乡土文化源远流长，在历史的长河中除了不断为中华民族提供丰富的精神滋养外，还留下了宝贵的非物质文化遗产。郫都政府积极实施非遗传承进村活动，继承非遗文化，通过人才培养、争取政策支持等多种方式，引导蜀绣、布鞋、三编、剪纸等具有女性优势的非遗产业向战旗、先锋、石羊村等聚集，扩大示范引领效应。郫都区将蜀绣的传承发展作为打造"非遗之都"的重要内容，在中国成都国际非物质文化遗产节、全国文化遗产日等重大活动期间进行展览展示，充分发挥郫县安靖镇"蜀绣之乡"文化传统优势，定期举办"蜀绣文化艺术节"，打造"蜀都绣娘"的响亮品牌。

二是保护传统文化，注入现代精神。中华优秀传统文化的思想观念、人文精神和道德规范，植根于乡土社会，源于乡土文化，不仅维护了中国古代社会的良好秩序，在当今社会仍然具有强韧而持久的生命力。农科村作为扬雄故里，积极发扬光大扬雄文化，着力加强文化保护利用和文化遗产保护传承，引导村民以舞台形式进行表演，自编自导舞台剧，宣传历史文化名人，开发文创产品；另一方面也利用杨雄文化链接多方资源开展各类培训，提高村民和村民的文化素养。

（2）发掘农业文化创意

文化创意是乡村产业和文化振兴的重要动能。一个好的文化创意具有强渗透、强关联的效应，可以与乡村一二三产业融合发展，提升乡村产业附加值，推动乡村高质量发展。

一是发掘亮点，打造文化创意品牌。比如战旗村的豆瓣历史文化博物馆，先锋村的农夫记忆历史博物馆、广福村的韭文化博物馆。这些举措让传统农业文化在现代社会焕发了新的生机。以先锋村的耕读文化为例，先锋村以农夫记忆广场为标志，配套建设支部农场、先锋公社、大队部、农夫晒坝、三味书屋、农夫田园、农夫记忆博物馆等 20 余处景观，展现农耕文化、农业生产、农民生活。

二是唤醒记忆，再造现代乡土情怀。先锋村的"农夫记忆"博物馆，占地 600 余亩，馆一区用陈列式展出锄头、蓑衣等农耕器具，同时配有农时讲解等。在一片茂密的竹林中，穿过小桥流水，伫立的几间木屋房就是三味书屋。书屋的外墙上画满鲁迅文章《从百草园到三味书屋》里描写的场景，游客可品茗读书。由村小学改造而成的馆二区，用场景式展示了五六十年代的农业生产关系、社会管理机制等，做深做足文化村落与文化故事，为乡村文化振兴增添新内涵。

（3）开发院落文化资源

乡土文化作为一种情结，是重要的文化资源和文化资本。一批文化底蕴深厚、充满地域特色的美丽乡村在郫都区不断出现。

一是开发院落景观，传承川西文化。院落是一种特殊的人文景观，包括川西古村落、古建筑、古民居以及传统文化的地区，其特点是乡村文化资源丰富，具有优秀民俗文化以及非物质文化，文化展示和传承的潜力大。比如，青杠树村坚持以"文化为魂，体现新村风格"，通过景观节点、农耕博物馆等重现青杠树水陆码头的繁华景象，将清代老垸子、百年古井等文化遗迹加以改造和景观化处理，在拆旧过程中对有价值的房屋构建、生产器具等进行收集保护，为传承水乡文化留下了珍贵资料。游客可以在这里体验川西民居院落、耕读传家意境、农村生活美景。青杠树村充分尊重和发扬极具地域特色的传统居住形态，依托现有林盘，以"院落"为组合单位，采取小规模、组团式、院落式的空间布局，规划了 9 个聚居组团。在保留传统建筑造型和色彩的基础上，融入现代建筑特质，原有的自然风光得以保留使整个新村更具品质与活力，生态、形态、文化高度融合，形成了"院在田中、院田相连"的川西田园风光。

二是抓住发展契机，申报文化项目。区政府以申报中国及全球重要农业文化遗产为契机，广泛发动广大村民参与"四川郫都林盘农耕文化系统"申遗活动和农民丰收节等活动，以遗产地为 IP、川西林盘为主题、民宿为载体、绿道为纽带，开展郫都区"文化申遗＋特色镇＋林盘＋精品民宿"产业建设、积极传承传播、创新发展郫都区优秀乡村文化。

（二）爱家行动：爱家园，弘扬家国文化

郫都区广大村民参与文化振兴的做法主要有：扩大"家"影响，好风传家；传播"家"力量，关爱妇儿深。

（1）注重家风传承

为更好地引领带动全区广大村民及家庭展示新时代新风貌，建设好家庭、传承好家教、弘扬好家风，郫都区政府号召各级部门和社会各界应积极支持、参与到发现最美家庭、推选最美家庭和家风文化建设中去，通过传播文明家风，让广大村民和家庭不断传递向上向善的力量。

一是持续开展家教家风教育活动。区政府常态化开展"晒家风讲家训""好家风好家训好少年"家庭文化风采大赛和家书家训宣传展示活动，多次举办"传承好家风，巾帼建新功"主题活动；建立家庭教育、家庭文化示范基地，"指尖的爱"生活馆、巾帼创新创业示范基地、居家灵活就业示范基地开展最美家庭故事分享活动，为教子有方、绿色健康、书香文明、孝亲和睦、友善公益等最美家庭颁发荣誉证书。2018 年郫都征集"蓉城幸福家·我的家风家训和我的家书家信"书画、摄影、书法、剪纸等优秀作品 600 余件，并在全市农村县（市）举办主题巡展，积极倡导夫妻和睦、孝老爱亲、科学教子、勤俭持家、邻里和谐，以良好家风沁润促进乡风文明。

二是开展"人居环境整治进家庭"活动。区政府组织引导巾帼志愿者开展"美丽家园"志愿服务活动，弘扬了积极向上的巾帼正能量。通过环保宣传、河道垃圾清理、环境卫生整治主题，开展"建设美丽庭院（居室）""垃圾不过年"等群众性活动，引导家庭成员积极践行绿色发展理念，共同创建美好家园；引导广大家庭积极参与节能减排行动、环境卫生整治、美化绿化家庭，同时将"绿色环保家庭"纳入"寻找最美家庭"创建的类型之一；引导发挥"最美家庭"示范带动作用，通过临石村江英华等一批"绿色环保最美家庭"的示范带动作用，使村民群众认识到乡村振兴与人居环境整治工作的重要性，激发她们以主人翁姿态参与到乡村生态振兴中来。

（2）服务家庭需要

一是实施家庭工作提升行动计划。在《成都市关于指导推进家庭教育的五年规划（2016—2020年）》的指导下，政府以家庭文明、家庭教育、家庭服务为重点，打造家庭教育示范基地、家庭文化示范基地，举办好家风好家庭展示宣传活动，做优儿童之家、村民之家阵地；进一步创新家庭服务进社区，探索家庭服务项目化、市场化模式，培育发现和凝聚能力优秀的公益服务社会组织，提升郫都区家庭工作发展水平。充分挖掘发挥"村民儿童之家"的综合效益。将其打造成村、社区村民儿童的生活驿站、交往平台、学习园地，并成为引导和谐邻里关系示范窗口，持续传播真善美、弘扬善能量。

二是服务辖区家庭的现实需求。郫都区政府开展家庭教育送教、"带爱回家"等活动；邀请知名专家做客"芙蓉绽放·名人大讲堂"公益讲座，定期举办"蓉城幸福家·社区家庭日"家庭教育讲座，"早教进社区"公益活动等；邀请家庭教育指导教师，为家长们讲解了儿童发展关键期家长应注意的一些育儿知识，并带领家长们进行了丰富而有意义的游戏活动，进一步向家长们传达科学的育儿知识和理念。

三是开展"早教进社区"公益活动。活动分两个板块：一是培养"婴幼衔接公益课程指导教师"，从全区14个街道公办幼儿园的22个办学点中，推荐44名幼儿教师，委托成都电大（市社区大学）进行专题培训，指导如何为入园前家长和儿童开展具体的培训，用科学的理念和方法指导家长。二是由参培的44幼儿教师，在固定的时间到14个街道的幼儿园或者社区村民、儿童之家同时举办课程内容一致的"婴幼衔接指导课"，帮助家长解决儿童入园的"分离焦虑、人际交往、生活适应"等一系列问题，为孩子入园做好应有的准备。郫都区政府为了填补婴幼（幼小）衔接教育的空白，制订了"实施积极教育，创建幸福学校"三年行动计划，以更好地发挥幼儿园在社区早期教育中的辐射作用，提升家长科学育儿理念，给幼儿家庭带去更全面、更科学的早教指导与服务。

（三）活力行动：益身心，繁荣生活文化

郫都区政府采用各种方式增加文化供给、丰富文化生活，提升乡村文化生活质量，形成良好的文化环境，充分发挥村民的主体作用，引导村民自我表现、自我展示，激发丰富乡村文化供给的内生动力。

一是开展多样文学艺术活动，提升文化艺术素养。区政府开展各种文化艺术活动，培养一批优秀村民成为时尚艺术和高雅生活情趣的引领者，满足乡村居民对美好生活的需要。比如定期开展"巾帼文化与女子国学培训""品味经典 润泽童心"国学经典诵读公益课堂，营造全民参与国学经典的良好氛围，给孩子们提供一个认识和了解中国传统文化的窗口，陶冶村民和儿童的情操。

二是实施现代美学示范项目，涵养现代生活品位。充分运用花卉元素，在青杠树、安龙等村开展美学居室阳台、示范庭院节点打造等评比活动，让他们有机会认识和了解现代美学文化中所具有的优美、高尚且细腻雅致的内涵，从而达到涵养心性的目的，并带动院落村庄品质提升，促进民宿旅游业发展。

三是繁荣本土生活休闲文化，打造休闲文化名片。现已形成多种多样的品牌性休闲文艺活动，比如石羊村的乡村音乐节、战旗村的战旗大舞台、广福村的韭菜文化节等特色文艺活动。当地村民作为丰富多彩文化生活的组织者和参与者链接邻村资源，引进专业老师教村民唱歌跳舞，将村民中唱歌舞蹈爱好者组织起来，带动更多人参与到文化软实力的提升中，提升了村民的精神面貌，解决家庭邻里矛盾，积极主动宣传正能量，丰富了村民的日常文化生活，在满足村民和游客休闲娱乐的同时也在传承和发扬传统文化。

四、以生态振兴为抓手，开展社区环境治理

推进乡村生态振兴，从宏观层面是按照尊重自然、顺应自然、保护自然的理念，把生态建设融入经济、政治、文化、社会建设等各方面和全过程；从微观层面是要在经济社会发展的过程中，依托生态资源，持续发展生态文化产业，促进生态保护与经济社会发展的良性互动。郫都区政府主要从三个方面积极开展生态振兴行动：一是开展生态宜居行动，建设美丽乡村；二是发展生态农业产业，繁荣绿色经济；三是弘扬生态文化理念，实现生态文明。

（一）开展生态宜居行动，建设美丽乡村

"绿树村边合，青山郭外斜"，乡村生态振兴为广大农村描绘了一幅可望可即的美丽画卷。乡村生态振兴，要加快建设美丽乡村。郫都区政府坚持"生态优先、绿色发展"的理念，引导广大村民扎实推进农村人居环境整治活动，完善农村生活设施，建设好生态宜居的美丽乡村，推动乡村振兴健康有序进行。

一是开展女子环境护卫行动。区政府积极鼓励乡村成立女子环境护卫队，支持村民参与乡村生态环境保护。比如临石村"女子护水队"是成都远近闻名的女子环境保护志愿组织，被评为市级"绿色低碳环保巾帼志愿服务"示范队。临石村位于四川省成都市郫县

唐元镇南边，地处白条河与白木河之间，属国家水源保护区和成都市饮用水源地，但由于村民缺乏护河的环保意识，生活垃圾随手丢弃，垃圾堆积在下游地带，污染河源造成不良影响。2016年成都城市河流研究会带领该村村民参观成都其他村庄的护河及生态农业做法，几位带头村民秉持着对村庄的热爱，自发成立水源地志愿护水队，无偿管理、自掏腰包修建基础设施，并在万科公益基金的支持下开展相关护水活动。目前护水队固定人员24名。在成都城市河流研究会的支持和培训下，护水队将劣势转化为优势，将可利用的垃圾转化为生态有机种植的肥料，并拓展了护水队的工作范围，如日常河道垃圾清理、定期巡河、社区环保宣传、发展生态农业等，为水源治理和生态保护做出了杰出贡献。

二是开展生活垃圾分类行动。郫都区政府制订了"生活垃圾分类'十百千万'行动计划"，制定了实施十大生活垃圾分类重点项目，包括垃圾分类、低碳环保"最美家庭"评选项目，"扮靓我的阳台""创建美丽庭院"项目，生活垃圾分类家庭教育项目、创意宣传项目、村民儿童之家示范服务项目主题宣传、巾帼志愿者知识培训项目，政府系统工作推进现场会等系列活动。此外，区政府举办百场生活垃圾分类主题"你好！邻居·社区家庭日"活动，组建千人生活垃圾分类巾帼志愿服务队伍，带动百万家庭参与生活垃圾分类行动，共建美丽乡村。

（二）发展生态农业产业，繁荣绿色经济

推进乡村振兴，必须要把生态文明和产业发展有机结合起来，通过增加生态产品和服务供给，推进农业与旅游、文化、康养、体育等产业融合发展。郫都区政府引导广大村民做大做强农业绿色产业，转变农业发展方式，建立以资源高效利用和生态环境保护为基础的可持续农业发展体系，坚持走环境友好的现代农业发展道路。

一是发展生态农业产业，打造有机品牌。郫都区安德街道安龙村自 2012 年开始探索以保护水资源为主旨的"粮蔬种植 + 沼气池 + 家用污水处理池"的生态农业模式，并开展了农村生态家园建设——有机农业和乡村生态循环系统等项目实验：利用循环经济的方式对家庭日常生活垃圾、人畜粪便等和田间生产中的副产物进行循环利用和无害化处理，除了为农业生产提供了无污染的优质有机肥料，更有利于解决农村面源污染问题，恢复农业生态系统，实现资源循环利用，保护环境，给农业生产提供健康的土地和生产生活环境，为农业生产者和消费者提供健康的食品，保护原生态的传统文化。在这个生态农业产业链中，村民做出了突出贡献，并涌现了一批村民代表。以"高姐姐"闻名的高清蓉已经独立向阿拉善"创绿家"申请到资金支持开办留河净生态百草园，并开始涉足亲子自然教育，而且多次作为村民代表参与国内外生态会议的发言。

二是坚持"生态立村—绿色经济"，发展生态旅游。区政府在保护生态环境的基础上，将自然生态与美丽乡村完美结合，把生态环境优势转变为经济优势。如青杠树村始终坚持"生态为本，体现田园风貌"，以"建美丽新村，享幸福生活"的总体方向，按照"小规模、组团式、生态化"的理念，把整个村作为 AAAA 级景区来规划和打造，在建设过程中始终把生态作为最宝贵的资源来保护和利用，依河布局了生态产业带，促进了产村相融。在产业振兴方面，青杠树村持续探索寻求适合自村发展的特色道路，从一开始的水稻制种转型升级为花卉苗木，独具特色的油菜花种植体现田园风光，吸引大量游客前往观赏，带动本村的经济发展。再如石羊村打造以金海棠湿地公园为核心的农旅融合观光生态旅游的新样态、新基地，实现生态保护基础上的产业融合发展、乡村和谐宜居。

（三）传播绿色共享理念，倡导生态文化

推进乡村生态文明建设，把生态优势转变为发展优势，离不开生态文化的强力支持。郫都区政府深入挖掘乡土和现代生态道德、生活习俗等文化资源，大力弘扬生态文化，促进乡村生态文明建设，加快乡村生态振兴。

一是倡导绿色共享发展新理念，组织村民参与生态保护活动。郫都区政府充分发挥政府组织联系服务村民群众的桥梁纽带作用，通过政府组织系统及联系服务对象发出倡议，号召全区广大村民从家庭做起，争做人居环境整治的宣传者、践行者，把人居环境整治行动推向深入。以母亲节、三下乡等节庆和集中宣传活动为契机，围绕培养文明习惯、低碳环保、垃圾分类、环境卫生整治等主题，深入社区、广场、村民儿童之家等人群密集的地方开展生态文明宣传50余次；以"巾帼建功，创优创美行动"为主题，开展了系列内容丰富、形式多样的活动，全力配合全区农村人居环境整治行动。同时，政府积极支持各乡村村民成立生态教育组织，四川首个以"农耕水工文化"为特色的环境教育中心在当地村民的积极参与支持下在安龙村落成。全面展示川西农耕水文化成就，发挥公众环境教育功能，让大家知水、爱水、护水。

二是开展志愿服务活动，开展现代生态文明科普教育。郫都区政府结合重要传统节日，推进"一家亲"绿色环保志愿服务，发起生态文明科普知识宣传，绿色出行倡议、女性健康卫生知识宣传等志愿服务活动；提升农村村民健康卫生意识，做好"禁毒防艾"工作，引导村民洁身自好、珍爱生命、拒绝毒品、远离艾滋；提升村民环境意识，开展"建设美丽庭院"等宣传教育活动，引导村民建立现代生态文明意识。

五、以组织振兴为保障，推动社区多元共治

为了动员农村村民积极投身乡村振兴战略，并提高农村村民参与乡村振兴的素质和能力，郫都区通过政府与农业、文旅、商务、民政、社治委等部门联动，激发广大村民在组织振兴中的参与意识，

积极推动村民参与基层社会治理，逐渐形成了党建引领、村民自治、社会组织参与的社区治理模式。

（一）重心下移，推进政府组织深度改革

为实施乡村振兴，提升政府基层组织在乡村振兴中的凝聚力和专业能力，郫都区创建了"党建＋政府"的乡村治理模式。郫都区政府积极推动政府组织改革，扩大政府组织的覆盖面和影响力，建立了政府干部"1+1+N"联系点制度，通过政府干部开展下基层、访民情、办实事等常态化活动，沉入基层主动参与乡村社会治理。在乡村，郫都区政府组织在村民之家建立"蓉姐对你说"维权点位191个，构建起集"矛盾排查、纠纷调解、法律帮助、关爱帮扶"于一体的综合维权服务模式，为农村村民预防化解矛盾纠纷提供了解决平台，也为政府沉入乡村提供了载体。

郫都区政府将村民参与乡村社会治理的路径嵌入区"1+5+N"模式，在主动链接乡村多方资源对村民参与乡村社会治理进行能力建设的同时，形成了"妇工＋社工＋志愿者（义工）"的服务团队，为发动村民积极参与乡村治理的各项活动搭建了载体。

（二）完善志愿服务体系

郫都区政府为充分发挥志愿者队伍在组织、引导、服务农村村民，维护村民儿童合法权益，贴近村民生活，构建起完善的志愿服务体系。

第一，加强服务队伍建设，完善志愿服务体系。郫都区还建立了比较完善的多层次多形式的志愿者招募体系，积极利用微博、微信、自媒体等现代信息技术，采取组织招募与自愿参与相结合、网络报名与现场报名相结合的形式，畅通村民参与志愿服务的渠道，不断壮大志愿服务队伍。要将志愿服务纳入乡村社会治理体系，必须要加强对志愿服务的规范化管理。为此，郫都区政府探索了制定服务管理、招募注册、星级认证等制度规范，构建完善的志愿组织体系，使志愿服务工作有队伍、有阵地、有管理、有经费支持，不断推动志愿服务工作的科学发展。

第二，以扶贫济困为重点，拓展服务领域。郫都区各级政府组织在发挥自身组织优势的同时，以乡村和家庭为阵地，设计开展了各项便民利民的志愿服务活动。首先，以扶贫济困为重点，郫都区在村重点推进"村民之家"建设，积极探索"村民微家"常态化模式，从而使村民儿童足不出户就能免费享受就业、维权、文化等服务，也为贫困村民、留守流动村民儿童等困难群体提供多种形式的帮扶服务。其次，政府将村民精准服务工作深入到基层、服务到基层，努力解决服务村民"最后一公里"的问题，使服务贴近家庭、贴近生活、贴近群众。

总的来说，郫都区政府立足各地自身产业基础、文化资源、生态本底、组织建设、人才资源，以产业振兴为主线，贯穿乡村振兴始终；以人才振兴为头脑，提供智慧理论源泉；以文化振兴为灵魂，厚植乡风文明沃土；以生态振兴为根底，呈现美丽乡村之面貌；以组织振兴为基石，筑牢和谐稳定之地基；通过乡村振兴五大行动计划，促使社区治理的现代化踏上一个新台阶。

第八章　新清河实验：专家参与的社区治理模式①

中国学者参与基层变革的现代传统可以追溯到 20 世纪二三十年代。面对着内忧外患、积弊丛生的华夏大地，当时一些学者以鲜明的本土意识和强烈的社会关怀积极投身实践，在知行结合中探索社会改良之路，形成了以梁漱溟、晏阳初等为代表的乡村建设运动，为后人留下了珍贵的知识与实践遗产。

当代学者直接介入基层治理实践既有历史传承的影响，更是出于时代呼唤和学科反思。有研究将当代知识分子影响国家治理的类型主要分为三种：中立观察式、批评建议式和主动实践式。② 近年来一些社会学者积极介入基层治理创新实践受到学界和社会关注，如北京新清河实验和大栅栏社区营造实验、山西蒲韩农民协会组织、四川村庄灾后重建、南京鼓楼社区协商试验、江苏太仓社区建设等。实际上，不少社会工作专业的学者多年来一直都在实际参与城乡社区治理和服务。

对于学者参与基层治理进行社会学干预，需要思考两个基本问题：一是学者干预基层治理本身的特殊性何在，其作用机制及其前提条件为何；二是学者干预对基层治理又具有什么样的一般性意义。然而，目前社会学学者参与基层治理实践本身还很少，相关研究则

---

① 本章参见肖林、陈孟萍：《新清河实验与社会学干预的中介效应——基于"双轨政治"的思考》，载《社会学评论》，2021（5），20~41 页；李强、王拓涵：《新清河实验：基层社会治理创新探索》，载《社会治理》，2017（7），56~63 页；李强、卢尧选：《疫情防控与我国基层社会治理创新》，载《江苏社会科学》，2020（4），24~31 页。

② 唐亚林、钱坤：《"找回居民"：专家介入与城市基层治理模式创新的内生动力再造》，载《学术月刊》，2020（1），84~96 页。

更为鲜见，个别研究也没有明确地把学者作为行动者的特殊性及其与其他行动者（特别是权力）的互动关系呈现出来。本章借助费孝通"双轨政治"的分析框架，我们可以更好地理解学者干预的特殊性和一般性，以及分析传统乡土社会的"双轨政治"模型对于城市基层治理的现代意义。

有两种重要的学科因素促使少数社会学者从传统中立研究者向积极行动者的角色转变。一是社会学自身的反思发展，二是社会学的中国本土化努力。以法国社会学家图海纳（Alain Touraine）为代表的"行动社会学"[①]和以美国社会学家布洛维（Michael Burawoy）为代表的"公共社会学"都强调学者直接参与行动的重要性[②]。另一方面，社会学的本土化问题近年来广受学界关注并引发了深入讨论。李强指出，社会学的本土化除了议题的本土化、理论与方法的本土化、范式的本土化这三个方面之外，还有一个重要方面就是中国社会学的社会实践、社会实验和社会干预，特别是社会学者在基层从事的社区治理实验[③]。知识生产与投身实践都是知识分子的重要面向，彼此关联，密不可分。在社会转型过程中，学者应该发挥自身的主体性和能动性参与其中，而非仅仅充当看似"价值中立"的观察研究者。换言之，"躬行"恰恰是获得"真知"的重要途径。

第一节　新清河实验的历史传统与价值取向

1928年，燕京大学社会学系杨开道和许世廉等学者在清河地区开创了把学术研究和乡村建设相结合的"清河社会试验"，试验的内

---

① 阿兰·图海纳：《行动社会学：论工业社会》，卞晓平、狄玉明译，北京，社会科学文献出版社，2012。
② 麦克·布洛维：《公共社会学》，沈原等译，北京，社会科学文献出版社，2007。
③ 李强：《改革开放40年与中国社会学的本土化、发展及创新》，载《社会科学战线》，2018（06），19页。

容包括重构农村经济、提供社会服务、开展乡村教育和社会调查研究等，试验持续多年，直到日军占领北平才被迫中断。① 老清河试验的宗旨在于为社会培育人才、产生本土社会学的同时改造社会服务社会，"学术机关必须与社会发生密切联系，方能造育领袖人才，领导社会思想与行动……国内科学材料多系舶来品……中国社会学者必得认识本国社会，方能产生本国社会学……改造社会不能闭门造车，必须经过试验，方有适宜之技术"②。正如侯俊丹所指出，燕京学派的清河试验是一场旨在将"政治和民主精神真正建构和守藏在地方社会里"的"知识分子组织运动"，在其区域经济重建设计中"能够真正打开农村社会，将其与外部世界……勾连起来的中间环节是'专家'领袖，以及得'专家'教育而成长起来的地方小知识分子"。③

2014 年，在北京市海淀区领导的支持下，清华大学社会学系李强教授带领课题组团队与清河街道合作，重启了聚焦社区治理创新的新清河实验。清河街道位于海淀区东北部，2017 年常住人口约 27 万人，其中本地人口 17.2 万人，外来人口 9.8 万人。目前，清河街道下属 29 个社区居委会，这些居委会类型复杂，有城市、农村、城乡接合部，有老旧小区、部队大院、平房区、商品房及混合型小区，还有"城中村"社区，社区类型极其复杂，可以视为中国城乡社区演变的一个缩影。作为新清河实验的发起者和主持者，李强教授在多篇文章中专门阐述了实验的背景、目的、意义和路径。立足于社区研究的长期积累，新清河实验具有若干鲜明的价值取向。

一是传承并发扬老清河试验以学术服务并改造社会的传统，致力于以知行结合的方式来探索社会学的本土化。实验课题组成员在不同程度上都从研究—发表的传统研究角色转而成为实际行动者，

---

① 侯俊丹：《市场、乡镇与区域：早期燕京学派的现代中国想象——反思清河调查与清河试验（1928—1937）》，载《社会学研究》，2018（3），215~1935 页。

② 燕京大学社会学系：《清河社会试验》，燕京大学社会学系出版品乙组第三十一号，1933。

③ 侯俊丹：《市场、乡镇与区域：早期燕京学派的现代中国想象——反思清河调查与清河试验（1928—1937）》，载《社会学研究》，2018（3），215~1935 页。

以切身参与基层治理来促进学术研究。在此意义上讲，新清河实验可以视为老清河试验在 70 多年之后的一次"精神回响"。

二是注重发现社会积极因素和激发社会活力。政府、市场与社会三者之间的平衡是实现高水平现代化的前提条件，必须培育与政府和市场相比而言"最为弱小的社会力量"[①]。新清河实验正是致力于发现社区居民身上积极主动的因素和动力，希冀"这种潜在的势能"能够"通过各种制度和规则设置有序释放出来"[②]。

三是以社区治理为切入点，聚焦对居民的赋权增能。社区治理是社会治理的基础和落脚点，社会学本土化也需要扎根社区研究，"社会学学科建设的本土化问题与国家提出的'社会治理'问题二者相互汇集"于此[③]。实验力图通过多种方式拓展居民参与社区公共事务的途径，以长期陪伴的方式探索社区治理创新的路径。

自 2014 年初起，清华大学新清河实验团队开展了对清河地区的田野调查、理论构想、样本选择及实验设计，涵盖了社会再组织和社区提升两大主题，分别是"社会再组织实验"和"社区提升实验"。社会再组织的实验，是从改造现有的居委会组员开始，以扩大社区居委会的代表性。社区提升实验，是议事委员带领居民进行民主议事和决策，产生以居民需求为导向的社区提升议案，通过专家、设计师等技术资源的整合，突出居民参与和过程监督，以完成社区的改造和提升。围绕社会再组织与社区提升这两大主题，课题组从基层政权改革实验、社会组织实验、物业管理实验、社会空间规划实验、民生保障实验和智慧化治理实验六个方面做了基层社会治理创新的一些尝试。[④]

---

① 李强：《从社会学角度看现代化的中国道路》，载《社会学研究》，2017（6），18~26 页。

② 李强、杨艳文：《"十二五"期间我国社会发展、社会建设与社会学研究的创新之路》，载《社会学研究》，2016（2），18~33 页。

③ 李强、王莹：《社会治理与基层社区治理论纲》，载《新视野》，2015（6），26~31 页。

④ 李强、王拓涵：《新清河实验：基层社会治理创新探索》，载《社会治理》，2017（7），56~63 页。

第二节　新清河实验中的"社会学行动力"

美国社会学家米尔斯把理解个人生活与社会历史关系的"心智品质"称为"社会学的想象力"。相应地，我们不妨将实验中的社会学干预称为"社会学的行动力"。这种行动力是指社会学学者在专业研究和学科反思的基础上将理论知识、价值追求与国家政策结合起来并转换为基层治理实践的具体行动，通过与其他行动者共同合作来促进社会发展和善治的践行能力。图 8-1 呈现了新清河实验不断摸索的社会学干预路线。

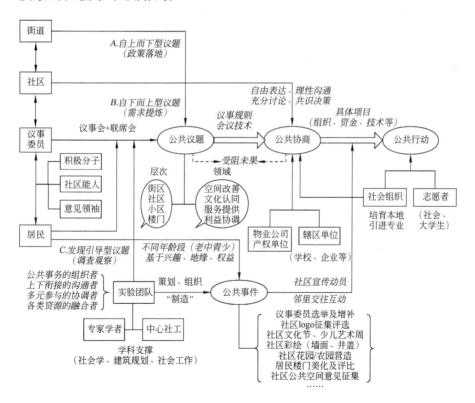

图8-1　新清河实验中"社会学的行动力"

路径一是探索居委会议事委员制度，推动自下而上的社区公共议题的形成、协商和决策机制。针对社区居委会行政化问题，实验建立居委会议事委员制度，以增强其自治性和代表性，在公开透明的原则下，由居民代表（或户代表）差额选举产生议事委员，赋予知情权、参与权、监督权和决策权，发挥民主协商功能。课题组通过"开放空间"会议技术、能力工作坊等对议事委员培训赋能，引导议事委员自下而上地提炼居民共性需求和普遍关切，结合社区经费的使用在议事会和多方联席会（物业公司、辖区学校等）上进行讨论，达成共识后转换为具体实施项目。议事委员制度既是畅通民意表达的重要渠道，也是居民自治载体和多方协商平台。

路径二是围绕着不同层次和领域的公共议题，激发居民参与积极性，拓展社区公共事务的多元化参与途径。实验根据社区公共事务的不同层次（街区、社区、小区和楼门）和不同类型（空间改造、文化认同、服务提供、利益协调等），针对不同人群的需求、兴趣和利益，推动不同年龄段居民对公共事务的关心和参与，初步形成了以议事委员为骨干，以积极分子、社区能人和意见领袖为带动，以普通居民为基础的社区参与结构。例如，在楼门美化和老年餐桌项目中，议事委员不仅"议"而且"行"，以自身行动带动更多居民参与；建立"社区学堂"平台培育社区自组织，发挥社区能人的积极性并为居民提供公益服务；在小区停车矛盾协调中，鼓励居民意见领袖参加议事委员补选，在公共协商平台上与居委会和物业公司进行对话；在社区 Logo 评选、墙面和井盖彩绘、社区农园等项目中，吸引青少年的兴趣并带动家长关心参与社区事务。

路径三是链接社会专业资源助力社区治理和服务。课题组推动清河街道与辖区单位（北京清华同衡城市规划设计院）开展合作，推动具有清河特色的社区规划师试点工作，招募多名专业规划师作为志愿者，推动规划师、议事委员、专业社工、居民志愿者和利益相关方相互配合，以参与式社区规划为理念形成"1+1+N"的工作机制。同时，实验引入不同的专业社会组织（交通规划、环境保护、空间设计、社区媒体等领域）并与之合作，链接外部资源以有效地服务民生需求。

一、基层政权改革实验与社区议事委员制度

基层政权改革实验，即通过增设"议事委员"来增强原有社区居委会的社会代表性、社会自治能力、社会活力和服务居民的能力。通过改造现有的社区居委会组织格局，确保社区居委会组成人员与社区的利益相关性，吸纳社区能人作为议事委员，拓宽居民参与公共事务决策和管理的渠道，积极探索基层民主协商的新形式，力图使社区居委会真正发挥出组织社区居民讨论与其相关的社区公共事务的自治作用，落实社区居民的民主决策、民主管理和民主监督权力。

（一）选举议事委员

新清河实验课题组通过居民代表座谈、入户调研、组织社区活动、张贴横幅海报、制作视频宣传片等多种形式，积极向居民广泛宣传实验的重要意义；先后制定和发布了《选举公告》《选举办法》等相关文件，支持和动员社区骨干报名成为议事委员候选人，并为每名候选人制作了选举展板和宣传视频；按照属地化和兼职化的原则，3个社区各自选举出 10 余名议事委员。

（二）确定议事规则

按照实验的基本思路，社区居委会既是"议"的机构，同时也是"行"的机构。新增的议事委员，按照新建立的"需求征集—提案提出—会议召集—预案确定—方案研讨—街道参与—预表决—公示草案—上报街道—形成决议并执行"的议事规则，以居民需求调查为基础，聚焦社区服务类和社区公益类等问题，在社区居委会主任的主持下定期开会进行讨论。

（三）议事委员培训

议事委员是社区居委会的组成部分，其参与社区事务的议事和决策，更体现了社区居委会是居民自治组织的基本功能，补充的议事委员和目前的社区居委会逐渐形成一个一体化的组织。为了提高议事委员的工作能力，我们对所选出的议事委员进行了包括如何做好问卷调查、访谈、召开参与式讨论会等内容在内的能力建设培训，让大家学会运用一些专业技术，开展居民意愿和居民需求调查，了解居民反映出来的社区问题，并提出解决方案。

（四）确定社区议题

实验的核心在于吸引更多的社区利益相关群体共同参与社区建设，保障社区居民的知情权、参与权、表达权和监督权。在议事过程中，议题设置是很重要的内容。针对所选社区对公益金的使用有很大的动力和需求，议事会把"社区公益金如何使用"确定为第一个议题。通过对公益金申请资格、申请程序、使用项目、过程监督以及效果评价等开放式的讨论，让社区居民能体会到，无论最后的决策结果如何，社区居民是参与过议事过程和决策意见的，由此刺激大家民主参与的意识，激发大家参与社区事务的热情和积极性。

（五）民主协商讨论

课题组组织社区居委会、社区议事委员、社区代表、楼门长定期开展"社区服务民主协商讨论会"。讨论引入了美国专家哈里森·欧文发明的"开放空间"的会议技术。比如，会议开始，首先请与会人员用三句话介绍一位现场自己熟悉的居民朋友，有趣的破冰之后，大家开始在题目纸上写下"我最需要的社区变化"。通过活动，大家理解了社区治理中公开、透明、合作、参与、关注弱势群体、将资源利用最大化的意义。

二、社会组织实验与"社区提升中心"的孵化

社会组织实验重在通过运营社会组织"社区提升与社会工作发展中心"孵化、培育社区社会组织。2016 年在北京市海淀区政府与清河街道办事处的指导下，课题组推动成立了"北京市海淀区社区提升与社会工作发展中心"（简称"社区提升中心"），并于海淀区民政局注册，是从事社区治理与社会工作发展活动的社会组织。该中心的理念是以社会学、建筑规划、民生养老等交叉学科背景专家团队为核心，秉承匠人精神，以理论结合实践，探索适合中国国情的社会和社区治理创新模式，努力实现"让生活更美好"（Make Life Better）的愿景。社区提升中心以搭建社区协商平台为基础，提升社区治理能力为目的，该组织录用专业社会工作者，发挥专业知识优势，动员多种社会资源，在承接购买服务、服务社会组织与公益活动等三大领域开展活动。该组织成立以来，在推进"新清河实验"方面发挥了重要功能，在社区治理方面取得成效较多。[①]

社区提升中心主要在以下几个方面深度参与社区治理：首先，培育和搭建制度化的社区参与模式，面向广大社区居民公开招募社区议事委员，搭建社区议事委员制度，以此作为社区民主协商的主要载体，使其在居民参与社区公共事务的过程中提供制度化的保障。其次，以社区议事成果为依据，整合辖区及社区资源，在试点社区内推动不同类型的社区营造项目，回应居民需求。第三，在开展社区营造项目的过程中挖掘社区能人，培育与孵化社区社会组织，引导其从自我服务逐渐向为他人服务和为社区公益服务转变，逐步实现社区民生问题的自我消解。

---

① 参见李强、卢尧选：《疫情防控与我国基层社会治理创新》，载《江苏社会科学》，2020（4），24~31 页。

（一）培育和搭建制度化社区参与模式

社区提升中心在工作开展中将社区议事委员制度作为社区治理的基础。清河街道目前有 15 个试点社区推行了议事委员制度，定期举办议事委员会议，由议事委员广泛征求居民需求或意见，于会议上讨论后形成共识，再协助社区党委和居委会共同推动具体工作，撬动居民参与并培育自组织。

社区议事委员制度是对社区居委会自治功能的有益补充，既是畅通民意表达的重要渠道，也是深化居民自治和民主协商的有效载体。在公开公正的原则下，由社区居民或居民代表选举产生具有代表性的社区议事委员，对社区公共议题进行协商讨论和民主决策。社区议事委员的功能有三：（1）深化社区居委会作为"居民代言人"的角色，引导居民对社区公共议题合理表达意见建议。（2）在社区协商的过程中，对议事委员等社区精英"赋能"，进一步深化居民参与的深度与广度。（3）形成社区治理中"发现问题—形成议题—达成共识—产生行动"的行为模式，社区居民不仅要"坐而议"，且要"起而行"。

2018 年清河实验协同清河街道选定智学苑社区作为实验试点社区。社区提升中心社工在介入智学苑社区后首先开展社区治理现状调查，并于同年底正式启动社区议事委员的选举工作。社工在动员期间的角色十分重要，除了在社区内张贴宣传海报外，社工在社区居委会的协助下，对社区居民骨干、社区领袖等人物进行访谈，充分挖掘社区人才参与，经过近 3 个月的筹备，由社区党委召开居民代表会议，选举社区议事委员。社区协商议事平台正式搭建完成后，社工需就社区协商的内容与机制对社区议事委员进行培训并召集社区议事会议，会议采取开放空间形式，社区议事委员就社区需求开展讨论，形成议题。社区提升中心除了全程参与社区协商会议外，也需要将社区议题的内容转化成可实施的项目。

（二）孵化和运营社区营造项目

社区提升中心基于社区议事委员协商议事机制，从居民需求出发，围绕楼门美化、公共空间改造、停车规范管理、老楼加装电梯、养老服务和社区文化等问题，对社区公益金和基层党组织服务群众专项经费优化立项，在楼门、小区、社区等多个层次推动不同年龄段居民对公共事务的知情和参与，注重培育邻里社会资本。

举例来说，阳光社区三角地改造项目就是"清河实验"最早基于社区议事协商机制开展的社区惠民工程，提升中心在工作开展中孵化出了系列社区营造项目。阳光南里小区是"清河实验"试点社区阳光社区的片区之一，属于老旧小区，缺少有品质的社区公共空间。三角地是位于南里小区入口处约700平方米的三角形绿地，长期失管，环境脏乱，影响居民生活品质。2015年课题组协助社区搭建居民议事平台后，议事委员在广泛征求居民意见的基础上提出改造三角地公共空间的提案。课题组采用参与式规划模式，组织举办社区Logo评选、社区墙绘活动、社区小小建筑师项目等，同时开展系列培训和工作坊，邀请社区居民与规划师协商讨论、提出方案、公众评选，尽可能广泛地征求居民意见，让居民参与到改造规划的每一个步骤，并在过程中享有对小区公共空间改造的讨论、议事与决策的权利。阳光社区三角地改造工程是基于居民参与的多元协商机制的重要实践成果，伴随着社区公共空间的改善和居民生活品质的提升，居民的社区参与感、邻里认同感显著提升。

（三）孵化社区社会组织

社区提升中心在开展社区营造项目的过程中注重挖掘社区能人，培育与孵化社区社会组织，引导其从自我服务逐渐向为他人服务和为社区公益服务转变，逐步实现社区民生问题的自我消解。

以美和园社区加气厂幸福花园维护管理小分队为例说明。2018年，美和园社区入选清河实验试点社区，社区提升中心协助搭建社区议事协商平台后，经过多次讨论，最终确定加气厂小区 7 号楼前花园改造项目，项目采用参与式规划方式，由社区居民全程参与花园的设计、实施与后续管理维护的各项工作。2019 年 5 至 6 月间，在社区提升中心的组织下，专业规划师团队、社工与社区居民等举办多场社区花园实作工作坊，专业规划师带领社区居民与志愿者采集花园周边的现场情况，挖掘、分析花园中可以利用的资源，讨论并实施社区花园改造方案。

参与式规划的主要目的是让社区居民在参与过程中建立认同感与归属感，并且打破传统规划方式的框架，让社区居民成为空间规划的主体。加气厂花园营造完成后，社区提升中心于花园内召开社区花园茶话会，邀请更多小区居民共享社区花园成果，另外也通过分组讨论、征集意见的形式，让社区居民共同为花园命名、制定社区花园公约。从社区花园完成至今，社区居民组成约 15 人的社区花园维护小组，定期开会，并共同维护社区花园的营造成果，受到社区居民的普遍认同。

三、物业管理实验与"物管会"的成立

物业管理实验是一种补充或监督物业公司履行公共职责的制度探索。为分类推进业主委员会和物业管理委员会全覆盖的工作要求、逐步实现党组织在物业企业、业主委员会和物业管理委员会领域全覆盖，清河街道打造"一核五联"新型基层治理体系，即在街道层面建立了"社区治理指导中心＋物业服务企业圆桌会＋业主委员会联席会"，统筹指导地区物业管理相关事务，联动辖区资源，共同解决地区物业治理重难点问题。

《北京市物业管理条例》中第三节物业管理委员会中第五十二条规定：物业管理委员会作为临时机构，依照本条例承担相关职责，

组织业主共同决定物业管理事项，并推动符合条件的物业管理区域成立业主大会、选举产生业主委员会。物业管理实验方面，清河街道成立了"社区治理指导中心"来指导、协调、完善物业公司的公共服务职能，建立了"社区治理指导中心＋物业服务企业圆桌会＋业主委员会联席会"的制度，由街道房屋管理、物业管理与社区治理相关职能科室人员组成，负责对辖区内物业管理工作的统筹协调，指导业主大会、业委会成立和换届，规范业委会运作；参与辖区内物业服务企业的日常考核，对当前服务质量与服务标准进行规范管理，完善物业服务的星级评估与奖励制度，督促有关物业问题的整改，为物业服务企业提供咨询、培训和指导工作。在社区层面，建立"社区议事委员会议＋业主委员会＋环境和物业管理委员会"制度，协调物业公司与业委会之间的关系。①

清河街道以毛纺北小区为试点，成立海淀区首家物业管理委员会，构建了"党工委领导、主责部门统筹、居民自管自治、多方协调参与、专家智囊支撑"的工作格局，探索党建引领物业管理的"一核五联3＋3"模式，推动物业管理从行业管理向社会治理转变。

物管会对物业公共事务管理依法享有相应的法定权利，为了使物管会做出的决定能够充分代表广大社区居民的切实利益，清河街道将社区议事委员制度与之相结合，同时组建社区专家委员会，三者共同构成较为完整的物业管理与居民自治的社区治理体系，重点探索基层党建引领物业管理与社区治理的有效路径。构建"社区党委＋"的社区大党建的物业管理委员会组织，实现以"社区党委＋业主＋物业"使用人代表的联建共建责任体系，形成以社区党组织为核心（统领）、问题解决为重点（核心）、辖区物业单位共参与（抓手）的"小社区、大党建、大共建"的社区基层党建新格局。

2017—2018 年，课题组协助 B 小区开展老旧小区综合整治市级

---

① 参见李强、卢尧选：《疫情防控与我国基层社会治理创新》，载《江苏社会科学》，2020（4），24~31 页。

试点工作，对小区 900 多户业主进行了详细的改造意愿问卷调查和深入访谈，同时以微信群等手段加强政策宣传以保障居民的知情权；在老楼加装电梯试点中组织社区、居民议事委员、普通居民和工程实施企业、电梯设计方等开展多次沟通协商会议，畅通居民意愿诉求的表达渠道；此外，还针对原经营场所腾退后用于公共服务和建设养老驿站进行居民需求调研和方案设计，作为街道决策实施的依据。2019 年到 2021 年，课题组针对 N 小区物业公司停车收费矛盾激化问题，经过充分动员并按严格程序以户代表方式选举了 9 名议事委员，搭建了小区议事协商平台形成每月定期议事制度，使得不同的意见诉求得以合理表达。

四、社会空间规划实验与社区规划师制度

社区规划实验重点在推进地区公共空间的参与式规划，综合考虑社区特征、居民需求和可利用空间资源等现状条件，设计地区性多功能百姓生活文化活动中心，创新社区生活文化服务中心运营模式。

2018 年，为了深化空间提升的有效性，新清河实验推行"社区规划师制度"。社区规划师制度的工作重点有：一是社区空间活化，二是社区动员；推出社区规划的"1+1+n"模式，由 1 名专业规划师、1 位专业社工与 n 位社区居民规划员或团队组成"社区规划师团队"，在专业力量的支持下，培育社区居民自下而上的参与社区公共空间的提升工作。

社区规划师在空间改造过程中，充分发挥其专业优势，扎根社区，推进社区空间改造工作。其具体权责表现为三方面：一是在规划前期的工作重点是搭建常态化沟通平台、组建居民骨干团队，让居民作为决策者、建设者、监督者参与社区空间改造的全过程，社区规划师则做好"军师"和"导师"，专注于项目方案设计、助推落实实

施，开展专业培训；二是做好社区需求的收集及分析工作，提供专业的资产评估、需求评估，扎根社区，陪伴社区及居民开展工作，制定社区发展规划，协力共谋社区发展愿景，助力多元参与发展行动；三是充分发挥空间设计、组织和动员等方面的专业优势，让更多的居民参与空间改造的设计、推进等工作，助力多元参与。

社区社工在空间改造过程中主要发挥三方面的作用：一是社区两委提供组织保障，负责空间改造方案的方案介绍、宣传引导、组织动员等工作；二是整合社区内物业、社会单位、居民等多方资源，动员其参与社区空间改造工作；三是充分发挥社区社工黏合剂的作用，做好政府与居民的衔接、上传下达工作，做到无缝沟通。

居民作为微空间改造的主体之一，也发挥着三方面的作用：一是社区居民通过社区共同营造的方式参与社区公共空间生产过程。比如，参与社区筹办、组织的由清华大学专业人员讲授的专业课程，学习专业理论知识，了解基础设计方法和设计思路，并动手操作，进行空间的设计，参与项目的改造过程；二是通过茶话议事会形式，居民对空间提升过程中细节、问题进行商讨，提出宝贵的建设性意见；三是为保障社区空间改造工作高效推进，符合居民诉求，社区居民在微空间改造前、中、后三个阶段进行全程监督。

物业及第三方施工方作为工程硬件实施部分的主体，前期需要与街道就社区空间的改造项目达成共识，建立合作机制，之后，根据社区空间改造的实施方案开展项目的具体施工，按照项目要求及工期要求完成施工，在施工过程中，对于阶段成果及时向街道汇报，同时，在社区范围内进行公示，让居民对施工情况进行了解并做好监督工作。

完成社区空间改造工作后，要想保证社区空间改造后能够长久保持整洁有序，就需要建立改造后的长效管理维护机制，公共空间的管理维护是项目可持续发展的保证。通过组织议事委员召开专题会议，讨论社区空间改造后如何维护管理等相关问题，商讨、制定社区公共空间管理维护公约,组建后期维护小分队,明确各项维护工作权责相关方,如议事委员、社区党员、志愿者、物业保安等共同参与监督巡查工作。

"新清河实验"课题组通过扎根社区陪伴式的形式开展微空间更新实验,在社区推进空间提升项目,全过程采用参与式规划设计的方式,每个阶段通过各种方式吸纳居民参与其中,使空间改造与社区再造相结合,推动社区营造的氛围持续发酵。目前,"新清河实验"已经形成了公共空间治理公众参与实践七步流程:(1)确定主题,结合民生需求,与街道沟通,确定以公共空间治理为主题;(2)征集意见,通过线上线下渠道宣传,利用"路见"在线地图等数据平台,广泛征集民众意见;(3)公布结果,通过线上平台发布意见征集数据报告,并公布最佳提案获奖名单;(4)线下协商,邀请获奖民众、政府部门、规划专家、相关企业代表共商治理重点;(5)编制方案,规划编制单位根据居民提案,并与相关企业合作,完成初步方案;(6)沟通方案,通过线上线下渠道与民众和相关部门沟通讨论,确定最终方案;(7)实施项目,街道、规划编制单位和相关企业共同实施规划方案。这种将组织化、个体化和自组织三种方式结合起来的参与式规划模式,在自上而下的政府干预和自下而上的公众参与方式之间找到结合点,并发挥网络平台自由、开放、共享的优势,在实际工作中是行之有效的。①

2014—2016年,课题组以 Y 社区为首个试点社区,经过充分动员宣传,选举出居民议事委员,搭建起社区协商平台。针对该社区公共空间严重缺乏的问题,在街道社区支持下充分发挥议事委员作用,将部分办公空间改造为服务居民的多功能议事厅,将一块脏乱差的三角地带改造为受到居民欢迎的公共活动休憩空间,并以居民申请和自我组织的方式开展了楼门美化活动;同时开展了社区文

---

① 陈宇琳、肖林、陈孟萍、姜洋:《社区参与式规划的实现途径初探——以北京"新清河实验"为例》,载《城市规划学刊》,2020(1),65~70页。

化周、社区 logo 评选、社区学堂等项目，扶持社区自组织和社区能人开展公益活动，以促进邻里交往、撬动居民参与和培育公共意识。在此基础上，实验发挥专业规划师优势，在 N、Z、M 三个社区分别开展了小区广场和地下空间改造、种植园和花园营造等项目。

2017—2018 年，实验引入第三方与街道合作开展"互联网 + 公众参与"的"路见清河"活动，探索利用基于地理信息系统的互联网手段征集地区内居住和工作人群对重点地段公共空间（商场周边、道路两侧）的意见建议。两次征集主题分别是共享单车摆放和街边"口袋公园"建设，共征集有效提案 3000 多条，并组织了居民代表、规划专家、共享单车企业、街道办事处、区交通管理部门等多方代表座谈沙龙，共同商讨相关问题，推动政府工作、专业规划与民意需求相对接。此外，实验引入第三方为街道创办了覆盖 29 个社区的《今日清河》社区报和社区信息化沟通平台"清河有邻"App，截至 2021 年 4 月底，社区报已发行 37 期，"清河有邻"注册用户达到 9940 人。传统纸媒与信息化媒体相互结合的信息平台在清河地区的邻里沟通、公益活动、公共服务以及政策宣传（如疫情防控、垃圾分类）等方面逐渐发挥出作用。

五、民生保障实验与社区的"适老化改造"

民生保障实验重点在于创新社区互助居家养老模式，对社区老人尤其是失能半失能老人及其家庭情况进行摸底调查、需求分析，制定相应支持策略。[①] 目前的工作重点是推进老旧小区的"适老化"改造，为社区居民中比例很高的老年人口、老年弱势群体提供更多的服务，比如"毛纺北"社区老旧楼房加装电梯、增设机械立体停车设施、增加老年服务驿站等项目，这些项目均为当地党政审批和

---

① 李强、王拓涵：《新清河实验：基层社会治理创新探索》，载《社会治理》，2017（7），56~63 页。

实施的重点项目。

老旧小区适老化改造是当前城市社区居家养老的主要趋势。清河实验在毛纺北老旧小区综合整治中的适老化改造中，利用了空间分析大数据技术，为空间改造提供了重要的数据基础。小区人口老龄化的空间分析方法在判断社区老化程度和筛选试点楼宇过程中发挥了功效。首先，课题组针对目前社区人口老龄化与老年人居住分布状况难以描述的问题，将数据和立体空间相结合开发了具有可视功能的立体视图。其次，课题组运用此功能可查询社区目前的老龄化状况（老龄人口数量、高龄老人数量、老龄化率等），同时可精确到户的查询社区中老龄人口的分布，数据显示目前毛纺北小区60岁以上老年人口约有697名(总人口约2000人)，其中80岁及以上老年人86名，老龄化率达30%，高龄化率达14%。这种可视化、精准化的大数据思维、方法和技术手段，使得其对公共空间改造的影响更为显著。

新清河实验的开展建立在学术、组织和经费三个基础之上。一是发挥交叉学科优势作为学术支撑。课题组成员由社会学和城市规划学的学者构成，以社区治理、社区规划、社区养老的长期研究积累作为实验的学术指导，注重社会—空间的辩证关系并通过空间提升带动居民参与。二是成立专门社会组织作为组织支撑保障实验的可持续性，课题组成立了社会工作机构（"社区提升与社会工作发展中心"），招聘了专职社工为日常具体执行者并以在校实习生为补充力量。多年来专职社工对社区和居民起到了专业支持（引导、动员、协调等）和陪伴作用。三是持续多年获得海淀区社工委民政局的社会建设资金重要支持，保障了实验的相对自主性、项目开展和机构运转。6年多来，实验在深化居民自治、搭建协商平台、强化民意表达、动员居民参与、提升公共空间、促进街道干部和社区工作者理念转变和能力提升等方面持续探索，在基层社会治理领域探索了不少有益经验。

第三节　社会学干预的中介效应

一、新清河实验的两个阶段与干预方式的变化

从 2014 年至今，课题组与清河街道的关系也经历了重要转变。2016 年下半年，街道党政负责人调整后从原先被动配合实验转变为主动寻求与学者加强合作，课题组也认为这有利于实验的可持续性。由此实验从 1.0 阶段向 2.0 阶段转变，即由学者主导自发探索转变为与街道深度合作。这给实验带来了新的机遇和挑战，一方面街道对课题组的支持和信任都明显加强，愿意向学者让渡更多空间，实验的合法性也由此增强；另一方面街道的意图和体制的逻辑也日益"卷入"到实验之中，实验的复杂性也加大。

沈原（2006）根据社会群体自组织程度划分了社会学干预的强弱两种类型，即对社会自组织机制发育明显的群体（如都市运动中自发维权的各类市民）采取"弱干预"，对于社会自组织机制发育缓慢的群体（如农民工）采取力度更大的"强干预"，以促成其自主性的发育。[①] 以此来看，新清河实验在整体上属于对自组织能力较弱的社区居民进行的"强干预"。两者区别在于，"强社会，弱干预；弱社会，强干预"策略所面对的是"社会"自身，并没有考虑学者与权力的关系这一重要变量；而新清河实验则是在学者与基层权力进行日常互动的同时也努力对居民赋权增能。

实验两个阶段的演变恰好呈现出学者与基层权力之间的关系变化，这是影响实验的核心变量。在 1.0 阶段，学者与权力的关系相对较"远"也较"弱"。街道更多的是被动地接受上级政府安排的"落地"任务，给予实验必要的支持但介入并不多，学者自主性较强，在试

---

① 沈原：《强干预与弱干预：社会学干预方法的两条途径》，载《社会学研究》，2006（5），1~25 页。

点社区发挥主导作用进行了"强干预"。而在 2.0 阶段，学者与权力的关系相对变"近"也较"强"。街道自身意图、对课题组的支持（如政策对接、干部投入、项目资金、办公场地等）和需求（配合老旧小区综合改造工程、社区党建、物业管理等重点工作以及总结宣传）都明显增加，学者自主性受到明显影响，很多时候需要对街道需求做出及时反应甚至是必要妥协；同时课题组的时间和精力也被高度稀释，实验转而呈现出"弱干预"的特点。

这一转变的背后，除了实验本身取得了初步成效和社会影响引起了街道重视之外，在深层次上也与近年来国内主要城市街道办事处职能从侧重于发展经济转向聚焦公共服务和社会治理的整体趋势有关。实验 2.0 阶段，街道领导班子高度重视实验价值并与学者有了更多共识，愿意尝试新的方法和手段。另一方面，街道在日益繁重的城市管理和社会治理中对课题组的需求也变得更为迫切，通过实验来实现自身工作目标的意图变得更为明显，希望课题组在其重点工作中能及时"出招"并且要"管用"。试点范围在街道的要求下从一个社区扩大到五个社区同时推进，这也使得学者有机会面对多样性的社区以及不同态度的社区书记（见表 8-1）。

表8-1 实验2.0阶段五个试点社区的比较

社区	主要类型	时任社区书记态度	课题组角色	实验内容
Y	混合型（多个小区、多种产权）	尊重民意、积极支持，参与每次议事会（继承者缺乏认同）	投入主要精力主导实验工作，引导社区居民参与	选举议事委员、空间提升改造、社区文化、居民自组织
B	独立的后单位型小区（多个转制国企职工混合居住区）	比较配合，但强势主导，自行选举议事委员并主持会议	配合政府老小区整治工程（市级试点），前期投入精力较多	选举议事委员、老小区综合改造的民意调查和社区协商
M	混合型社区（多个小区、多种产权）	消极配合，书记基本不参加，居委会副主任有时参加	专职社工为主，项目引入外部专业力量	选举议事委员、社区花园和老年饭桌项目

续表

社区	主要类型	时任社区书记态度	课题组角色	实验内容
Z	独立的经济适用房小区	积极配合，书记参加历次议事委员会议	专职社工为主，项目引入外部专业力量	选举议事委员、地下空间改造、社区农园、物业等多方协商
N	后单位型社区（多个转制国企职工混合居住区）	强势主导，"甩开"课题组运转，出现尖锐矛盾后被迫配合	前期被拒斥，停车矛盾升级后课题组介入	议事委员补选（停车矛盾激化后）、广场改造和社区文化活动

学者参与社区治理模式在具有一定制度设计优势的同时也存在着容易产生对专家的外部依赖性和可持续性较差的不足①。由于学者并非社区的"在地"力量也无法成为其内生结构，因此专家模式可持续性问题的真正内涵在于基层政府和社区是否有动力把实验的逻辑内化"扎根"。从课题组与街道的关系中，笔者隐约也可以看到费孝通以"双轨政治"模型分析传统乡绅与地方官员关系的现代身影。

二、"双轨政治"模型与社会学干预的中介效应

1946 年费孝通在《基层行政的僵化》一文中指出，在任何政治体系中都必须同时具有自上而下的轨道和从下而上的轨道。"政治绝不能只在自上而下的单轨上运行。人民的意见是不论任何性质的政治所不能不加以考虑的。一个健全的、能持久的政治必须是上通下达、来往自如的双轨形式。"② 在他看来，中央集权和地方自治共同构成中国传统社会的政治结构。乡土社会中自下而上的政治轨道体现在，地方士绅作为自治团体领袖，凭借自身社会地位在与地方官员的私人性交涉和协商之中，把压力传递到上层③。相比于西方社会，中国

---

① 葛天任、李强：《我国城市社区治理创新的四种模式》，载《西北师大学报（社会科学版）》，2016（6），5~13 页。
② 费孝通：《乡土重建》，呼和浩特，内蒙古人民出版社，2009，36~37 页。
③ 费孝通：《乡土重建》，呼和浩特，内蒙古人民出版社，2009，38~40 页。

传统社会自下而上的政治轨道是非正式的。自治团体虽然不是"法定"（de jure）组织却是"实有"（de facto）组织，自下而上的轨道虽然是无形的、非正式的，但却发挥着非常重要的作用①。地方士绅既是基层自治领袖，又代表民众利益与官方斡旋，整体上起到对于皇权的"绅权缓冲"作用。

费孝通的"双轨政治"分析模型，是在承认中国传统社会有实质性基层自治的事实和绅士阶层有相对独立的权力这两个基本前提之下，来讨论双轨之间的"调协关键"问题。他并不否认现代社会条件下加强国家政权建设和政府职责的必要性，而是担忧两条轨道之间的相对平衡被打破，特别是基层自治功能被削弱。"基层行政的僵化是因为我们一方面加强了中央的职能，另一方面又堵住了自下而上的政治轨道，把传统集权与分权，中央和地方的调协关键破坏了，而并没有创制新的办法出来替代旧的。"②

当代城市基层治理一方面是国家意志和政策自上而下的贯彻落实，这需要获得民众的理解与配合；另一方面是民众意见和诉求自下而上的表达传递，这需要获得国家的政策回应和资源支持。在理想的基层治理格局中，应有相应的制度安排和畅通渠道来保障这两种逻辑的各自发展和相互结合。社区党组织是执政党的基层组织和其联系广大群众的桥梁纽带。社区居委会是法定的基层群众性自治组织，也有协助政府及其派出机构开展工作的职责。在理论上讲，社区"两委"都应该成为有效沟通国家和民众之间的"调协关键"，起到上传下达的"中介"作用，然而由于种种现实原因却并非如此理想。

在新清河实验中，学者作为新的行动者加入到街道—社区—居民的三者互动中，作为"中介变量"发挥了特殊作用，使得试点社区中既有的权力关系、资源配置、信息沟通和信任关系在一定程度

---

① 费孝通：《乡土重建》，呼和浩特，内蒙古人民出版社，2009，47~48 页。
② 费孝通：《乡土重建》，呼和浩特，内蒙古人民出版社，2009，44 页。

上有所变化。本章把学者的这种特殊作用称为"社会学干预的中介效应"。学者作为"中介"既是在政府与民众上下协调对接意义上的，又是在社区居民内部横向整合意义上的。

首先，中介效应体现在对居民的赋权上，部分地改变了社区既有的权力格局。居委会议事委员的微观制度设计核心是对于议事委员的赋权（知情、表达、监督和参与决策），但这种赋权是借助于学者这一"中介"才得以实现的。正是在学者这一关键外力的影响下，作为"社区精英"的议事委员才被赋予了一定的权利。这些本应由制度所赋予的权利是学者不断说服基层政府和社区以后，再"转交"到议事委员和居民手中的。这种"半正式"的赋权，使得潜在的民意经过一定的共识形成程序和方法得以聚焦，并且"浮出水面"成为正式的社区公共议题，进而有可能得到社区和街道的回应、尊重和支持。

其次，中介效应体现在把相对集中的民意与各类资源对接上，部分地改变了资源配置方式。自下而上的公共议题形成之后，需要得到街道、社区以及其他社会相关方在资源上的支持，才能转换为实际项目和行动。这种议题往往是老旧小区环境治理或空间改善类型的。比如，Y社区自行车棚和三角地改造议题获得社区公益金和街道的资金支持，停车规范管理则是有效调动了物业企业的积极性并投入资金；N社区广场改造获得街道为民办实事项目的资金支持；Z社区农园改造则获得党组织服务群众专项经费支持等。目前社区治理服务最主要的资金来源是公共财政，物业费缴纳比例低、专项维修资金不足的老旧小区对于财政资金的依赖性更为明显。但在缺乏对居民真实赋权的情况下，财政资源的下沉未必能带来居民自治能力和参与的提升，反而会产生新的问题。因此，课题组的作用之一就在于将有效表达的民意和以政府为主的组织和资金资源更好地对接。对于试点社区而言，课题组的介入在一定程度上起到加强或"放大"民意信号的作用。需要指出，即便是名义上由社区自主决定的专项经费也受到较多政策限制或者由街道统筹。因此，在议事委员甚至某些社区负责人的眼中，课题组便有了"为居民代言，能争取资源"的形象。

再者，中介效应体现在相关主体间的信息传递和沟通方式的改变上。课题组尤为重视信息公开和信息沟通，通过问卷调查、网络参与、入户访谈、协商会议等方式来了解和呈现民意，宣传和解释相关法律和政策，尽可能保障居民的知情和表达权。在老小区综合整治中，课题组将传统调查问卷与政策要点解释相结合，并在业主微信群里进行政策宣传。在试点社区选举议事委员的过程中，课题组充分保障居民的知情权，在每个楼门单元均张贴公告广泛宣传，并通过社会组织和社区的公众号将推文发到居民微信群中。街道也在课题组的建议下引入第三方创办社区报和 App，并要求社区普遍建立楼栋微信群。

最后，课题组的介入也部分改变了居民、社区和物业等之间的信任关系，有利于多方合作的形成。街道对课题组的信任来自学者的专业知识和技能，社区和居民对课题组的信任取决于学者能否提供有效服务并保持客观公正。在 Y 社区，作为外来的陌生者，课题组骨干成员日常与议事委员和居民打成一片，开展多项公益活动才逐渐获得居民和社区的信任。这种信任关系在存在突出矛盾的 N 社区表现也很明显，部分居民认为物业公司的停车收费决定既不合理也缺乏协商、过程不透明，由此对物业和社区均不信任。他们除了打"12345"热线投诉外，也经常向课题组表达意见和诉求。此时，作为第三方的学者和专业社工缓和双方矛盾的"润滑"作用尤为明显。

从"双轨政治"视角来看，学者干预在一定条件下起到了强化自下而上轨道并促进双向之间衔接的作用。这一方面有助于政府某些民生政策自上而下落地时更有民意基础和针对性（由"刚"变"柔"），更重要的是使得自下而上的民意表达和公众参与由弱变强，居民的迫切需求和共识能够得到街道社区的充分尊重。从社区内部来看，学者的中介作用则表现为通过制造公共事件和搭建协商平台来联结居民并促进与社区、物业的沟通合作。

学者在社会治理中拥有一种相对特殊的影响力。费孝通认为传统社会中的"绅权"来自绅士阶层对于规范性知识（"应当如何"）的垄断。绅士一般不掌握政治权力，但拥有社会声望和对"道统"的解释权（即"政治权力"和"伦理权力"相对分离），并借此在基层治理中获得与地方官员平等协商的地位，这也是自下而上轨道发挥作用的前提。[1] 应该看到，绅士的"中介作用"既来自作为一个整体阶层而拥有的特权，也来自其作为个体（指"良绅"）嵌入在地方文化生活网络中所获得的威信。有研究指出，专业知识和社会声望是专家学者在基层治理中发挥作用的基础，专业知识使其能够提出切实有效的具体方案，社会声望则使其赢得政府官员和社区居民双方的信任，并以自身为中介在政府和居民之间搭建信息沟通和相互协商的桥梁[2]。

专家学者作用的实际发挥取决于是否满足一些条件：（1）不仅掌握相关专业理论知识和技能，还要能够将其与中央政策精神结合，向基层解释并做具体实践转换，从而相对于基层而言具有一定的话语权；（2）保持相对自主和客观的立场，具有较高的公信力。学者既在体制之内又在官场之外的特殊性，使其能够不受基层行政体制的直接约束但又能在体制之内获得较高信任；另一方面，学者致力于理解不同主体的目标诉求并寻找平衡点，有可能赢得政府和居民双方的共同信任。相比之下，高度行政化的社区和依赖政府购买服务的社会组织在自主性和话语权上都有所欠缺。普通社会组织在政府购买服务中更容易成为替政府打工的"伙计"而非平等"伙伴"。

---

[1]　费孝通：《中国绅士》，北京，中国社会科学出版社，2006。

[2]　唐亚林、钱坤：《"找回居民"：专家介入与城市基层治理模式创新的内生动力再造》，载《学术月刊》，2020（1），84~96页。

在这个意义上，当代学者与传统士绅在参与基层治理时具有某种相似性。但两者的区别也很明显：当代专家学者在介入社区治理时，其身份依旧是外来者，并不具有传统地方士绅与乡村社区之间的那种经济、社会、文化和情感上的多重有机联系。而在乡土社会中，地方绅士同时具有皇权在村庄政治中的代理人、村庄社会结构的道德权威和文化规范的意义诠释者等多重身份①。

唐亚林等认为，"专家学者的出现和介入，使得居民与基层政府形成了以专家学者为联结点，搭建沟通信息、共同协商的治理平台与机制的新局面"②，并描述了一幅颇为理想的图景：学者参与既能为基层治理"找回群众"弥补主体缺位，又能将基层政府内部的分散化治理加以整合。这种乐观的观点忽略了学者与权力的关系以及既有的结构性制约因素，在一定程度上以学者的主观期待替代了对现实逻辑的实证分析而夸大了学者干预的作用。

实际上，新清河实验中学者干预的"中介效应"也有着明显的局限性。学者的日常"在场"或"缺席"或者干预程度强弱都会显著影响实验效果，这突出表现在议事委员会议通常都要在课题组的主导下才能够正常运转，反之则容易出现困难或变形。更准确地说，议事委员所发挥的实际效果取决于课题组的干预强度、社区"两委"的支持程度以及议事委员自身积极性三个变量的不同组合。前文中某些社区负责人持消极态度的部分原因来自"存量"对"增量"的不适应（认为议事委员对其形成了掣肘），而课题组对于社区负责人能否定期参加议事委员会议也没有约束力，只能依靠彼此的关系。另一方面学者干预基层治理本身也缺乏制度性安排，学者干预强度也直接取决于与街道的互动。因此，学者干预的中介效应本身就是

---

① 赵晓峰：《"双轨政治"的理论贡献、诠释限度及现代内涵》，载《社会建设》，2017（5），37~47 页。

② 唐亚林、钱坤：《"找回居民"：专家介入与城市基层治理模式创新的内生动力再造》，载《学术月刊》，2020（1），84~96 页。

权变性（contingency）和非制度性的，其施展空间的大小会因时因地、因人因事而异，制约"中介效应"的因素包括实验自身的合法性基础、社区对改变既有权力关系的反应以及社区工作者的职业化逻辑等。此外，实验为社区引入外部资源时也会带来某些"非意料性后果"，值得课题组反思。

从深层次来看，现有法律法规和地方政策体系、基层治理体制机制存在着对基层治理实践创新的制约因素。实验从社区居民中选举产生非职业化的议事委员意味着对居民自治组织的"去行政化"尝试，这种自下而上的单点试验虽然有其社会合理性，也符合中央关于居民自治和基层民主协商的精神，但却缺乏必要的法律和政策支撑。议事委员的权利缺乏有效的制度保障，甚至在一定程度上只有"议"的权利，而缺乏对"决"的真实影响。实验初衷之一是想发挥居民议事委员在优化社区公共资金用途上的作用，但受各种因素制约而实际效果不佳。在现行压力型体制和逐级向下传导机制下，作为属地管理主体的街道有"责任无限扩张"的趋势，把责任和压力进一步向社区传递落实成为其"理性选择"，社区行政化随着治理重心下移反而变得更为突出。此外，行政体系遵循"效率优先"的原则，行政工作时效性的强约束意味着要在很大程度上牺牲耗时费力而却可能无果的民主协商。以参与式协商为重点的实验内容则是"锦上添花"的非必选动作。疲于完成上级任务的街道干部和社区工作者即便认同实验理念，缺乏积极性也在情理之中。实验激发社会活力的价值导向与现有城市管理体制对基层考核"指挥棒"有时并不一致，后者才是影响社区日常运作逻辑的关键，而这恰恰也是街道一级所无力改变的。

三、专家参与社区治理模式的理论反思

秉承老清河试验知行结合服务社会的精神，新清河实验以社会学的理论方法为学术支撑，坚持激发社会活力、拓展公众参与和深

化居民自治的价值导向，六年多来不断探索，通过对居民赋权增能和动员，在不同层次上和不同领域努力推动自下而上的公共议题形成机制、搭建多方参与的公共协商平台，推动多元合作的公共行动。

基于费孝通"双轨政治"模型，本章提出"社会学干预的中介效应"概念。在社区治理实验中，学者凭借专业理念、知识技能和社会声望，通过强干预方式在一定程度上促使民意表达和公众参与由弱变强，也有助于政府政策落地由刚变柔，从而在自下而上与自上而下的轨道衔接中起到协调作用；另一方面，学者干预也有助于试点社区内部社会资本由薄变厚，在不同主体间的沟通合作中也发挥了一定的"中介"作用，新清河实验由此也体现了"社会学的行动力"。

通过实验两个阶段的比较，本章呈现了基层政府对学者主导型实验介入加深同时带来的两方面影响。随着试点范围扩大和实验内容调整，议事委员制度设计运行效果的差异以及创新逻辑难以被街道和社区内化等问题显露出来。学者"在场"或"缺席"、干预程度强或弱带来的效果差别，揭示了学者干预的中介效应是权变性和不稳定的。由于缺乏地方性制度保障、社区行政化逻辑加剧等，街道和社区都缺乏内化实验创新逻辑的激励机制。

新清河实验取得一定效果是在具有特殊条件的学者作为外部力量强干预下才产生的。对于常态治理而言，自下而上轨道的建设仍然缺乏制度性安排。这也提醒我们，在研究基层治理创新实践时，应当持更加审慎的态度，从更长时间段以及行动主体相互作用的角度观察分析，以揭示学者干预的先天局限和深层困境。

时至今日，费孝通"双轨政治"模型仍然具有鲜明的时代意义。自国家发起社区建设运动以来，人们可以清晰地看到一条自上而下政治轨道不断加强和延伸的轨迹，社区日益被纳入体制之中，成为国家和城市治理体系的基石。从"双轨政治"角度来看，十九届四中、五中全会提出"完善群众参与基层社会治理的制度化渠道"和"完善基层民主协商制度"意味着自下而上轨道的制度性建设同样非常必要。如果说学者干预基层治理的中介效应是在特殊条件下产生的，那么在常态基层治理中，自下而上轨道建设的起点在哪里？承载上下协调中介效应的组织载体、社会力量和制度安排究竟又是什么？

　　首先，城市基层治理中自下而上轨道的起点在于作为生活单元的小区／院落而非作为行政单元的"社区"，居民自治也应该在此基础上相应开展。费孝通指出"政治是生活的一部分，政治单位必须根据生活单位"①。以数目为规定并力求一律化的保甲制在区位上破坏了原有自治单位的完整性，没有社会声望的保长又必须服从于上级命令，"如果自治团体成了行政机构里的一级，自下而上的轨道就被淤塞住了"②。这一观点至今仍颇有启发意义。在当代城市社会中，由行政力量人为划分而成的"社区"，就其构成而言只是高度异质的"社会马赛克"，难以成为真正的基层自治单位。作为法定群众性自治组织的居委会在现实中已经高度行政化，社区工作者的职业化趋势也不断增强，事实上已经成为以体制内非公务员身份协助执行公务的基础力量。其实质是加强自上而下政治轨道建设，却在一定程度上以居民自治功能的下降为代价。相比而言，居住小区才是更真实的利益和生活共同体。因此，实质性的居民自治建设应该从小区和院落开始。在新清河实验中，虽然议事委员是社区层面上设立的，但讨论的事务主要都集中在小区层面上。相反，居委会议事委员创新所遇到的制约也来自增量和存量之间产生了一定的竞争关系。国内有些地方在院落／小区层面普遍建立的居民议事会（如四川成都）和在自然村层面成立乡贤理事会（如广东云浮），其逻辑与此异曲同工，都是把自治载体建设落实到更为真实的生活单元层面。

　　其次，社区党组织建设应该同时体现两个方向政治轨道发展的要求并且要保持两者之间的适度平衡。理论上讲，党组织具有可以打破科层上下和体制内外等既有组织边界和群体边界的独特优势，

---

①　费孝通:《乡土重建》, 呼和浩特, 内蒙古人民出版社, 2009, 41 页。

②　费孝通:《乡土重建》, 呼和浩特, 内蒙古人民出版社, 2009, 40 页。

社区党建实际上同时承担着自上而下和自下而上两条政治轨道建设的重任，践行党的群众路线必须有新的制度安排来保证党组织始终保持与群众的密切联系。熊易寒的研究指出，社区党建可以视为国家介入和社区自治的结合点，它既是自上而下的又是自下而上的，在一定程度上能够起到"双轨政治"的作用①。但另一方面，现实中基层党政社高度重合的趋势，使得作为基层政治组织的社区党组织与作为居民自治组织的社区居委会之间的界限变得更为模糊不清。如何发挥党的社会性、群众性和有机性来整合社会，这在理论和实践上仍然是有待思考和回答的重要问题。

城市基层治理中承载自下而上轨道建设的新社会力量需要不断发掘并对其参与治理进行制度性赋权。赵晓峰指出，"双轨政治"对于乡村治理的现代内涵包括重视以自然村（村民小组）为自治单元建立新型民间自治机构、重视地方领袖的培育、重视国家和社会组织之间相互制衡和协调的关键地带。② 对于高流动性、高异质性的当代城市社会，基层治理已经难以依赖习俗、宗教等传统文化资源以及绅士和宗族等传统组织资源。在费孝通那里作为社会事实的地方团体自治在城市基层社会中却成了悬而未决的问题，或是在外界干预条件下才能出现的"结果"。新清河实验学者干预的中介效应在基层治理常态下完全可能，也应该由新型基层自治组织和新的社会群体来承担。原因很简单：其一，现代社会的学者不再像传统社会士大夫阶层那样垄断规范性知识，社会治理的专业知识弥散于不同社会群体之中。受过良好教育的城市中产群体在一定条件下能够在基层治理中发挥更重要的作用。其二，在法治社会中，普通民众参与本地公共事务的权利通过法律得到基础保障，这也不同于传统社会

---

① 熊易寒：《国家助推与社会成长：现代熟人社区建构的案例研究》，载《中国行政管理》，2020（5），99~105 页。
② 赵晓峰：《"双轨政治"的理论贡献、诠释限度及现代内涵》，载《社会建设》，2017（5），37~47 页。

百姓缺乏法定的个体权利而不得不借助于地方绅士作为中介力量来与政府打交道。对于自下而上的轨道建设而言，居民的参与权利得到制度性充分保障尤为关键，这样才能"切实防止出现人民形式上有权、实际上无权的现象"①。由于《城市居民委员会组织法》严重滞后于城市社会结构的变化，这使得基层实践创新更依赖于地方性法规和政策体系的有效支撑。国内有些城市如成都通过地方政策使社区和院落两级居民议事会的权利得到制度保障，并且结合社区公共财政的政策设计为议事会的常态运行注入资源支持以撬动居民自治②，形成了社区居民协商议事制度、社区公共财政制度和社区自组织制度"三位一体"综合改革的"成都模式"③，这样就把法律规定居民享有而在实践中被长期悬置的相应权利重新"还权"于民。

最后，以上既是对城市基层治理实践的研究，同时也涉及对学者公共角色和研究方式的反思。知行结合、投身实践既是行动社会学和公共社会学所倡导知识生产的内在要求，也是实践习近平总书记"把论文写在祖国大地上"要求的一种特殊方式。时代既赋予社会学及社会学者更多的机会，也提出了更高的要求。其实，无论是写作发表、公开言说还是实际参与，都是广义行动的一部分。面对巨变，学者作为社会的一分子无法置身事外。毕竟，学者所要寻找或培育的"社会"从来也不在我们身外。相反，我们自身正应是社会中"有机"的一部分。

---

① 习近平：《在庆祝全国人民代表大会成立六十周年大会上的讲话》，载《中国人大》，2019（19），16~21 页。

② 肖林：《迈向社区公共财政？——城市社区服务专项资金政策分析》，载《社会发展研究》，2020（4），81~104 页。

③ 江维：《参与式社区治理的成都创新报告》，载李羚主编：《四川社会发展报告（2016）》，北京，社会科学文献出版社，2016。

第九章　城市社区大数据治理的实践探索

最近十几年以来，移动互联网、物联网技术的迅速发展以及智能手机等移动设备的大量普及，使得智能移动设备成为人们生活中不可或缺的一部分。同时，这些设备的使用留下了人们大量的生活轨迹，成为现在政府、业界和学界都热烈讨论和高度关注的"大数据"。大数据及其相应技术手段的出现，为创新中国城市社会治理开创了一条新的途径。

在中国目前的城市社区格局中，存在着三种典型的社区类型：老旧单位小区，商品房小区，流动人口聚居区。三种社区各有各的特点。老旧单位小区基本都是住房市场化改革以前单位制下的产物，这些小区建成年代较久，公共空间和设施缺乏，房屋质量较差，老年人口和流动人口较多，物业服务比较落后；而商品房小区建筑质量较好，公共空间较多，但是居民往往是各种职业背景的陌生人混居在一起；流动人口聚居区很多处于城乡接合部，其中不乏没有本地户口的农民工，工作职业不稳定，社区环境较差，社区人口的基本信息缺乏。在实地调研的基础上，清华大学社会学系课题组开展了利用大数据辅助城市社区治理的研究。

第一节　城市社区大数据治理的三种路径

第一种路径适用于老旧小区比较多，单位制改造过来的社区。比如，北京市海淀区清河街道下辖 29 个社区，60 多个小区。社区流动人口约占一半。目前清河街道的大部分摄像头都不是数字摄像头，摄像头拍摄的画面清晰度较低，也无法传输数字信息，因此需要更换。而各个社区内部的摄像头是小区自己安装的，数据都基本为社区物业掌握，无法实现大数据统一管理的要求。针对目前基础设备陈旧，数据采集方式较为原始，效率低下的问题，清河街道的基本思路是更新街道公共道路的摄像头，对于老旧小区和普通商品房小区，街道鼓励安装智能门禁系统并提供一定的补贴。目前街道、选择了一个社区开始试点安装，希望在此基础上建立社区居委会的统一数据平台。该系统可以为社区安防、物业管理和社区服务提供方便，比如远程手机 App 控制门锁，记录家中孤寡老人的居住信息等。其次是引导社区将各自数据接入街道，进行数据整合，以为进一步分析使用。总之，这种探索的侧重点在于基础设施和设备的投入更新，在此基础上整合数据以便更好治理和服务。

第二种路径适用于流动人口密集、住所更换频繁的社区。在这些地区，依靠由流动人口自觉自愿来进行登记的方式会导致人口基本信息不全，更新明显滞后的问题。这些地区可以通过加强网格化管理，优化网格员队伍，结合大数据采集、分析和管理手段完成社区基本人口信息获取、问题事件的反馈和解决。比如深圳光明新区新湖街道，总人口约 16.6 万人，但流动人口占 92% 以上，户籍和流动人口严重倒置。该街道 2016 年设立网格中心，把街道划分成 220 多个网格，以网格单元为依托对人口、房屋、安监、消防、交通、治安等各类事项纳入数据采集和巡察范围。一个网格含 450~500 间房屋，900~1000 人。每个网格配一个网格员，目前已经招募了 39 个网格员。网格员利用专门配发的手机 App 对所收集的信息进行登记，对所发现的问题和情况拍照上传。这些网格数据直接汇总到区网格办，街道分拨中心负责对相应网格数据进行分拨调度，并落实街道相关主管部门解决问题。通过严格的监督、考核和激励措施，提高社区问题处理的范围、速度和效率。

第三种路径是充分发挥社区已有人力和社会资本的优势，结合成熟互联网技术和通信工具，如手机等，及时发现社区管理中的问题，解决问题，并进行及时反馈。这种治理手段的前提是能够将居民聚集到某一个平台，通过线上反映问题，线下及时处理，反馈给群众的良性循环，使得社区治理能够实现多元共治，多元参与，从而提高社区治理的满意度。比如北京市丰台区方庄通过建立楼栋功能型党组织，把支部建在居民楼，给全区 223 栋住宅楼每栋楼都建立了微信群，每个微信群人数在 100 人左右，目前已经将辖区内 3 万多居民（不含流动人口）的 70% 多都纳入微信群中。居民楼栋微信群内包含社区包楼干部、楼栋党员、楼栋群众三种群体，方庄地区工委通过微信群组建立了与区域党员、群众大规模、扁平化、零距离、全天候的沟通联系服务渠道，利用楼栋微信群引导广大群众积极参与社区事务。社区居民可以利用微信群"吹哨"反映各类治理服务诉求，社区干部及时收集群内的各类服务诉求，对问题进行筛选、处置研判，能直接解决的琐碎问题直接解决，不能直接解决的问题以标准化语言转发到办事处部门工作微信群，由办事处各部门线下"报道"解决问题，当问题解决后，社区干部及时将处理结果反馈到相应的楼栋微信群中，保证事必有回应，使得该地居民对于街道社区治理的满意度大大提高①。

当然上述三种路径并不是截然分开的，而是各地根据不同社区情况，在大数据社会治理的侧重点和发展阶段上有所不同。未来的大数据社会治理应该是把不同行政级别的数据类型整合起来，采用多种技术手段、管理手段实现"共享、共建、共治"。比如四川省成都市 2016 年开始推进"大联动微治理的工作"，到 2017 年基本实现功能畅通和全市 22 个区（市）县 1.3 万个网格的覆盖，建立了"区大联动中心—街道服务中心—社区管理站—网格员"四级网络，以及"区、街道、社区、一级网格、二级网格、三级网格"的六级管理治理框架。三级网格员协同工作，组建起 40 万人的网格员队伍，

① 何晓斌、李政毅、卢春天：《大数据技术下的基层社会治理：路径、问题和思考》，载《西安交通大学学报（社会科学版）》，2020（1），97~105 页。

大数据治理的神经末梢深入了基层。大联动微治理包含 8 个大的工作模块和 19 个功能项目，工作模块例如呼叫中心，该大数据系统是一个整合了实时监控数据、多媒体流数据、数据库、地理信息系统、网络的综合运行平台。功能项目包括事件管理、平安建设、应急管理、综合管理和移动应用、户籍管理、组织常态化管理、流动人口信息管理，功能的实现都来自完善的子数据库建设，功能对应着数据库建立了包含多部门多层次的立体数据系统。该大数据系统不仅体现"安全网"的性质，还兼容"服务网"和"民生网"，借助已有的政务、社区服务的 App，微信公众号等，识别需求后可以迅速办理，与数字城管互动，建构智慧城管的多元互动，将工商等市场管理职能统合起来。[①]

第二节　城市社区大数据治理的实践案例

为提升基层社会治理的能力和水平，创新基层社会治理模式，清华大学社会学系与北京市海淀区联合开展的"新清河实验"，进行了大数据基层治理的实践探索，具体表现在三个方面：第一，利用大数据技术助力民意收集和民主协商。通过现代科技手段，将碎片化、分散化的民意信息集中收集、整合起来，形成综合化、系统化、动态化的整体信息，从而为更为民主科学的治理决策提供坚实的民意基础。第二，利用大数据技术助力社区空间分析。通过现代科技手段整合汇聚多维度的城市空间大数据资源，建设基于大数据的空间规划数据库系统，对城市空间的规划、评估和改造起到了基础的支撑作用，也为大数据在发展规划领域的应用积累了宝贵经验。第三，利用大数据技术助力社区微改造和社区提升。社区空间微改造、微

① 何晓斌、李政毅、卢春天：《大数据技术下的基层社会治理：路径、问题和思考》，载《西安交通大学学报（社会科学版）》，2020（1），97~105 页。

升级是提升市民生活环境品质，建立现代智慧城市、生态城市的重要手段，通过现代科技手段可以了解社会空间改造的民意民心，激发社会公众参与社区公共空间更新的积极性。

一、共享单车停放与公共空间改善民意众筹实践

共享单车作为新型环保共享经济的产物，最大化地利用了公共道路通过率，成为很多市民们出行的首选。但是，共享单车给大家带来便利的同时，也出现了乱停乱放、故意破坏等不文明行为，给公共空间的安全、便捷带来了很多的不便。为解决清河地区共享单车停放的问题，提升公共空间，课题组依托清河实验，开展"路见清河：共享单车停放与公共空间改善民意众筹机制探索"的实践。课题组引进了路见 PinStreet 手机 App（见图 9-1），通过手机网络来搜集、分析民意数据。

| 活动入口 | 我要提案 | 评论分享 | 个人主页 |

图9-1 路见PinStreet民意众筹平台

路见 PinStreet 是一个众筹民意的网络平台，顾名思义，我们关注步行者的出行体验，兼顾自行车爱好者的声音，为民众提供一个评价街道和居住环境，为城市建设献言献策的渠道，进而促进人居

环境的改善，推动城市交通的可持续发展。路见 PinStreet 通过"找准位置，扎针诊断；选择类别，上传提案；积极分享，评论点赞；有理有据，政府改善"四个环节（见图 9-2），充分收集、整合、分析民众提案，进行词频分析（见图 9-3）和语义分析（见图 9-4），进行提炼和总结，以帮助后续的科学民主决策。活动开展期间，App 关注人数 1691 人，提案人数 1430 人，共有 84.6% 的用户上传了提案，共上传有效提案 1650 条，人均上传提案 1.17 条。数据显示，公众对共享单车停放的位置、区域、管理最为关注。

找准位置　　　　选择类别　　　　积极分享　　　　有理有据
扎针诊断　　　　上传提案　　　　评论点赞　　　　政府改善

图9-2　路见PinStreet民意众筹四阶段

图9-3　路见PinStreet民意众筹词频分析

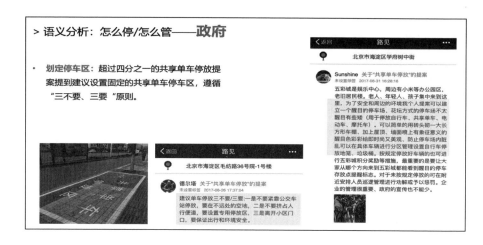

图9-4 路见PinStreet民意众筹语义分析

通过路见 PinStreet 民意众筹,"路见清河"对共享单车"在哪停""怎么停""怎么管"等根本问题进行了系统性的民意收集和针对性诊断和治理。比如,"在哪停"的问题,最后由区级政府落实停车民意选址,新区规划共享单车停车位配建标准、位置,利用城市公共空间盲区做共享单车停车场,交付企业维护;就"怎么停,怎么管"的问题,在很多方面达成了共识,比如:不敢乱停——硬性管控,惩罚半个月不能用车,跨品牌联动;不能乱停——出电子围栏不让上锁;市级政府建立数据平台,政企双向信息发布,考核有依据;小汽车路边停车是顽症,更远处规划停车场,用共享单车接驳等。

清河实验关于"路见清河"的民意众筹活动,利用了现代科技手段助力民意收集和民主协商,建立了基于新媒体和地图平台的公众参与机制:规划对象从未知人群转向已知人群;规划方式从描绘蓝图转向精准治理;规划机制从政府指令转向公众参与;在解决什么问题方面转向主动了解民众需求;在如何选择问题方面,建立互动透明遴选机制;在如何解决问题方面,共治共享激发了社会活力。

二、毛纺北社区老龄化状况的空间分析

老旧小区适老化改造是当前城市社区居家养老的主要趋势。大数据技术不仅能够助力民意收集，还能助力城市社区空间分析，帮助空间改造。清河实验在毛纺北老旧小区综合整治中的适老化改造中，利用了空间分析大数据技术，为空间改造提供了重要的数据基础。小区人口老龄化的空间分析方法在判断社区老化程度和筛选试点楼宇过程中发挥了功效。

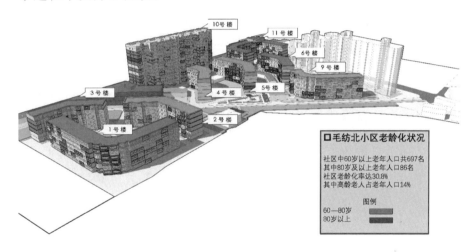

图9-5　毛纺北小区社区老龄化状况的空间展示分析

"新清河实验"课题组针对目前社区人口老龄化与老年人居住分布状况难以描述的问题，将数据和立体空间相结合开发了具有可视功能的立体视图。课题组运用此功能可查询社区目前的老龄化状况（老龄人口数量、高龄老人数量、老龄化率等），同时可精确到户的查询社区中老龄人口的分布。数据显示目前毛纺北小区 60 岁以上老年人口约有 697 名（总人口约 2000 余人），其中 80 岁及以上老年人86 名；老龄化率达 30%，高龄化率达 14%（见图 9-5）。这种可视化、精准化的大数据思维、方法和技术手段，可以精确、定量、精细化

分析和研究要素支撑条件、资源环境约束和重大风险防范等，有助于更加深入论证工程、项目、政策实施的必要性、可行性和效果影响。而且，大数据具有的多源、实时、人本等特征与空间规划和改造决策的本质属性具有紧密的耦合性，使得其对公共空间改造的影响更为显著。

三、大数据助力公共空间改善的实践

北京市城市建设步伐不断加快，环境品质稳步提升，但老旧小区仍存在公共空间数量不足、功能单一、品质不高等问题，难以满足市民对公共空间的认知和使用需求。为此，课题组进行了大数据调研，对清河地区公共空间适用人群的使用方式、频率等进行数据统计分析，使空间改造的方案更具科学性。2018年6月15日至7月1日，课题组开展清河地区公共空间提升提案征集活动和大数据调研，活动重点为朱房北一街、清河派出所路、砂轮厂路、文苑西路、安宁庄后街加气厂宿舍、毛纺西小区西侧所在区域及周边社区。在大数据调研中，共有1264人参与，提交了1285份提案，调研结果为清河公共空间改善提供了民意数据基础和直接依据。

课题组对大数据进行了热力图分析（见图9-6），热力图显示清河中街、毛纺路16号院、毛纺路39号院、毛纺西小区、美和园等地提案最集中；之后对提案进行了类别分析（见图9-7），提案共12个类别，其中儿童活动场所、自行车停放与室外公共设施（休憩座椅、健身设施和遮阳避雨凉亭）受到热议，约五分之一的居民在"自定义"类别中提出个性化建议；此外，对自定义提案进行了语义分析（见图9-8），整体语义分析表明居民最关注基础设施和儿童，在自定义提案中，停车问题最受关注。

课题组通过大数据调研发现，居民期待更多的微公园，并发掘出了加以利用的空间；占道停车现象与行道树的缺失是对清河公共空间与步行自行车环境的最大威胁；根据服务半径，增设沿街座椅与公共厕所；微公园主要服务周边居民，应综合设置儿童活动与健身设施，满足不同人群的使用需求；认养植物、共绘墙面等微公园的设计与建设活动可以成为提升居民归属感的重要行动。

 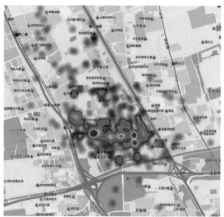

整体提案分布   提案热力图

图9-6 热力图分析

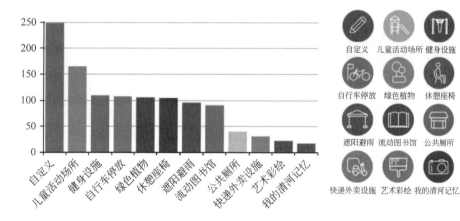

自定义 儿童活动场所 健身设施

自行车停放 绿色植物 休憩座椅

遮阳避雨 流动图书馆 公共厕所

快递外卖设施 艺术彩绘 我的清河记忆

图9-7 提案类别分析

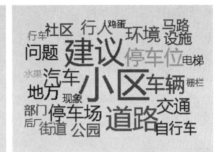

<table>
<tr><td>整体语义分析</td><td>自定义提案语义分析</td></tr>
</table>

图9-8　提案语义分析

　　研究还发现，目前清河街道的大部分摄像头都不是数字摄像头，摄像头拍摄的画面清晰度较低，也无法传输数字信息，因此需要更换。而各个社区内部的摄像头是小区自己安装的，数据基本都为社区物业掌握，无法实现大数据统一管理的要求。针对目前基础设备陈旧，数据采集方式较为原始，效率低下问题，清河街道的基本思路是更新街道公共道路的摄像头。对于老旧小区和普通商品房小区，街道鼓励安装智能门禁系统并提供一定的补贴。目前选择了一个社区开始试点安装，希望此基础上建立社区居委会的统一数据平台。该系统可以为社区安防、物业管理和社区服务提供方便，比如远程手机App控制门锁，记录家中孤寡老人的居住信息等。其次是引导社区将各自数据接入街道，进行数据整合，以为进一步分析使用。总之，这种探索的侧重点在于基础设施和设备的投入更新，在此基础上整合数据以便更好治理和服务。

　　课题组通过大数据收集和分析的方法，对老旧社区的公共空间进行诊断，探索了公共空间—公共生活的精准评估法，验证了大数据技术介入公共空间评估、改造、规划的有效性，因地制宜对症下药，并基于老旧社区的空间现状提出了公共空间管理、改造的针对性建议。可以说，大数据分析是社区研究的有力工具，可以为社区改造提供深入的洞察。

第三节　城市社区大数据治理存在的问题

在大数据社会治理方面，虽然中国各大城市进行了不少有益的探索，发展进程也不相同，但仍存在一些比较普遍的问题。

一是对于城市大数据社区治理普遍缺乏顶层设计，数据标准不统一。对于大数据的采集、使用，权属划分，数据交易以及隐私保护等，至今仍没有比较明确的法律法规和政策文件，使得在大数据采集、储存和流程管理上还存在较为混杂的局面。同时城市各主管部门各自采取不同的数据采集、储存、展示和分析的硬件及软件，导致各部门掌握的数据在格式、标准等方面都不统一，给数据匹配、分享和整合带来很大困难，从而给后续基于大数据的应用带来较大的障碍。[①]

二是不同城市主管部门各自掌握自己的数据，分割管理形成"信息孤岛"。各部门或为了自己利益，或以数据信息安全为借口，不轻易给同级别的其他部门分享数据。大城市社会治理需要用到公安、交通、街道、居委会、物业等多个城市和社区管理部门的数据，各主管部门的数据整合程度较低，各个机构的数据分享主要还是通过行政手段来获取和交流，缺少一个基本信息全面、系统、统一的综合信息汇集平台。有些城市已经做了一些数据整合的工作，但是开发和利用还比较落后，使得数据很难直接指导决策和有效治理。

三是建设统一的数据信息汇总、整合和管理平台需要大量的资金投入。这些投入包括硬件的，也包括软件的。尤其是一些老旧小区的监控设备更新以及社区数据管理所需要的软硬件设备安装，都需要不少资金投入。以北京海淀区清河街道为例，该街道的特点是

[①]　何晓斌、李政毅、卢春天：《大数据技术下的基层社会治理：路径、问题和思考》，载《西安交通大学学报（社会科学版）》，2020（1），97~105 页。

老旧社区较多,除去内部社区(不受当地行政直接管辖的部队小区)、新建高档社区,约一半的社区安装的一些设备,比如摄像头,仍然可以用,但是比较陈旧,达不到大数据治理所需要的要求。前期政府可以出钱更换一些摄像头,但是后续的运营和更新费用来源还不清楚。

四是即使一些已经建立大型数据集中和共享平台的地区,也普遍存在管理和运营跟不上的问题。一些地区建立了综合安防监控指挥中心,但也普遍存在运营和管理人员缺失,从而使得监控中心没有发挥应有的作用。比如北京海淀区清河街道刚刚建成了街道层面的城市指挥中心,但是目前负责该中心运营的全职工作人员只有1人。

五是大数据社会治理的相关专业人才普遍缺乏。大数据社会治理需要一大批能够熟练掌握信息技术、数据操作,同时又要有责任感,对社区工作有热情,熟悉社区工作业务流程的复合型专业人才。而目前无论是在大数据运营、流程,还是数据分析应用等方面,都缺乏相应的专业人才。最近几年培养的一些大数据应用人才,他们基本都被薪酬待遇较高的高科技企业、互联网企业挖走,而不会去街道或者社区工作。而原有街道和社区的工作人员,又往往缺乏大数据和信息技术的相关知识和技能,使得大数据社会治理的推广应用进展较慢。

大数据社会治理的前提是基础设施的投入,然后才是社区治理、社区服务和社区互动。为此,我们提出以下建议。

一是要加强社区基础设施和设备的更新投入,整合城市各主管部门的基础数据,加强对现有政务数据的挖掘和开放。可以在省、市和县(街道)设立大数据整合和应用中心的半官方机构。该中心除了整合现有城市主管部门掌握的城市和居民基本信息以外,还需要收集、清理、整合和储存非传统数据,比如有关城市基础信息的本文、图像、视频、音频等,以及社区治理过程中由监控和智能设备中采集的社区居民的基本信息和行为信息。这些数据中心根据实际情况应向政府其他部门免费开放，同时通过在完善使用机制的基础上逐步向科研机构和公众开放。这是个长期而艰巨的任务，因为这涉及基础设施和硬件的大量投入，涉及部门的利益和数据权属的重新定义和分配，因此需要国家有关部门通过立法和政策法规等手段做好顶层设计。

二是采取适合本地基本情况、服务于社区居民需求的大数据社会治理手段。各地必须根据各个城市和社区不同情况，如居民和流动人口结构，社区历史，社区居民的教育文化水平，职业等采取不同的治理手段。上面的几个案例说明，对于老旧小区和实施比较成功的社区，比较基础的工作还是硬件的投入和设备的更新换代，使得大数据的收集和使用成为可能；对于流动人口比较多，信息更新十分频繁，但是财政上比较充足的地区，可以采取规范发展和管理网格化管理，通过网格员的每天巡查、流动来完成信息的采集、更新工作，提高社会治理的效率；对于比较成熟的社区，体制内居民比较多的社区，可以充分发挥党员的先锋模范和政治引领作用，通过现有成熟和成本较低的即时通信工具和应用实现社区居民发现问题，街道干部快速响应和解决问题的路径。大数据社会治理的基础还是原有社区的社会资本，也就是原有社区人与人之间互动的程度。原有的社会资本越强的社区，通过大数据来鼓励民众参与治理的积极性就会越高，就越能满足社区居民的精准需求，治理效果就会越好。

三是创新大数据社会治理的管理模式。大数据的发展使得未来社区治理的手段必然是线上和线下两种手段的结合，最终为了更好地服务于社区居民的多元化需求。大数据治理手段的核心前提还是社区相关利益主体的社区参与积极性和责任心。社会治理的各方，包括政府负责人、社区居民、社会组织和志愿者，商业服务公司等都是大数据社会治理的相关利益者。政府要把这些主体的参与积极性动员调动起来，就要考虑到这些参与主体的兴趣和利益结合点，要把数据治理的效果和政府负责人的激励考核联系起来，充分发挥基层政府工作人员通过大数据手段为民服务的积极性和主动性。对于居民而言，其能够通过大数据平台的参与解决其反映的问题，满足其社区生活中的实际需求。而对于商业公司而言，其通过社区硬软件的开发、安装和运营能够实现其一定的商业利益。因此，要使大数据社会治理能够顺利开展，持续运营，必须创造性的设计能够让多方参与并获益的机制和管理手段。

四是多方合作，多元主体参与，培养社区治理和大数据挖掘、分析及使用相结合的专业人才。高校和科研机构可以通过设立相关专业学位项目，培养大数据社会治理的专业人才，培养能够熟悉和熟练使用各种移动智能设备，熟悉数据产生过程、分析过程，同时又熟悉社区治理业务的跨专业跨领域的复合型人才。基于大数据的开放性，政府应鼓励多元主体参与到数据的发掘和使用过程中来，深入研究数据背后的群体需求、软件开发应用场景；可以组织类似的项目基金，鼓励科研院校和团队对政府所收集的数据进行使用分析，也可以设立奖项吸引企业在内的主体对数据应用提供更好的软硬件设备设施，并对现有社会工作专业人员增加信息系统、数据结构和数据分析等相关课程的学习和培训。

第十章　新时期中国社会发展与治理的挑战和机遇

2020 年是极其不平凡的一年，对于社会学研究的意义十分重大。2020 年年初新冠肺炎疫情突发，中国经历了极其艰难的时刻，但总体上有了控制疫情的制度化措施，特别是对散发疫情的控制经验愈加丰富。尽管如此，疫情仍给我国现代化建设带来了深远影响和严峻挑战。对于这样一场疫情的经济社会后果，国际上已有很多专家做出了预判。囿于知识和视野所限，笔者还不敢妄言疫情的全球后果，只是以一孔之见谈谈对于中国社会发展的影响。

本章的目的就是试图从社会学角度分析，疫情对我国的现代化发展造成了什么样的冲击，包括经济方面、社会结构方面以及社会心态方面的冲击。面对这些冲击，我们究竟应该做出怎样的积极调适。最后，我们也对社会学特别擅长的基层社会治理研究做出了分析，讨论如何实现基层社会治理的创新。

第一节　新时期中国社会发展遇到的困难与挑战

一、中国经济发展由高速增长期转向高质量发展期

自 2008 年国际金融危机爆发，全球经济就开始进入一种低速增长的状态。一个经济体在经过高速增长后转入中高速或低速增长是世界经济发展的普遍规律。早在 2007 年的时候，世界银行就在《东亚复兴：关于经济增长的观点》的报告中提出了"中等收入陷阱"的概念。中等收入陷阱指的是，一种经济发展到一定阶段就会陷入发展瓶

颈、进入停滞状态，伴随着生态环境恶化、贫富分化增大、社会动荡不安等现象，落后国家在实现现代化过程中遭遇发展瓶颈，而难以在短时间内保持经济持续增长、消解社会不稳定性因素的状态[①]。

不过，不光中等收入国家面临中等收入陷阱，发达资本主义国家的经济增长也不是无限度的。国际金融危机之后，西方很多发达资本主义国家经济增长潜力趋势性下移，世界经济陷入"低投资、低贸易、低资本流动、低通胀、低利率"的陷阱；新冠肺炎疫情的暴发使得这一全球经济调整趋势愈发明显，全球经济变局在不断深化演进：基于全球价值链的已有分工体系和利益格局已经无法持续，全球产业链和供应链正在经历重要的调整和重组；高杠杆、低利率和不平等的全球金融困局愈演愈烈[②]。中国社科院的《中国经济报告2020》将目前的全球经济状况概括为"高低不平"："高"是高债务、高杠杆、高风险，"低"指低增长、低通胀、低利率，"不平"指收入分配不平等和财富分配不平等[③]。由于我国的经济已经深度融入全球分工体系和全球产业链，受疫情以及全球经济局势的影响，中国经济也同样面临经济下行的压力。

中国经济自改革开放以后曾经一直保持高速增长的态势。2008年国际金融危机后，全球经济进入低速增长的状态，但是中国政府采取多方面举措避免了中国经济的下滑。我们知道，任何一个经济体在经过高速增长后转入中高速或低速增长是世界经济发展的普遍规律，中国经济也同样面临经济下行的压力。2012年，中国经济开始进入增速换挡期，之前保持的高速度增长开始转向高质量发展。

---

① Indermit Gill, Homi Kharas.An East Asian Renaissance：Ideas for Economic Growth.World Bank Publications,2007.

② 中国社会科学院经济研究所：《中国经济报告2020：大变局下的高质量发展》，2页，北京，中国社会科学出版社，2020。

③ 中国社会科学院经济研究所：《中国经济报告2020：大变局下的高质量发展》，158页，北京，中国社会科学出版社，2020。

从图 10-1 我们可以看出，我国 GDP 同比增长速度逐步放缓，中国经济下行压力明显。总体可以看到，中国改革开放 40 余年的高速增长期将转向高质量发展期，特别是 2020 年的经济情况受疫情影响是一个重要的因素。2020 年和 2021 年全年实际 GDP 累计平均增长率约为 5.1%。中国如何在经济下行的背景之下应对疫情对经济发展的冲击，是中国现代化发展带来的巨大挑战。邓小平同志 1992 年在南方谈话时关于"从现在起到下世纪中叶，将是很紧要的时期"这一判断是前瞻性的。2020—2050 年中国人民如果能够在现代化征程中继续奋进的话，将可以突破很多关于社会发展的所谓瓶颈，例如中等收入陷阱等。

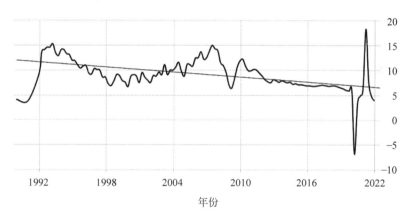

图10-1 1992—2022年中国GDP年增长率趋势

数据来源：经济指标网："中国国内生产总值年增长率"，https://zh.tradingeconomics.com/china/gdp-growth-annual，2022-03-01.

更令人忧虑的是，新冠肺炎疫情引发的种种次生灾害比如经济衰退、社会停摆、权力扩张甚至国际摩擦，更令人对全球治理的未来感到忧心忡忡，整个国际社会在面对疫情冲击时非但没有形成"世界抗疫统一战线"，反而陷入了越来越多相互责怪和责任转嫁的局面，甚至有人惊呼全球化逆转和整个世界秩序的坍塌。[1] 疫情发展已成为

---

[1] John Allen.How the World Will Look After the Coronavirus Pandemic.Foreign Policy，March 20，2020，转引自赵可金：《疫情冲击下的全球治理困境及其根源》，载《东北亚论坛》，2020（4），27~42 页。

整个人类面对的全球性大危机，由此造成的次生灾害很可能切断全球生产链和供应链，不仅国内经济、社会和政治领域面临着严峻的危机，在国际关系和全球治理领域也制造了合作之难①。

　　中国过去40多年的稳步发展是在一个良好的国际关系中展开的，即邓小平所说的：和平发展的良好局面。中美关系是最重要的国际关系之一，但这一最重要的国际关系目前来看具有极大的不确定性。有学者指出，特朗普执政时期，中美关系的性质发生了根本性的变化，由过去以合作为主的关系格局，转向以冲突、竞争甚至战略竞争为主的关系模式②。疫情之后，中美关系更为紧张，在舆论上，"逆全球化"和"去中国化"一再被美国等国家提起；在经济上，美国从企业政策、金融政策、人员交往等诸多方面采取遏制中国的复苏和发展政策，比较典型的有对华为、字节跳动等企业的遏制。曾经的特朗普政府主张制造业回流、奉行贸易保护主义，实施对华"脱钩"政策，例如呼吁与安全相关的高科技生产回归美国本土或转到美国盟国，采取限制技术类出口清单，或者援引"超级301条款"③针对他国高科技企业④。相对于冷战时期的全方位"脱钩"，拜登团队可能更强调选择性的"脱钩"，在5G、人工智能和半导体等关键高科技领域或所谓的安全相关领域的技术类产品采取部分"脱钩"，通过部分断供、加大在美技术公司的资产审查、收紧知识产权政策，进而在部分关键领域内形成对华"卡脖子"的遏制战略⑤。

---

① 赵可金：《疫情冲击下的全球治理困境及其根源》，载《东北亚论坛》，2020（4），27~42页。

② 王勇：《后疫情时代经济全球化与中美关系的挑战与对策》，载《国际政治研究》，2020（3），39~45页。

③ 美国"超级301条款"是广义的"301条款"的一种，该条款始见于美国《1974年贸易法》第310条，《1988年综合贸易与竞争法》第1302条对其内容进行了补充。"超级301条款"的核心是"贸易自由化重点的确定"，除不公平措施与知识产权保护问题外，还涉及出口奖励措施、出口实绩要求、劳工保护法令、进口关税及非关税壁垒等，是针对外国贸易障碍和扩大美国对外贸易的规定。

④ 任琳、黄宇韬：《技术与霸权兴衰的关系——国家与市场逻辑的博弈》，载《世界经济与政治》，2020（5），131~153页。

⑤ 任琳：《后疫情时代的全球治理秩序与中国应对》，载《国际问题研究》，2021（1），112~123页。

在中美关系的处理上，邓小平同志奠定了中国对外和中美关系的基本立场。邓小平同志的重要嘱托就是：以经济建设中心，100年不动摇的和平发展立场。习近平总书记曾强调：中美关系正处在新的历史起点上，双方应相互尊重、互利互惠、聚焦合作、管控分歧[①]；要推动建设中美新型大国关系，造福两国人民和各国人民[②]。国务委员兼外长王毅就中美关系重回正轨提出三条建议：一是激活和开放所有对话渠道；二是梳理和商定交往的清单，形成双方合作、对话与管控三份清单；三是聚焦和展开抗疫合作[③]。在改革开放40多年后的今天，国际关系尤其是中美关系对于国内经济社会发展有不可忽视的影响，对此，中国社会学界要尤为关注。

可以说，新冠肺炎疫情冲击了经济全球化的进程，有很多学者提出了"逆全球化""有限的全球化"等概念。不管是哪一种概念，疫情将引发全球化进程的阻滞已经成为共识。中国的经济贸易和对外经济关系将面临更多的不确定性，中国经济的增长势必受到影响。

二、不可忽视中国经济回暖

疫情对中国经济发展的影响是全方面的，2020年，中国经济增长的"三驾马车"消费、投资和出口"三驾马车"都受到了疫情影响。2021年，随着疫情常态化防控阶段，生产生活秩序逐步回归正常，经济逐步回暖。尽管如此，疫情导致的社会经济领域投资增速下降、消费增速放缓、外部环境不确定性有增无减，这都将进一步导致我国社会经济发展形势面临愈加复杂严峻的形势。

从消费需求来看，疫情防控需要避免人口的大规模聚集和流

① 人民网：《战略引领，推动中美关系更大发展》，载《人民日报》，2017-11-13，http://opinion.people.com.cn/n1/2017/1113/c1003-29641276.html，2020-11-15。
② 孟祥麟、赵成等：《推动中美新型大国关系建设得到更大发展》，载《人民日报》，2016-06-08，http://opinion.people.com.cn/gb/n1/2016/0608/c1003-28419821.html。
③ 新华社：《王毅就推动中美关系重回正轨提出三条建议》，2020-07-09，http://www.xinhuanet.com/2020-07/09/c_1126216300.htm。

动，对居民的社会消费需求有所影响，对旅游、餐饮业的消费影响
较大。

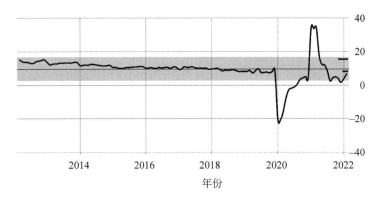

图10-2　中国社会消费品零售总额年率同比增速

数据来源：经济指标网："中国—零售销售（年率同比）"，https://zh.tradingeconomics.com/china/retail-sales-annual，2022-03-01。

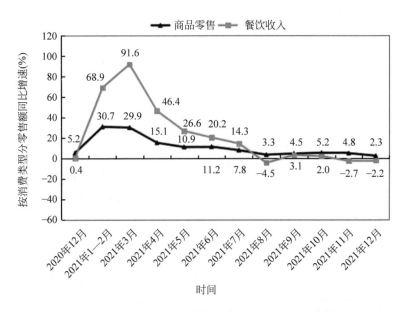

图10-3　2020年12月—2021年12月社会消费品零售总额分月同比增速

数据来源：中华人民共和国国家统计局网站.http://www.stats.gov.cn/tjsj/zxfb/202201/t20220117_1826591.html，2022-01-17。

2021 年，随着疫情的缓解、经济的回暖、通胀压力的增加，经济得到缓解。

从出口情况来看，2020 年，国外疫情的恶化使各国外贸关系受到冲击，中国的出口业务受到一定的影响。2021 年，出口业务逐步恢复和增长。总体来说，中国外贸发展的韧性强、潜力足、回旋余地大，长期向好的发展趋势并没有改变。但是，由于新冠肺炎疫情仍在全球蔓延，全球产业链、供应链依然受阻，经济全球化遭遇逆流，加之进口产品多次被检测出含有新冠肺炎病毒，如何在疫情防控常态化之下恢复和发展国际贸易，是当前中国社会经济发展面临的重要任务。

其次，全国财政收入受到了冲击。2021 年，随着经济恢复，再加上工业生产者出厂价格指数涨幅较高等因素的拉动，全国一般公共预算收入 20.25 万亿元，比上年增长 10.7%，与 2019 年相比增长 6.4%，完成收入预算①。

此外，受疫情影响，与制造业、文旅业、零售业和交通运输业等相关的国企受到了严重的冲击。大规模国企也在国际关系中面临巨大挑战，产品出口的不确定性将使其无法按照国际贸易合同完成生产加工任务，从而影响其国际客户的稳定性，带来企业发展的风险。面对经济下行与疫情影响的双重压力，中小企业的生存困境更为艰难。目前来看，后疫情时期，中小企业将面临供需两侧的挑战。

总的来说，一方面，由于我国的社会治理措施得力，经济有所回暖；另一方面，我们绝不可忽视经济下行与疫情影响的双重压力。

当下，中国面临较为严峻的城乡就业问题，从而带来较为严峻的社会民生保障问题。截至 2021 年底，中国灵活就业人员已经达到 2 亿人，其中从事主播及相关从业人员 160 多万人，较 2020 年增加近 3 倍。2022 届高校毕业生规模预计 1076 万人，同比增加 167 万人，

---

① 新华社：《2021 年全国一般公共预算收入突破 20 万亿元》，载中华人民共和国中央人民政府网站，2022-01-25，http://www.gov.cn/xinwen/2022-01/25/content_5670430.htm。

规模和增量均创历史新高[①]。可以说，尽管就业形势有好转趋势，但就业压力依然较大。

三、中国社会结构的稳定性受到考验

在疫情影响下，中等收入阶层收入水平和群体规模都有所缩水。保罗·法默（Paul Farmer）在《传染病与不平等》一书中指出，流行病与不平等之间相互影响，形成恶性循环。[②] 低收入群体由于居住环境差、工作环境暴露程度高、医疗保障弱等各种原因，感染病毒的机会和死亡率更高，而疫情又使得低收入人群的处境更为不利。疫情不仅是对全球卫生系统的挑战，也是对人类平等和尊严的挑战。我国仍然是世界上最大的发展中国家，广大农村和中西部地区民众收入水平偏低，中国居民收入分配差距明显较大，说明党的十九大所指出的我国社会主要矛盾是人民日益增长的美好生活需要和不平衡不充分发展之间的矛盾是非常正确的。在疫情时期全球经济萎靡不振的状况下，中国结构性不平等的问题也会加重，并挑战社会保障体系的效能与社会结构的稳定。

从全球情况看，社会矛盾和社会问题增多，影响社会的安全稳定。疫情带来持续的集体心理创伤和社会负面情绪，比如死亡焦虑、安全焦虑、风险焦虑、教育焦虑等，需要长时间的缓释。由于社会交往的减少，生活方式的重大转变，加剧了担忧、烦躁和抑郁等负面感受，失去亲人或感染新冠的人造成的心理创伤等，使得民众积累的负面情绪尤其是焦虑、恐慌、对立等积压的社会情绪会越来越深。经济的低迷、社会差距的拉大、失业率的大幅增加和疫情风险的恐惧，

---

① 中华人民共和国教育部：《2022 届高校毕业生规模预计 1076 万，同比增加 167 万》，载中华人民共和国教育部网站，2021-12-28，http://www.moe.gov.cn/fbh/live/2021/53931/mtbd/202112/t20211228_590917.html。

② Marmot, M. "Book Review Infections and Inequalities: The modern plagues By Paul Farmer", Nature Medicine, 1999（5）:727.

会使得社会焦虑情绪得到积累，激发社会矛盾。另外，现代网络传播的快速性、即时性、规模性、虚拟性，网络传播的信息会出现夸大、繁杂、矛盾、失真、扭曲等现象，在增加民众的认知负荷的同时，也会带来一定的恐慌，可能引爆社会情绪、激发社会矛盾，给社会的安全稳定带来很多威胁。

第二节　新时期中国社会发展与治理的机遇

新冠肺炎疫情虽然对中国带来的经济、就业、社会结构发展等方面带来了严峻挑战，但党和政府与广大人民群众在抗击疫情的过程中，也做出了许多积极应对和调整，这显示了有 14 亿人口的中国社会蕴藏着无限的潜力与生机，是我们战胜疫情信心的来源与基础。我国在城镇化推进、新产业布局、人力资本等方面有着巨大的、潜力和发展机遇，中国经济社会发展的强大动力依然存在。

一、中国人力资本、城市群的竞争力与新型城镇化模式

中国仍处在城市化、产业化的高峰期，迄今为止农村户籍人口仍占很高比例，城市化仍然是中国最为重要的发展潜力和发展动力。同时，中国已经逐渐形成了不同区域、类型、不同层次的城市群，也是我国新型城镇化的主体形态和重要引擎，是中国在遇到巨大经济和社会风险下仍能保持现代化活力的重要支撑。

在国家政策层面，改革开放初期到 1990 年代，我国一直强调"严格控制大城市"的方针，一直延续到 1990 年代的"八五"规划和"九五"规划。这一段时期内，伴随着乡镇企业的快速增长，小城镇发展迅速。2000 年以后，国家提出"多样性城镇化道路"的方针，不再提"控制大城市规模"，改为"完善区域性中心城市功能，发挥大城市的辐

射带动作用，防止盲目扩大城市规模"。[①] 2006 年，《国家"十一五"规划纲要》首次提出"把城市群作为推进城镇化的主体形态"，并于2014年明确将城市群作为新型城镇化的主导[②]。以城市群为主体的城镇化战略是中国现代化建设长期探索的结果。中共十九届五中全会审议通过的《中共中央关于制定国民经济和社会发展第十四个五年规划和二○三五年远景目标的建议》提出，"健全区域协调发展体制机制，完善新型城镇化战略"，"发挥中心城市和城市群带动作用，建设现代化都市圈"。

目前我国已经逐渐形成了"5611"城市群格局：5 个国家核心城市群（长三角城市群、珠三角城市群、京津冀城市群、成渝城市群、长江中游城市群），6 个战略支点城市群（海峡西岸、海南 [南海]、天山北坡、哈长、滇中、藏中南），11 个区域支撑城镇群（山东半岛、辽中南、中原、关中—天水、北部湾、黔中、太原、呼包鄂榆、宁夏沿黄、兰州 - 西宁、淮海 [徐淮]）。[③] 城市群的发展，有利于人口与城市布局更合理，也有利于国土均衡和区域均衡发展，有利于防范单一巨大城市的社会风险，这在改革开放以来我国人口过度向特大城市和大城市集中的背景下，意义尤为重大。

随着东部沿海地区的快速工业化和城镇化，学界开始从迁徙距离的角度注意到就近和就地城镇化的现象。一些学者研究发现，在中国东南沿海部分城镇化发达地区，乡村人口并未大规模向城镇迁移而实现了就近和就地城镇化。[④] 2009 年以来，农民工从乡村到城市，从中西部地区向东南沿海经济发达地区流动的趋势正在发生逆转，

---

① 李强、陈振华、张莹：《就近城镇化与就地城镇化》，载《广东社会科学》，2015（1），186~199 页。
② 光明日报城乡调查研究中心、上海交通大学城市科学研究院：《城镇化"主体形态"如何协调发展——我国城市群的发展现状与对策》，载《光明日报》，2016-05-04。
③ 光明日报城乡调查研究中心、上海交通大学城市科学研究院：《城镇化"主体形态"如何协调发展——我国城市群的发展现状与对策》，载《光明日报》，2016-05-04。
④ Zhu Y., "Changing urbanization processes and in situ rural-urban transformation: reflections on China's settlement definitions" in: New forms of urbanization edited by Champion T,Hugo G., Aldershot: Ashgate Press，2004.207~228.

农民工流动呈现出总量增高、增速趋缓，向中西部流动、省内流动和本地流动增速不断加快，以及向原来流出地回流的态势。[①]

国家统计局发布的《2019 年农民工监测调查报告》显示，在外出农民工中，在省内就业的农民工 9917 万人，比上年增加 245 万人，增长 2.5%；跨省流动农民工 7508 万人，比上年减少 86 万人，下降 1.1%。省内就业农民工占外出农民工 56.9%，所占比重比上年提高 0.9 个百分点；东部、中部和西部地区省内就业农民工占比分别比上年提高 0.1、1.4 和 1.2 个百分点。[②]

国家统计局数据显示，2020 年一季度，我国农民工外出务工人数为 1.22 亿人，同比减少高达 5400 万；二季度末，农民工外出务工总量达到 1.78 亿人，恢复至去年同期的 97.3%。三季度末，农村外出务工劳动力总量 17952 万人，比上年同期减少 384 万人，同比下降 2.1%。[③]《2020 年农民工监测调查报告》显示，2020 年全国农民工总量 28560 万人，比上年减少 517 万人，下降 1.8%，规模为上年的 98.2%。其中，外出农民工 16959 万人，比上年减少 466 万人，下降 2.7%；本地农民工 11601 万人，比上年减少 51 万人，下降 0.4%。在外出农民工中，年末在城镇居住的进城农民工 13101 万人，比上年减少 399 万人，下降 3.0%。在外出农民工中，跨省流动农民工 7052 万人，比上年减少 456 万人，下降 6.1%；在省内就业的外出农民工 9907 万人，比上年减少 10 万人，与上年基本持平。省内就业农民工占外出农民工的比重为 58.4%，比上年提高 1.5 个百分点。分区域看，东部、中部、西部和东北地区省内就业农民工占外出农民工的比重分别比上年提高 1.6 个、1.3 个、1.8 个和 1.0 个百分点。

① 张世勇、王山珊：《金融危机影响下的农民工回流：特征、机制和趋势》，载《文化纵横》，2019（3），104~113 页。

② 国家统计局：《2019 年农民工监测调查报告》，载中华人民共和国国家统计局网站，2020-4-30，http://www.stats.gov.cn/tjsj/zxfb/202004/t20200430_1742724.html。

③ 国家统计局：《2019 年国民经济运行总体平稳发展主要预期目标较好实现》，载中华人民共和国国家统计局网站，2020-01-17，http://www.gov.cn/shuju/2020-01/17/content_5470097.htm。

在东部地区务工人数减少最多，中西部地区吸纳就业的农民工继续增加。①

可以说，中国城镇化人口的流动出现新特征，省内就业的农民工持续大幅增加，跨省流动农民工持续减少，即省内流动超过了省际流动②。新冠疫情加速了农民工回流，年龄较长和新生代农民工开始回流到省会城市。农民工大批回流到省会城市的情况，有可能会开启中国新型的城镇化模式——就近城镇化和就地城镇化模式。以市、县为核心的就近、就地城镇化，选择培育小城镇和新型农村社区，不仅有利于降低农村人口融入城镇化的成本和障碍，也有利于城乡一体化发展，更有利于中国区域均衡发展、城乡均衡发展。不过，就近、就地城镇化要严格防范那种管理者蛮干的、违背村民意愿和利益的"合村并居"，要注重保护符合人民群众的切身利益。

改革开放的现代化进程激发了中国人民的经济动力，累积了庞大的人力资本，这是中国未来持续推进现代化建设的不竭源泉。其一，中国人民素有勤劳刻苦的劳动品性和艰苦奋斗的坚韧作风，在这次疫情期间，像"快递小哥"这样拼命劳动的群体，在世界上都是罕见的。我们必须创造好的制度和政策环境，形成对于广大劳动者群体的利益惠及和社会尊重，这是未来中国能够保持稳定发展的关键。其二，改革开放后的中国制造业培养了数以亿计的一线高水平的技术工人和技术人员，中国目前制造业链条比较完整，各个技术环节的技术工人都是数以千万计或数以亿计，任何一个国家要想短时间内培养这样多的技术工人都没有可能。其三，改革开放40年为中国培养了数以千万计的企业经营管理人才。40年前，中国社会只有管理干部，没有企业家，如今各类能干的市场经营者、各

---

① 国家统计局：《中国2020年农民工监测调查报告》，载中国政府网，2020-04-30，http://www.gov.cn/shuju/2021-04/30/content_5604232.htm。

② 张世勇、王山珊：《金融危机影响下的农民工回流：特征、机制和趋势》，载《文化纵横》，2019（3），104~113页。

个层次的企业家、企业管理人才比比皆是。因此，中国深化改革的
目标就是通过体制机制的改革更好地激发全体中国人的活力。

二、新兴产业的萌芽

在疫情的影响下，实体经济受到重大的冲击，数字经济却迎来
了发展的契机，包括电子商务、数字金融等在内的数字经济不仅满
足了疫情期间居民家庭消费需求，也发挥了宏观经济稳定器的作用，
同时也成为破解中小企业发展困境的可能方案。这次疫情跟 2003 年
不一样的是，电商、互联网企业在疫情防范、生活便利等方面提供
了支持。疫情期间的"宅经济"带动了一批疫情红利新产业，比如：
新型物流产业、互联网医疗产业、在线教育产业、在线办公平台产
业、在线短视频产业、直播产业等都迎来了新的发展机遇，市场潜
力巨大。据国家统计局数据，2020 年前三季度，新服务形态高速成长。
电商促销呈多频态势，线上直播屡创交易额新高，实物商品网上零
售额同比增速达 15.3%，占社会消费品零售总额的比重为 24.3%；线
上消费加速普及，在线教育、远程办公等线上服务需求旺盛；1~8 月，
全国移动互联网累计流量达 1038.8 亿 GB，同比增长 33.7%；规模以
上互联网和相关服务、软件和信息技术服务业企业营业收入同比分
别增长 17.1% 和 13.8%[1]。疫情期间的"宅经济"带动了一批疫情红
利新产业，新型物流产业、互联网医疗产业、在线教育产业、在线
办公平台产业、在线短视频产业、直播产业等都迎来了新的发展机遇。

疫情还催生了远程办公、共享员工等新型工作方式。为了减少
社交接触，很多政府服务部门开启了远程服务模式，包括工商、税务、
法院、银行等均开放了极为便利的网上电子服务，即减少了交叉感
染，又能节省时间、交通、工作量，这必然会成为一种工作方式的

---

① 国家统计局：《服务业稳步恢复新动能快速发展》，载中华人民共和国国家统计局网站，2020-
10-20，http://www.stats.gov.cn/tjsj/sjjd/202010/t20201020_1795007.html。

选择。由于远程办公方式和物联网的兴起，未来很多企业可以通过互联网和物联网实现决策管理、产品研发、材料供应、生产销售等不同环境分散在不同的城市，企业对大城市的依赖有可能会越来越弱化。疫情还催生了"共享员工"，一些暂时难以复工的中小企业采用了短期人力输出的合作用工方式，用工企业从其他暂时不能复工的单位临时招收共享员工，解决用工缺口。有些地方政府比如安徽省、浙江宁波等地，采用政府、工会、企业、个人签订四方协议约定相关重大利益事项的方式保障员工利益[1]，帮助解决员工劳动关系认定等方面的法律风险[2]。"共享员工"模式是国内企业积极自救和政府及时参与支持的创新之举。

三、中国人生活方式和价值观念的转变

疫情也给中国人的生活方式和价值观念带来了很多新的改变，在生态观念、健康观念、交往方式、教育方式、消费方式、医疗方式都有所体现。疫情倒逼政府和人民真正重视环境保护、生态平衡的问题，中国人对生态环境保护、对野生动物的态度会发生根本改变。疫情推动中国公共健康文明更进一步，人们也会更加注重健康的生活习惯、养生的生活方式，比如洗手、戴口罩、聚餐使用公筷等习惯会成为常态。疫情影响了人们交往方式的改变，隔离是阻隔病毒传播的有效方法之一，未来很多中国传统节日的聚集性会下降，人们的网络社交方式会更频繁。对教育方式而言，在线教育模式迅速成熟而普及，线上线下结合的教育方式将是未来的大趋势。大规模的网络购物和新型物流方式会越来越普及，互联网经济会产生新的商品革命。就医疗制度和方式而言，社区的医疗模式会催生出更为便民、更为高效的全民医疗体系。

---

[1] 肖鹏燕：《合规共享：共享员工的法律风险与防控》，载《中国人力资源开发》，2020（7），96~106 页。

[2] 陆旸：《共享员工常态化之路怎么走》，载《人民论坛》，2020（26），52~55 页。

生产方式、生活方式、消费方式的转变其动力是无可限量的。疫情过后，新型产业发展态势良好，我国居民的消费信心逐渐恢复，发展动能增强，景气度持续提升，呈稳定恢复态势。在疫情进入常态化防控的时期，中国应充分把握这个机遇期，在政策层面做出积极的调整和应对，充分调动全体中国人民的活力，推动现代化建设繁荣有序的发展。

第三节　深化体制机制改革激发全体中国人民的活力

在新的时期，政府需要依据社会事实来对社会政策进行积极的调整：一是通过政策调整保民生、促经济，实现中国经济自我循环；二是调整产业结构，加强企业的数字化转型，扶持数字经济，激发民营经济活力；三是持续推动公共卫生服务制度改革，大力发展健康产业。

一、保民生、促经济，实现中国经济双循环

2020年4月17日召开的中央政治局会议强调加大"六稳"工作力度，并部署"六保"工作。"六个稳"是稳就业、稳金融、稳外贸、稳外资、稳投资、稳预期；"六个保"是保居民就业、保基本民生、保市场主体、保粮食能源安全、保产业链供应链稳定、保基层运转。这其中保障就业和基本民生是重中之重，在疫情可能长期存在甚至反复的情况下，有序推进复工复产、复商复市，精准应对疫情带来的挑战，兜住民生底线，才能维护经济发展和社会稳定的需要。为此，地方政府也纷纷推出了帮扶措施，帮助小微企业渡过难关。比如，山东出台支持中小企业平稳发展20条意见，是全国首个因疫情出台中小企业政策的省份。北京、浙江、四川、上海、重庆等省市相继出台措施，对中小企业进行财政补贴、税费和房租减免、开展信贷

支持等，帮扶中小企业渡过疫情难关。

2020年5月以来，"经济内循环"的概念越来越多地进入人们的视野。7月30日召开的中共中央政治局会议明确指出，"我们遇到的很多问题是中长期的，必须从持久战的角度加以认识，加快形成以国内大循环为主体、国内国际双循环相互促进的新发展格局。"在国际贸易形势和中美关系恶化的情况下，在基本实现自给自足的基础上，发展自己的优势产业，从而更好地参与国家间的贸易和竞争。就国内保持经济增长的具体措施而言，相关政府机构已经推出了一系列举措，比如上万亿元"新基建"规划，上千亿元企业减税措施，上百亿元地方政府消费券发放，上百万人就业安置安排措施，此外还有大量对小微企业的资金支持和援助。

2020年6月22日，国务院发布了《关于支持出口产品转内销的实施意见》，在外贸订单骤减的局面之下，国家鼓励企业在拓展国际市场的同时，将适销对路的出口产品开拓国内市场，帮扶外贸企业渡过难关，这就是一项积极的政策调试。实际上，这一系列政策都在强调扩大内需的重大意义。从社会学角度看，内需的最大潜力群体是日常生活消费比较低下的群体，这部分人群在中国比例还很高，但该群体的收入水平不高。[1] 所以，扩大内需的核心应该是提高中低收入群体的收入水平。这就涉及中国经济如何自我循环的问题，中国14亿多人口，是有自我循环潜力的。"内循环"并不意味着"闭关自守"；相反，立足于"内循环"体量和质量的上台阶，中国经济更易于抵御外部冲击，从而更为主动、灵活、稳健地嵌入全球体系之中。

二、调整产业结构，激发民营经济活力

改革开放以来的重要经验之一就是激活民营经济的活力。民营

---

[1] 李强：《中产过渡层与中产边缘层》，载《江苏社会科学》，2017（2），1~11页。

经济和个体工商户支撑的产业和服务业，是城乡以人民为中心的核心经济领域和社会运转的有机体。目前，民营经济贡献了中国城镇80%的劳动就业，但从复工复产的情况来看，大型企业和重点产业开工率上升较快，而民营经济，特别是个体工商户开工复产还处在徘徊阶段。因此，国家出台了多项举措，鼓励发展小微经济、夜市经济、集市经济等，保就业，促消费，激发城市经济的活力。例如，成都在6月初即设置临时占道摊点15个、大型商场占道促销点6个，允许店铺越门经营172个、流动商贩规范经营点800个，成功增加了逾4000个就业岗位，小成本、低门槛的地摊率先激活了城市经济。激发民营经济活力，对于扩大中等收入群体具有重大的意义。"中产边缘群体"在不同城市规模中，都占了相当大的比例，这个群体地位不稳定，在经济下滑的局面下随时可能落入下层。因此，激发民营经济活力，特别是保护和激发中小企业、小微企业的活力对于保护和扩大中等收入群体极其重要。

数字经济是我国创新增长的主要内容，要实现中国经济自我循环，就必须加快企业，特别是中小企业的数字化转型。王小鲁等研究发现，中国全要素生产率增长的来源在逐渐变化，外源性效率提高的因素在下降，技术进步和内源性效率提升的因素在上升。[1] 中国经济从高速增长阶段转向新的发展阶段，要从过去更多依靠要素投入向依靠技术进步转变，技术进步是高质量发展的重要内涵，需要通过创新提升科技水平，通过深化改革提升资源配置效率。[2] 2020年4月，发改委、中央网信办印发《关于推进"上云用数赋智"行动培育新经济发展实施方案》，推动大力发展共享经济、数字贸易、零工经济，支持新零售、在线消费、无接触配送、互联网医疗、线上

---

① 王小鲁、樊纲、刘鹏：《中国经济增长方式转换和增长可持续性》，载《经济研究》，2009（1），4~16页。

② 中国社科院经济研究所《中国经济报告 2020》总报告组：《全球经济大变局、中国潜在增长率与后疫情时期高质量发展》，载《经济研究》，2020（8），4~23页。

教育、一站式出行、共享员工、远程办公、"宅经济"等新业态。包括电子商务、数字金融等在内的数字经济不仅满足了疫情期间居家家庭消费需求，也发挥了宏观经济稳定器的作用，同时也成为破解中小企业发展困境的可能方案，因此实现数字化转型是企业应对疫情必须做出的战略调整。

三、推动公共卫生服务体系改革

新冠肺炎疫情大考也暴露出公共卫生服务体系的漏洞，比如风险意识不足，没有系统性、精细化、详细的根据实际情况及时调整的疫情防控预案。如何强化源头治理，加强对传染性疾病的监测和预警，建立覆盖所有医疗机构的传染病监测哨点；如何建立快捷高效的公共卫生事件报告机制，优化突发公共卫生事件应急指挥决策系统，乃至加强对全国及全球公共卫生事件的监测和预警能力，为人民提供系统完备、科学规范、运行有效的公共卫生安全保障；如何严格把控重大疫情的上报和发布程序，并妥善处理好一线大夫以及一般民众对疫情的直接反应，都是公共卫生防疫体系建设中需要正视和研究的重大问题。

国家层面的改革已经启动。《抗击新冠肺炎疫情的中国行动》白皮书阐述了中国公共卫生体系改革的几大方向，包括疾控中心的改革、推动防治结合、强化监测预警能力、疾控体系人才培养和激励机制等。传染病防治法下一步的修订，也会在法律上完善重大新发突发传染病的防控措施。国家发展改革委下达了 2020 年卫生领域中央预算内投资，共安排 456.6 亿元，支持全国 31 个省（自治区、直辖市）和新疆生产建设兵团加强公共卫生防控救治能力建设[①]。由中央深改组牵头的公共卫生体系改革正在全面铺开。不过，中国公共卫生服务体系积弊已深，改革艰难，从现有的情况来看，具有落地性、

---

① 熊丽：《456.6 亿元卫生领域中央预算内投资下达》，载中华人民共和国中央人民政府网，2020-07-07，http://www.gov.cn/xinwen/2020-07/07/content_5524665.htm。

有效性的政策制定和实践仍然处于探索阶段。

疫情后，中国健康产业红利井喷，医疗、生命健康产业将在未来得到大力发展。人们更加知道了"防患于未然"的重要性，国家政策会大力支持医药研究、保健养生品的开发，其一可以预防群体性疾病突发事件，其二可以切实提高人民健康生活水平。《健康中国2030战略》将"健康强国"提升至国家战略高度，因此随着政策红利的持续释放将极大地鼓舞大健康产业的发展。大健康行业中医疗器械行业、中医药行业及医疗服务行业等迎来发展机遇。在疫情影响下，线下的医疗服务遭受影响，而线上医疗服务迎来新机遇，特别是智能、智慧与互联网医疗服务将迎来发展机遇。

通过这次疫情，公众对健康意识将进一步提高，会更加注重提高机体抵抗力和舍得在健康品方面进行消费投入。健康消费需求会从口罩向其他健康领域的产品，如口腔喷剂、漱口水、免洗洗手液、消毒用品、空气净化器、滋补品、营养品、功能食品、中医养生等卫生防护、医疗保健、养生运动领域不断扩展。在政策红利的不断释放下，大健康产业即将步入蓬勃发展期，并已经形成新的经济增长点。但是与发达国家相比，我国的健康产业仍处于起步阶段，产业发展前景可期，可以说，大健康产业将是未来的朝阳产业。

四、推动治理重心下移，社区治理提上国家治理议程

回看我国的疫情防控过程，全国上下已有的基层社会组织体系在疫情防控中发挥了重大作用。城乡社区内的各类组织为疫情的社区防控发挥了直接作用。像农村中的村委会、村民小组、合作社，城市中的居民委员会、楼委会、院委会、居民自组织、物业公司、业委会等等，各式各样的基层组织为上情下达、下情上传提供了重要的组织保障，并在一定程度上起到了动员人民群众全面参与的作

用,将 14 亿中国人都带到疫情防控中来。① 对于这样一种体制机制,疫情发生以前学界并没有像今天这样给予高度的关注。

国际上也曾有少数学者注意过中国这样一种特殊的体制机制,如中国问题专家杜赞奇(Prasenjit Duara)教授在其著作中提到,中国共产党建设与国家政权相联结的各级基层组织,从而完成了"国家政权建设"任务。② 著名学者黄仁宇先生在其著作中也提到,中国共产党创造了一种"底层机构",这是与当年国民党政权的不同之处。③ 我国这样一种城乡基层政权体系、城乡基层社区的治理体制机制是中华人民共和国成立以后逐步建立起来的,今后,我国应继续推进这一基层社会治理体制机制的创新和完善,这是我们应对挑战,焕发经济社会发展动力、潜力的最主要的制度保障。④ 这样一种严密的基层治理体系具有中国特色,是经历了七十多年的变迁逐步形成的。不过,这个模式还需要不断地改进和完善。

最为核心的原则就是要继续推动社会治理重心的下移,重视基层社区治理。重心越是下移,就越贴近老百姓的日常生活,解决老百姓日常生活中的问题就叫作"办实事、不办虚事"。社区是老百姓的生活共同体,在基层治理中的堡垒作用太重要了。疫情刚开始爆发时,各条战线都显得有些慌乱、无头绪,但一些好的社区系统有自我演进属性,以人、家庭为基本单位的社区,在居民主动的联合下,逐渐有了成效。当城市大系统被分解成以社区为单位的小系统,每个社区能实现 15 分钟生活圈的基本要求时,城市的抗风险能力就会得到极大的提升。

① 李强,卢尧选:《疫情防控与我国基层社会治理创新》,载《江苏社会科学》,2020(4),24~31 页。
② 杜赞奇:《文化、权力与国家:1900—1942 的华北农村》,240~241 页,南京,江苏人民出版社,1994。
③ 黄仁宇:《中国大历史》,330~331 页,上海,上海三联书店,2007。
④ 李强,安超:《后疫情时期中国社会发展的挑战、动力与治理创新》,载《探索与争鸣》,2021(3),35~46 页。

如今基层社会治理还存在很多矛盾和问题，如历史遗留问题与现实治理规范之间的矛盾，比如老旧小区加速折旧，出现许多积重难返的问题，如停车难、电动车多引发的公共安全问题；社区、物业、个人在小区管理中心的权责边界模糊问题；居民和物业的冲突问题，等等。面对经济社会方面多种社会问题的挑战，无论是基层政府、市场经营者、社会组织、专家学者，还是普通老百姓，都可以在基层社会治理、基层社区治理方面有所实践、有所创新。未来，社区治理需提上国家治理的议程。

总而言之，虽然有疫情的挑战和打击，中国仍然处在现代化发展的重要战略机遇期。在极为艰难的 2020 年，中国依靠中国特色社会治理体制机制大体控制住了疫情的蔓延。2021 年是中国共产党建党 100 周年，是"十四五"规划的开局、全面建设社会主义现代化国家新征程开启之年，社会学界应该继续积极思考，中国在国际环境恶化和疫情冲击的双重压力下，如何稳步推进城市化和城镇化发展，并在社会发展、社会建设、保障与改善民生、社会治理、基层社区治理等重大问题上进行理论创新和实践探索，为持续推动我国的现代化进程而努力。

参 考 文 献

[1] 阿兰·图海纳:《行动社会学:论工业社会》,卞晓平、狄玉明译,北京,社会科学文献出版社,2012。

[2] 埃比尼泽·霍华德:《明日的田园城市》,金经元译,北京,商务印书馆,2010。

[3] 白友涛:《芝加哥学派及其学术遗产》,载《社会》,2003(03),24~27页。

[4] 半月谈:《流动儿童上学难:非京籍儿童北京念书需办28个证》,载中国新闻网,2015-06-15。

[5] 鲍勃·杰索普、漆燕:《治理的兴起及其失败的风险:以经济发展为例的论述》,载《国际社会科学杂志(中文版)》,2019(3),52~67页。

[6] 北京市教育委员会:《北京市对流动人口中适龄儿童少年实施义务教育的暂行办法》,载国务院妇女儿童工作委员会网站,2017-03-20。

[7] 蔡昉、杨涛:《城乡收入差距的政治经济学》,载《中国社会科学》,2000(4),11页。

[8] 蔡静诚、熊琳:《"营造"社会治理共同体——空间视角下的社区营造研究》,载《社会主义研究》,2020(4),103~110页。

[9] 曹海军:《党建引领下的社区治理和服务创新》,载《政治学研究》,2018(1),95~98页。

[10] 查德·艾伦·戈德堡、於红梅:《身处欧美的波兰农民:一项市民融合及国族建设的研究》,载《国际新闻界》,2019(6),104~121页。

[11] 陈家喜:《反思中国城市社区治理结构——基于合作治理的理论视角》,载《武汉大学学报(哲学社会科学版)》,2015(1),71~76页。

[12] 陈毅、阚淑锦:《党建引领社区治理:三种类型的分析及其优化——基于上海市的调查》,载《探索》,2019(6),110~119页。

[13] 陈宇琳、肖林、陈孟萍、姜洋:《社区参与式规划的实现途径初探——以北京"新清河实验"为例》,载《城市规划学刊》,2020(1),65~70页。

[14] 成都市民政局:《成都市"还权、赋能、归位"的居民自治实践》,载《社区》,2010(11),1415页。

[15] 戴维·哈维:《叛逆的城市:从城市权利到城市革命》,叶齐茂等译,北京,商务印书馆,2014。

[16] 丁开杰:《社会管理体制的基本阐释、变迁动力与阶段划分》,载《重庆社会科学》,

2012（2），5~12 页。

[17] 丁元竹：《费孝通社区研究方法的特色》，载《北京大学学报（哲学社会科学版）》，1992（4），45~52 页。

[18] 杜仕菊、陈功：《转型期执政合法性的维护与发展——以服务型政党为分析视角》，载《江西师范大学学报（哲学社会科学版）》，2014（3），10~15 页。

[19] 杜赞奇：《文化、权力与国家：1900—1942 的华北农村》，南京，江苏人民出版社，1994。

[20] 段进军：《"后疫情"时代城市发展与治理应实现四个突破》，载《国家治理》（Z4），40~43 页。

[21] 恩格斯：《英国工人阶级状况》，中共中央马恩著作编译局译，北京，人民出版社，1956。

[22] 范会芳：《社区理论研究：桑德斯的三种模式》，载《社会》，2001（10），22~23 页。

[23] 斐迪南·滕尼斯：《共同体与社会》，张巍卓译，北京，商务印书馆，2019。

[24] 费孝通，吴晗：《皇权与绅权》，北京，生活·读书·新知三联书店，2013。

[25] 费孝通：《费孝通文集》，北京，群言出版社，1999。

[26] 费孝通：《江村经济》，南京，江苏人民出版社，1987。

[27] 费孝通：《乡土中国》，上海，上海人民出版社，2007。

[28] 费孝通：《乡土重建》，呼和浩特，内蒙古人民出版社，2009。

[29] 费孝通：《云南三村》，天津，天津人民出版社，1990。

[30] 费孝通：《中国绅士》，北京，中国社会科学出版社，2006。

[31] 盖奥尔格·西美尔：《社会学：关于社会化形式的研究》，林荣远译，北京，华夏出版社，2002。

[32] 高志：《"三提三增三营造"构建共建共治共享发展治理格局》，载《先锋》，2018（9），61~62 页。

[33] 葛天任、李强：《我国城市社区治理创新的四种模式》，载《西北师大学报（社会科学版）》，2016（6），5~13 页。

[34] 葛天任：《改革开放以来中国社区治理的实践探索与理论思考》，载《中国民政》，2018（19），24~26 页。

[35] 葛天任：《建国以来社区治理的三种逻辑及理论综合》，载《社会政策研究》，2019（1），49~59 页。

[36] 顾元：《市域社会治理的传统中国经验与启示》，载《中共中央党校（国家行政学院）学报》，2020（4），111~121 页。

[37] 光明日报城乡调查研究中心、上海交通大学城市科学研究院：《城镇化"主体形态"如何协调发展——我国城市群的发展现状与对策》，载《光明日报》，2016-05-04。

[38] 郭圣莉：《加入核心团队：社区选举的合意机制及其运作基础分析》，载《公共行政

评论》，2010（1），81~105 页。

[39] 国家统计局：《2019 年农民工监测调查报告》，载中华人民共和国国家统计局网站，2020-04-30。

[40] 国家统计局：《2019 年国民经济运行总体平稳 发展主要预期目标较好实现》，载中华人民共和国国家统计局网站，2020-01-17。

[41] 国家统计局：《2020 年居民收入和消费支出情况》，载中华人民共和国国家统计局网站，2021-01-18。

[42] 国家统计局：《服务业稳步恢复 新动能快速发展》，载中华人民共和国国家统计局网站，2020-10-20。

[43] 国家统计局：《就业形势总体稳定 调查失业率有所回落》，载中华人民共和国国家统计局网站，2020-10-20。

[44] 国家统计局：《中国 2020 年农民工监测调查报告》，载中国政府网，2020-04-30。

[45] 国家统计局：《中华人民共和国 2019 年国民经济和社会发展统计公报》，载中华人民共和国国家统计局网站，2020-02-28。

[46] 国家统计局：《中华人民共和国 2020 年国民经济和社会发展统计公报》，载中华人民共和国国家统计局网站，2021-02-28。

[47] 国家统计局：《中华人民共和国 2021 年国民经济和社会发展统计公报》，载中华人民共和国国家统计局网站，2022-02-28。

[48] 韩明谟：《中国社会学调查研究方法和方法论发展的三个里程碑》，载《北京大学学报（哲学社会科学版）》，1997（4），6~16 页。

[49] 韩喜平、王思然：《新中国成立以来农村社区治理的模式演进与现代化转型》，载《江淮论坛》，2021（3），83~89 页。

[50] 何海兵：《我国城市基层社会管理体制的变迁：从单位制、街居制到社区制》，载《管理世界》，2003（6），52~62 页。

[51] 何晓斌、李政毅、卢春天：《大数据技术下的基层社会治理：路径、问题和思考》，载《西安交通大学学报（社会科学版）》，2020（1），97~105 页。

[52] 贺先平：《增强和巩固党在城市基层的执政基础——广西城市社区党建调查与研究》，载《求实》，2013（2），30~34 页。

[53] 亨利·勒菲弗：《空间与政治》（第二版），李春译，上海，上海人民出版社，2008。

[54] 亨利·丘吉尔：《城市即人民》，吴家琦译，武汉，华中科技大学出版社，2016。

[55] 衡霞：《农村社区治理能力现代化的双重困境研究》，载《理论探索》，2021（6），68~74 页。

[56] 侯俊丹：《市场、乡镇与区域：早期燕京学派的现代中国想象——反思清河调查与清河试验（1928—1937）》，载《社会学研究》，2018（3），1935~215 页。

[57] 黄家亮，郑杭生：《社会资源配置模式变迁与社区服务发展新趋势——基于北京市

社区服务实践探索的分析》,载《社会主义研究》,2012（3）,70~74页。

[58] 黄仁宇:《中国大历史》,上海,上海三联书店,2007。

[59] 黄宗智:《国家与村社的二元合一治理:华北与江南地区的百年回顾与展望》,载《开放时代》,2019（2）,20-35页。

[60] 吉姆斯·J.康诺利、佟春霞:《〈中镇〉的遗产》,载《世界民族》,2015（06）,44~50页。

[61] 江维:《参与式社区治理的成都创新报告》,载李羚主编《四川社会发展报告（2016）》,北京,社会科学文献出版社,2016。

[62] 蒋永康:《滕尼斯的生平和社会学思想》,载《社会》,1983（5）,55~56页。

[63] 蓝宇蕴:《都市里的村庄:一个"新村社共同体"的实地研究》,上海,上海三联书店,2005。

[64] 黎熙元、陈福平:《社区论辩:转型期中国城市社区的形态转变》,载《社会学研究》,2008（2）,192~217页。

[65] 李金铮:《定县调查:中国农村社会调查的里程碑》,载《社会学研究》,2008（2）,165~191页。

[66] 李克强:《各级政府都要过紧日子,决不允许搞形式主义》,载中国新闻网,2020-05-28。

[67] 李路路:《"单位制"的变迁与研究》,载《吉林大学社会科学学报》,2013（1）,11~13页。

[68] 李宁、罗梁波:《国家的高地、社会的篱笆和社区的围墙——基于社区治理资源配置的一项学术史梳理》,载《甘肃行政学院学报》,2020（4）,92~103页。

[69] 李培林:《村落的终结:羊城村的故事》,北京,商务印书馆,2004。

[70] 李强、安超:《后疫情时期中国社会发展的挑战、动力与治理创新》,载《探索与争鸣》,2021（3）,35~46页。

[71] 李强、陈振华、张莹:《就近城镇化与就地城镇化》,载《广东社会科学》,2015（1）,186~199页。

[72] 李强、胡宝荣:《中国历代社会治理论纲》,昆明,云南教育出版社,2014。

[73] 李强、卢尧选:《疫情防控与我国基层社会治理创新》,载《江苏社会科学》,2020（4）,24~31页。

[74] 李强、王拓涵:《社会学、人居环境与社区研究》,载《北京规划建设》,2015（6）,9~12页。

[75] 李强、王拓涵:《新清河实验:基层社会治理创新探索》,载《社会治理》,2017（7）,56~63页。

[76] 李强、王莹:《社会治理与基层社区治理论纲》,载《新视野》,2015（6）,26~31页。

[77] 李强、杨艳文:《"十二五"期间我国社会发展、社会建设与社会学研究的创新之路》,

载《社会学研究》，2016（2），18~33页。

[78] 李强、赵丽鹏：《从社会学角度看以人民为中心的城市建设与治理》，载《广东社会科学》，2018（5），186~195页。

[79] 李强、郑路：《应用社会学》，北京，中国人民大学出版社，2020。

[80] 李强：《创新社会治理需要激发社会活力》，载《人民日报》，2016年2月2日。

[81] 李强：《从社会学角度看现代化的中国道路》，载《社会学研究》，2017（6），18~26页。

[82] 李强：《改革开放40年与中国社会学的本土化、发展及创新》，载《社会科学战线》，2018（06），1~9页。

[83] 李强：《社会分层十讲》（第二版），北京，社会科学文献出版社，2011。

[84] 李强：《社区治理研究在我国社会学学科建设上的创新意义》，载《社会发展研究》，2021（04），4~12页。

[85] 李强：《提升城乡社区治理现代化水平》，载人民网，2017-7-18。

[86] 李强：《我国城市社区治理创新的四种模式》，载《西北师大学报（社会科学版）》，2016（6），5~13页。

[87] 李强：《我国社会结构、社会分层的新特征新趋势》，载《北京日报》，2016-05-30。

[88] 李强：《中产过渡层与中产边缘层》，载《江苏社会科学》，2017（2），1~11页。

[89] 李强：《中国社会学学科建设的回顾与反思》，载《广州大学学报（社会科学版）》，2019（5），20~29页。

[90] 李强：《中国特色社会学的形成与发展》，载中国社会科学网，2019-05-20。

[91] 李强：《中国中产社会形成的三条重要渠道》，载《学习与探索》，2015（2），23~33页。

[92] 李润国等：《治理现代化视野下的农村社区治理创新研究》，载《宏观经济研究》，2015（6），23~29页。

[93] 李秀铎、刘言颜：《托克维尔民主政治理论中的社区思想视角》，载《齐齐哈尔大学学报（哲学社会科学版）》，2010（02），13~16页。

[94] 李亚宏：《亨特与他的社区权力结构研究》，载《社会》，1989（04），9~11页。

[95] 李友梅：《我国特大城市基层社会治理创新分析》，载《中共中央党校学报》，2016（2），5~12页。

[96] 李增元：《试论我国农村社区治理的历史演进与现代转向》，载《理论与改革》，2016（4），58~66页。

[97] 梁漱溟：《中国文化要义》，上海，世纪出版集团，2005。

[98] 林耀华、陈永龄、王庆仁：《吴文藻传略》，载《民族教育研究》，1994（2），77~83页。

[99] 刘春荣：《选举动员的框架整合银杏居委会换届选举个案研究》，载《社会》，2010（1），22~45页。

[100] 刘少杰：《从物理学到现象学：空间社会学的知识基础转移》，载《社会科学战线》，2019（09），225~235 页。

[101] 刘易斯·芒福德：《城市文化》，宋俊岭等译，北京，中国建筑工业出版社，2009。

[102] 刘云杉：《〈英国工人阶级状况〉的空间批判思想及其当代价值》，载《哈尔滨师范大学社会科学学报》，2019（01），4~6 页。

[103] 陆伟芳、余大庆：《欧文与霍华德的城镇思想述评》，载《中共南宁市委党校学报》，2001（4），3~5 页。

[104] 陆旸：《共享员工常态化之路怎么走》，载《人民论坛》，2020（26），52~55 页。

[105] 罗伯特·E. 帕克：《城市：有关城市环境中人类行为研究的建议》，杭苏红译，北京，商务印书馆，2016。

[106] 罗伯特·E. 帕克：《城市社会学：芝加哥学派城市研究》，宋峻岭、郑也夫译，北京，商务印书馆，2012。

[107] 罗伯特·帕特南：《独自打保龄：美国社区的衰落与复兴》，刘波等译，北京，北京大学出版社，2011。

[108] 《马克思恩格斯选集》（第 2 卷），北京，人民出版社，2012。

[109] 马戎：《社区调查与中国社会学的"本土化"——纪念费孝通教授逝世 7 周年》，载《青海民族研究》，2012（3），1~7 页。

[110] 麦克·布洛维：《公共社会学》，沈原等译，北京，社会科学文献出版社，2007。

[111] 芒福德：《城市发展史：起源、演变和前景》，倪文彦、宋峻岭译，北京，中国建筑工业出版社,1989。

[112] 孟祥麟、赵成等：《推动中美新型大国关系建设得到更大发展》，载《人民日报》，2016-06-08。

[113] 钱坤：《空间重构：老旧小区社区营造的治理逻辑》，载《长白学刊》，2021（3），137~142 页。

[114] 冉志、牛秀英：《当前城市社区党建工作中的问题及对策思考》，载《西南师范大学学报（人文社会科学版）》，2003（4），60~63 页。

[115] 人民网：《战略引领，推动中美关系更大发展》，载《人民日报》，2017-11-13。

[116] 任晗、张鹏、钟丽霞：《社区工作者专业化提升的继续教育实践、评价及改进研究——以成都市双流区相关工作实践为例》，载《继续教育研究》，2021（4），71~74 页。

[117] 任琳、黄宇韬：《技术与霸权兴衰的关系——国家与市场逻辑的博弈》，载《世界经济与政治》，2020（5），131~153 页。

[118] 任琳：《后疫情时代的全球治理秩序与中国应对》，载《国际问题研究》，2021（1），112~123 页。

[119] 沈关宝：《〈中镇〉——社区研究的"金字塔"》，载《社会》，1996（7），27 页。

[120] 沈原:《强干预与弱干预:社会学干预方法的两条途径》,载《社会学研究》,2006 (5),1~25页。

[121] 石发勇:《业主委员会、准派系政治与基层治理——以一个上海街区为例》,载《社 会学研究》,2010(3),136~158页。

[122] 宋金甫、张军:《以基层党建引领社区治理——河北省石家庄市桥西区的创新之 路》,载《人民论坛》,2018(15),101页。

[123] 宋林飞:《费孝通小城镇研究的方法与理论》,载《南京大学学报(哲学·人文科 学·社会科学版)》,2000(5),11~18页。

[124] 孙立平等:《改革以来中国社会结构的变迁》,载《中国社会科学》,1994(2), 47~62页。

[125] 孙涛:《新时代城市基层党建引领社会治理创新路径探析》,载《新疆大学学报(哲 学·人文社会科学版)》,2018(4),27~34页。

[126] 孙晓春:《中国传统治理观念与社会治理实践》,载《中国党政干部论坛》,2019 (12),15~19页。

[127] 唐亚林、钱坤:《"找回居民":专家介入与城市基层治理模式创新的内生动力再 造》,载《学术月刊》,2020(1),84~96页。

[128] 田耕:《人文、生态与社区——重温帕克《城市》,载《社会发展研究》,2016(3), 220~231页。

[129] 田毅鹏:《农村社区治理能力现代化的新取向》,载《政治学研究》,2018(1), 111~114页。

[130] 托克维尔:《论美国的民主》,董果良译,北京,商务印书馆,1989。

[131] 王海荣、闫辰:《党建引领城市社区治理创新:问题与发展》,载《中共福建省委 党校学报》,2018(2),46~55页。

[132] 王加利:《重读〈英国工人阶级状况〉:英国城市化问题的当代意义》,载《城市学 刊》,2019(04),103~108页。

[133] 王满传、孙文营、李媛媛:《成都市基层治理改革探索和启示》,载《社会治理》, 2019(3),55~63页。

[134] 王绍光:《治理研究:正本清源》,载《开放时代》,2018(2),153~176页。

[135] 王思斌:《新中国70年国家治理格局下的社会治理和基层社会治理》,载《青海 社会科学》,2019(6),1~8页。

[136] 王颂吉、白永秀:《城市偏向理论研究述评》,载《经济学家》,2013(7),95页。

[137] 王小鲁、樊纲、刘鹏:《中国经济增长方式转换和增长可持续性》,载《经济研究》, 2009(1),4~16页。

[138] 王雅林、张汝立:《延伸地带:昌五社区研究》,哈尔滨,黑龙江教育出版社,1999。

[139] 王艺璇:《空间资本差异视角下的城市居住秩序和空间区隔》,载《城市问题》,

2020（3），13~19 页。

[140] 王勇：《后疫情时代经济全球化与中美关系的挑战与对策》，载《国际政治研究》，2020（3），39~45 页。

[141] 温铁军：《半个世纪的农村制度变迁》，载《战略与管理》，1999（6），12~16 页。

[142] 文丰安：《我国农村社区治理的发展与启示：基于乡村振兴战略的视角》，载《湖北大学学报（哲学社会科学版）》，2020（2），148~156 页。

[143] 吴良镛：《吴良镛论人居环境科学》，北京，清华大学出版社，2010。

[144] 吴晓林、覃雯：《走出"滕尼斯迷思"：百年来西方社区概念的建构与理论证成》，复旦学报（社会科学版），2022,64（01），134~147 页。

[145] 吴晓林、邢羿飞：《社区治理研究方法百年：议题变化下的理论主轴与实证增进》，载《甘肃行政学院学报》，2021（01），80~92 页。

[146] 吴晓林：《党建引领与治理体系建设：十八大以来城乡社区治理的实践走向》，载《上海行政学院学报》，2020（3），12~22 页。

[147] 吴晓林：《理解中国社区治理：国家、社会与家庭的关联》，北京，中国社会科学出版社，2020。

[148] 吴晓林：《治权统合、服务下沉与选择性参与：改革开放四十年城市社区治理的"复合结构"》，载《中国行政管理》，2019（7），54~61 页。

[149] 吴晓林：《中国城市社区建设研究述评（2000—2010 年）——以 CSSCI 检索论文为主要研究对象》，载《公共管理学报》，2012（1），111~120 页。

[150] 吴志强、李德华：《城市规划原理》（第四版），北京，中国建筑工业出版社，2010。

[151] 西南财经大学中国家庭金融调查与研究中心：《疫情下中国家庭财富变动趋势——中国家庭财富指数调研报告（2020Q1）》，载道乐研究院网站，2020-09-22。

[152] 习近平：《在经济社会领域专家座谈会上的讲话》，载新华网，2020-08-24。

[153] 习近平：《在庆祝全国人民代表大会成立六十周年大会上的讲话》，载《中国人大》，2019（19），16~21 页。

[154] 夏建中：《城市社会学》，北京，中国人民大学出版社，2014。

[155] 夏建中：《现代西方城市社区研究的主要理论与方法》，载《燕山大学学报（哲学社会科学版）》,2000（2），1~6 页。

[156] 夏建中：《现代西方城市社区研究的主要理论与方法》，载《燕山大学学报》，2000（5），1~6 页。

[157] 夏学銮：《中镇和江村：中外社区研究比较——费孝通社区研究探微》，载《学习与实践》，2008（7），128~132 页。

[158] 向春玲：《"红色网格"：基层党建引领社会治理的新探索》，载《科学社会主义》，

2018（5），107~113 页。

[159] 向德平、申可君：《社区自治与基层社会治理模式的重构》，载《甘肃社会科学》，2013（2），127~130 页。

[160] 项飚：《跨越边界的社区：北京"浙江村"的生活史》上海，上海三联书店，2000。

[161] 肖林、陈孟萍：《新清河实验与社会学干预的中介效应——基于"双轨政治"的思考》，载《社会学评论》，2021（5），20~41 页。

[162] 肖林：《"'社区'研究"与"社区研究"——近年来我国城市社区研究述评》，载《社会学研究》，2011（4），185~208 页。

[163] 肖林：《城乡社区协商：基层民主自治的生长点》，载《中国发展观察》，2015（10），58~62 页。

[164] 肖林：《迈向社区公共财政？——城市社区服务专项资金政策分析》，载《社会发展研究》，2020（4），81~104 页。

[165] 肖林：《现代城市社区的双重二元性及其发展的中国路径》，载《南京社会科学》，2012（9），55~61 页。

[166] 肖鹏燕：《合规共享：共享员工的法律风险与防控》，载《中国人力资源开发》，2020（7），96~106 页。

[167] 新华社：《2021 年全国一般公共预算收入突破 20 万亿元》，载中华人民共和国中央人民政府网站，2022-01-25。

[168] 新华社：《王毅就推动中美关系重回正轨提出三条建议》，载新华网，2020-07-09。

[169] 邢婷婷：《上海"团长"是怎么炼成的？——兼谈"都市冷漠症"的克服》，载《探索与争鸣》微信公众号，2022-04-16。

[170] 熊丽：《456.6 亿元卫生领域中央预算内投资下达》，载中华人民共和国中央人民政府网，2020-07-07。

[171] 熊万胜、刘慧：《上海疫情中的失与得：从"社区折叠"到"围墙内的团结"》，载《探索与争鸣》微信公众号，2022-05-27。

[172] 熊易寒：《国家助推与社会成长：现代熟人社区建构的案例研究》，载《中国行政管理》，2020（5），99~105 页。

[173] 徐前进：《流动的丰盈：一个小区的日常景观》，上海，上海书店出版社，2021。

[174] 徐顽强等：《农村社区化与农村基层社会治理创新》，北京，科学出版社，2019。

[175] 闫树涛：《结构、行动与制度：城市社区中的社会组织有效协同治理》，载《河北学刊》，2020（6），177~185 页。

[176] 阎云翔：《礼物的流动——一个中国村庄中的互惠原则与社会网络》，上海，上海人民出版社，2000。

[177] 阎云翔：《私人生活的变革：一个中国村庄里的爱情，家庭与亲密关系》，上海，

上海书店，2006。

[178] 燕京大学社会学系：《清河社会试验》，燕京大学社会学系出版品乙组第三十一号，1933。

[179] 杨蓓蕾、孙荣：《城市社区网络治理：内涵、建构与实证》，载《中国行政管理》，2008（9），87~91 页。

[180] 杨东升：《夯实社区治理网络，筑牢抗击疫情防线》，载《民生周刊》，2020（Z1），49~51 页。

[181] 杨敏：《作为国家治理单元的社区——对城市社区建设运动过程中居民社区参与和社区认知的个案研究》，载《社会学研究》，2007（4），137~164 页。

[182] 杨婷：《坚持党建引领 推进城乡社区发展治理改革》，载《社会治理》，2019（2），37~41 页。

[183] 姚亮：《农村社会资本的嬗变与社会矛盾的消解》，载《甘肃社会科学》，2012（6），20~23 页。

[184] 俞可平：《治理和善治引论》，载《马克思主义与现实》，1999（5），37~41 页。

[185] 俞可平：《治理与善治》，北京，社科文献出版社，2000。

[186] 俞可平：《中国的治理改革（1978—2018）》，载《武汉大学学报（哲学社会科学版）》，2018（3），48~59 页。

[187] 张国磊、张新文：《行政考核、任务压力与农村基层治理减负——基于"压力—回应"的分析视角》，载《华中农业大学学报（社会科学版）》，2020（2），25~30 页。

[188] 张鸣鸣：《新型农村社区治理：现状、问题与对策》，载《社会科学文摘》，2016（10），61~62 页。

[189] 张世勇、王山珊：《金融危机影响下的农民工回流：特征、机制和趋势》，载《文化纵横》，2019（3），104~113 页。

[190] 张涛：《疫情会如何改变中国社区？》，载《结点社区平台》微信公众号，2022-04-14。

[191] 赵定东、杨政：《社区理论的研究理路与"中国局限"》，载《江海学刊》，2010（2），132~136 页。

[192] 赵可金：《疫情冲击下的全球治理困境及其根源》，载《东北亚论坛》，2020（4），27~42 页。

[193] 赵守飞、谢正富：《合作治理：中国城市社区治理的发展方向》，载《河北学刊》，2013（3），154~158 页。

[194] 赵铁：《〈街角社会〉的社区研究方法》，载《学术论坛》，1999（04），112~114 页。

[195] 赵晓峰：《"双轨政治"的理论贡献、诠释限度及现代内涵》，载《社会建设》，2017（5），37~47 页。

[196] 郑杭生、黄家亮：《当前我国社会管理和社区治理的新趋势》，载《甘肃社会科学》，2012（6），1~8页。

[197] 郑杭生、吴力子：《"农民"理论与政策体系急需重构——定县再调查告诉我们什么?》，载《中国人民大学学报》，2004（5），46~58页。

[198] 郑长忠：《多元共存条件下社区治理的政党逻辑——以上海临汾社区物业管理党建联建工作为例》，载《理论与改革》，2009（2），55~59页。

[199] 郑中玉：《基于互联网的社区自组织——以北京 H 虚拟社区再地方化过程为例》，中国人民大学社会学系 2008 年博士论文。

[200] 中国社会科学院经济研究所：《中国经济报告 2020：大变局下的高质量发展》，北京：中国社会科学出版社，2020。

[201] 中国社科院经济研究所《中国经济报告 2020》总报告组：《全球经济大变局、中国潜在增长率与后疫情时期高质量发展》，载《经济研究》，2020（8），4~23页。

[202] 中华人民共和国教育部：《2022届高校毕业生规模预计1076万,同比增加167万》，载中华人民共和国教育部网站，2021-12-28.

[203] 中华人民共和国人力资源和社会保障部：《2019 年度人力资源和社会保障事业发展统计公报》，载中华人民共和国人力资源和社会保障部网站，2020-09-11。

[204] 周晓虹：《芝加哥社会学派的贡献与局限》，载《社会科学研究》，2004（06），94~98页。

[205] 朱仁显、邬文英：《从网格管理到合作共治——转型期我国社区治理模式路径演进分析》，载《厦门大学学报（哲学社会科学版）》，2014（1），102~109页。

[206] 庄龙玉：《农村社区治理：模式演进、方法转变与联动机制》，载《行政论坛》，2018（4），116~121页。

[207] YanjieBian. Work and Inequality in Urban China. State University of New York Press，1994.

[208] Bekkers，V. Governance and the Democratic Deficit: Assessing the Democratic Legitimacy of Governance Practices. Burlington，VT: Ashgate，2016.

[209] Coleman, James S. Community Conflict. New York: The Free Press A Division of the MacMillan Company，1957.

[210] Deacon，Bob. Global Social Policy & Governance. London: Sage，2007；Kim，Taekyoon. Contradictions of Global Accountability: The World Bank，Development NGOs，and Global Social Governance. Journal of International and Area Studies. 2011，18（2）:23~47.

[211] D.Harvey. Social Justice and the City. Baltimore: Johns Hopkins University Press，1973.

[212] Indermit Gill, Homi Kharas. An East Asian Renaissance：Ideas for Economic Growth.

World Bank Publications，2007.

[213] Marcuse Brenner N. and Mayer M. P.，Cities for People，Not for Profit: Critical Urban Theory and the Right to the City. London: Routledge，2012.

[214] Marmot，M. Book Review Infections and Inequalities: The modern plagues By Paul Farmer. Nature Medicine，1999（5）:727.

[215] Sumner，William G. Folkways — A Study of The Sociological Importance of Usages，Manners，Customs，Mores and Morals. Boston: Ginn and Co，1906.

[216] Zhu Y. Changing urbanization processes and in situ rural-urban transformation: reflections on China' s settlement definitions. in: New forms of urbanization edited by Champion T, Hugo G., Aldershot:Ashgate Press，2004: 207~228.

[217] Robert S. Lynd、Helen Merrell Lynd. Middletown: A Study in Modern American Culture. NY: Harcourt Brace & Company，1929.

[218] Louis Wirth. The Sociology of Ferdinand Tönnies. American Journal of Sociology，1926（3）:412~422.

[219] William Lloyd Warner &Paul S. Lunt. The Status System of a Modern Community（Yankee City Series），Greenwood Press Reprint，1974.

[220] Henri Lefebvre. Space: Social Product and Use Value. in: Freiberg, J. W.（ed）. Critical Sociology: European Perspective. New York: John Wiley & Sons Inc.，1979.

[221] L.Wirth. Urbanism as a Way of Life. American Journal of Sociology，1938（1）:1~24.